Rosemary Verey

Formen und Farben im Garten

Rosemary Verey

Formen und Farben im Garten

Gestalten mit Pflanzen

Otto Maier Ravensburg

Mein besonderer Dank gilt Andrew Lawson für seine wunderschönen Fotografien und seine fachkundige Beratung, sowie Katherine Lambert für ihre zahlreichen Hinweise bei der Zusammenstellung der Texte.

Die Deutsche Bibliothek – CIP-Einheitsaufnahme

Formen und Farben im Garten: Gestalten mit Pflanzen/
Rosemary Verey. [Andrew Lawson. Übers.: Annette Roellenbleck.
Bearb.: Garry Grüber]. – Ravensburg: Maier, 1991
Einheitssacht.: Good planting ‹dt.›
ISBN 3-473-46175-X
NE: Verey, Rosemarie; Lawson, Andrew; Grüber, Garry [Bearb.]; EST

Titel der englischen Originalausgabe: »Good Planting«

Good Planting wurde bearbeitet und gestaltet von
Frances Lincoln Limited, Apollo Works, 5 Charlton Kings Road,
London NW5 2SB

Übersetzung: Annette Roellenbleck
Bearbeitung: Garry Grüber
Umschlaggestaltung: Ekkehard Drechsel
Umschlagfotos: Andrew Lawson
Satz: Type & Data Fotosatz, Wangen
Gesamtherstellung: Kwong Fat Offset Printing Co. Ltd., Hong Kong
Printed in Hong Kong

94 93 92 91 4 3 2 1

ISBN 3-473-46175-X

Inhalt

Einführung 7

Farbe, Form und Textur 16

Zwiebelgewächse 45

Staudenrabatten 62

Kletterpflanzen und Mauersträucher 75

Gemischte Rabatten 89

Bodendecker und pflegeleichte Pflanzen 120

Waldland, wildwachsende Bereiche und Feuchtgebiete 137

Kübel und Gefäße 154

Einführung

Die Ideen zu diesem Buch entstanden im Laufe mehrerer Jahre während vielen Spaziergängen durch meinen Garten. Als ich die dichtbepflanzten Beete betrachtete und dabei beobachtete, wie sie sich im Verlauf der Jahreszeiten veränderten, wurde mir aber klar, daß meine Gedanken nur flüchtige Eindrücke bleiben können und wenig nutzbringend für mich und auch andere sein würden, wenn ich sie nicht zu Papier bringe. Ich wollte nun herausfinden, warum mir bestimmte Kombinationen von Farben, Formen und Texturen – ob harmonische oder kontrastierende – als gelungen erschienen, während mir andere, die ich genau so sorgsam entworfen hatte, mißfielen. Besonders wenn Freunde sagten: »Vor drei Wochen war ich hier, und die Rabatten sehen noch genauso schön, nur anders aus als damals«, hatte ich doch das Gefühl, ich müßte aus solch einem Kommentar etwas lernen können. Also beschloß ich, meine Gefühle im Anblick der Wirkung meines Gartens in Worte zu fassen und zu versuchen, sie in einer Form auszudrücken, die von praktischem Nutzen sein könnte.

Als lebendige Menschen verfügen wir über fünf Sinne – wir sehen, hören, tasten, riechen und schmecken. Alle diese fünf Sinne kommen im Garten zum Einsatz, und alle haben dieses Buch mitgestaltet. Diese Erkenntnis ist nicht neu; schon 1618 schrieb William Lawson: »Während jede andere Freude gewöhnlich irgendeinen unserer Sinne, und nur diesen einen mit Entzücken erfüllt, überschüttet er (der Garten) alle unsere Sinne mit Freuden ... Was kann das Auge zu sehen verlangen, das Ohr zu hören, der Mund zu schmecken, die Nase zu riechen, das ein Garten nicht gewährte?«

In unseren Gärten verweben sich die Farben, Schattierungen, Texturen, Formen und Wuchseigenschaften zu Bildern, die unsere Augen befriedigen können und unsere Herzen erwärmen. Wenn man aber auch lernen kann, diese unterschiedlichen Komponenten zu erfassen und zu verstehen, so bringt doch nur der vertraute Umgang mit ihnen die schönsten Erfolge, so wie es auch in der Musik, der Dichtung und der Kunst der Fall ist. Im Grunde genommen hatte ich schon immer das Gefühl, der Gärtner sei dem Maler eng verwandt. In mancherlei Hinsicht ist seine Aufgabe noch komplizierter, da seine Palette nicht nur aus lebenden Farben, sondern auch aus dynamischen Strukturen besteht und sich seine Leinwand mit der Zeit verändert – heranreift, verblaßt und schließlich zu existieren aufhört. Wie Penelopes Gewand für Odysseus wird auch ein Garten immer wieder »aufgetrennt« und neu geschaffen. Andererseits ist die Aufgabe des Gärtners aber auch leichter als die des Malers: Eine Zwiebelpflanze, die man in die Erde setzt, wird von ganz alleine wachsen und blühen, während die Schaffung eines Gemäldes ausschließlich von der Genialität seines Schöpfers abhängt.

Die Fähigkeiten und Kenntnisse aber, die für eine harmonische Bepflanzung notwendig sind, lassen sich nicht nur aus Büchern, Katalogen und von anderen Menschen erlernen. In erster Linie ist es notwendig hinzuschauen und beim Hinschauen zu sehen – und zwar kritisch zu sehen. Der Philosoph Diogenes hat zwar einmal gesagt, daß uns nichts so teuer zu stehen kommt, wie das Verschwenden von Zeit, aber denken Sie nicht, daß die Zeit, in der Sie durch Ihren Garten spazieren, verschwendet sein könnte! Gerade auf Ihren Rundgängen werden Sie zu neuen Ideen inspiriert, und ohne Inspiration kann ein Garten vielleicht hübsch, aber nicht wahrhaft schön aussehen. Er mag vielleicht interessant sein, wir werden ihn aber nicht im Gedächtnis behalten, und er wird unsere Sinne eher verwirren als beruhigen. Ideen brauchen Zeit, um sich zu entwickeln und heranzureifen, und während wir im Garten verweilen oder ihn ruhig durchwandern, nehmen sie langsam konkrete Formen an. Ich habe in meinem Garten besondere Lieblingsplätze, wo ich gerne sitze und die Farben und Formen, im Winter dann die reiche Pracht des kahlen Astwerks der Sträucher in mich aufnehme. Danach kann ich in meiner Vorstellung neue Bilder und neue Kombinationen schaffen.

Wenn Sie Ihre eigenen Bepflanzungspläne entwerfen, spielen natürlich noch andere Gesichtspunkte eine wichtige Rolle – so die Architektur Ihres Hauses, Ihre unmittelbare Umgebung und Ihr Lebensstil. Jeder Gärtner ist mit Elementen gesegnet oder belastet, die schwer oder garnicht zu beseitigen sind – dem Haus selbst, vorhandenen Wegen und Mauern, alten Bäumen und Sträuchern. Von Beginn an werden Ihre Bepflanzungsschemen von den architektonischen und gärtnerischen Vorgaben Ihrer Vorgänger beeinflußt. Vielleicht sind Sie mit deren Leistungen nicht einverstanden, aber bis zu einem gewissen Grad werden Sie ihre Entscheidungen mit beeinflussen. Vielleicht finden Sie Pflanzpläne in der einschlägigen Literatur, die Sie in Ihrem Garten gerne verwirklichen möchten. Sie müssen aber in jedem Fall auf Ihr eigenes Grundstück abgestimmt werden. Aber gut so, denn dadurch ist gewährleistet, daß jeder einzelne Gar-

In Mrs. Pughs Garten in Docton Mill (Devon) vermittelt diese Bepflanzung des Sumpfgartens im Juni ein phantastisches Bild aus kontrastierenden Blattformen (insbesondere *Lysichitum*, Iris und Funkien), Texturen und Blütenfarben – die kräftigen Violettöne des Storchschnabels bilden einen schönen Kontrast zu den Gelbtönen. Auf den ersten Blick könnte man meinen, daß die Bepflanzung ganz natürlich entstanden sei, aber beim genaueren Hinsehen wird deutlich, wie überlegt sie entworfen wurde und daß man absichtlich reichlich Laubpflanzen verwendet hat, damit diese Gartenszene den ganzen Frühling und Sommer über einen schönen Anblick bietet.

Die Abbildungen auf dieser Seite zeigen Beispiele für gelungene Laubbepflanzungen an zwei ganz unterschiedlichen Standorten: in einem feuchten, schattigen Bereich mit aufrecht wachsenden Pflanzen und an einem trockenen, sonnigen Standort mit kompakten und rundlichen Pflanzen.

Links: Eine vorwiegend aus grünem Laub bestehende Bepflanzung an einem Bachlauf, die sich durch kontrastierende Formen von Iris, Farnen, Funkien und *Rheum palmatum* auszeichnet. Bei den Farnen handelt es sich um den Becherfarn (*Matteucia struthiopteris*) und um den Königsfarn (*Osmunda regalis*).

Oben: Dieses Bild erzeugt eine ebenso angenehme, wenn auch andersartige Stimmung. Alle verwendeten Kräuter wachsen in Hügeln, und diese Bepflanzung mutet beinahe wie eine sanfte Hügellandschaft an. Die einzige Ausnahme zwischen all den Kräutern bildet das *Allium*, das mit seinen spitzen Blättern für Abwechslung sorgt.

Gegenüber links: Hier bildet das Geißblatt (*Lonicera nitida* 'Baggesen's Gold') die Wirtspflanze für die dunkelvioletten Blüten der *Clematis x durandii* – eine Verbindung, bei der schöne Kontraste zwischen Farben und Formen entstehen. Beide Pflanzen bilden auch eine gute Gemeinschaft, da das Geißblatt im Winter kräftig zurückgeschnitten werden kann, damit es seine Form behält. Die Clematis, eine teilweise verholzende Pflanze, muß zur gleichen Zeit bis zum Boden oder bis auf das alte Holz zurückgeschnitten werden.

Gegenüber rechts: Diese kleine Pflanzengruppe, die aus spitzen und runden Formen besteht, bietet in Farbe und Form einen erfreulichen Anblick. In erster Linie beeindruckt der Kontrast zwischen den kugeligen Blüten des *Allium aflatunense*, den Blütenähren der Lupinen und den dreieckigen Blüten der *Iris pallida* 'Variegata'. Was die Farben anbetrifft, so bilden Lauch, Iris und Lupinen eine harmonische Einheit, wobei die letzteren für einen komplementären Farbton sorgen. Der graue Ziest mildert das Farbspiel ab, während der dunkle immergrüne Hintergrund die Wirkung des Ganzen verstärkt.

ten im Vergleich zu den monotonen Reihen identischer Häuser, seinen eigenen Charakter erhält.

Sie müssen auch darüber nachdenken, wieviel Zeit Sie in Ihrem Garten verbringen wollen oder können. Einige Bäume und Sträucher benötigen viel mehr Aufmerksamkeit und Energie als andere. Kletterrosen müssen beschnitten und festgebunden werden, während man eine immergrüne Berberitze oder eine Fläche mit bodendeckenden Pachysandra bis auf gelegentliches Säubern ohne weiteres sich selbst überlassen kann. Die Schönheit einer Pflanze hängt nicht von dem Arbeitsaufwand ab, den sie benötigt. Vielleicht ist das ein Glück, da wir sonst alle die gleichen Pflanzen in unseren Gärten stehen hätten.

Sie müssen sich auch ehrlich befragen, ob Sie vielleicht nur bei schönem Wetter gerne in den Garten gehen. Sollte es Ihnen nämlich widerstreben, zwischen den Monaten Oktober und März im Freien zu sein, so werden Sie sich lieber auf die Gestaltung Ihres Gartens im Hinblick auf das Frühjahr und den Sommer konzentrieren und die Beete mit kurzlebigen Zwiebelgewächsen und üppigen Stauden kunstvoll gestalten. Dies soll Sie aber nicht hindern, daß Sie Ihrem Garten auch einen Rahmen aus immergrünen Sträuchern und interessanten Formen geben, damit sich Ihnen auch im Winter von den Fenstern Ihres Hauses aus ein befriedigender Anblick bietet.

Die Kunst der Gartenanlage besteht zum großen Teil darin, das Beste aus den Pflanzen herauszuholen, die einen besonderen Standort und ein besonderes Klima lieben. Es gibt Pflanzen für jeden Anspruch. Solche, die in einem geschützten Innenhof gedeihen können, unterscheiden sich von denen, die sich auch an einem windigen Hügelhang wohl fühlen. Falls ein Fluß oder Bach durch Ihr Grundstück fließt, werden Sie wasserliebende Pflanzen auswählen, und falls der Garten am Meer liegen sollte, müssen die Pflanzen Wind und Salz vertragen können. Eingedenk all dieser ortsbedingten gegebenen Unterschiede wird nicht zuletzt doch noch Ihre Vorstellungskraft und kreative Intelligenz auf die Probe gestellt werden, nämlich dann, wenn es darum geht zu entscheiden, welche Art von Pflanzen Sie wirklich mögen oder benötigen. Eine Pflanze zu kaufen und anschließend einen Standort für sie auszuwählen oder aber eine Lücke zu haben und die richtige Pflanze dafür zu suchen, sind zwei ganz verschiedene Dinge.

Wenn Sie Ihre Rabatten zusammenstellen, werden Sie über Blatttextur, Form, Wachstumseigenschaften, Blütenfarbe und alle anderen Elemente nachdenken, die erst den Charakter einer Pflanze ausmachen. Wenn Sie die einzelnen Pflanzen genau betrachten, werden Sie feststellen, daß Ihr visueller Eindruck ein ganz anderer ist, wenn Sie sie von nahem sehen, als wenn Sie zurücktreten und die ganze Pflanze nur als Ganzes oder als Umriß wahrnehmen. Dieses Phänomen wird natürlich dann voll zum Tragen kommen, wenn die Pflanzen ausschließlich aus der Nähe betrachtet werden können, wie in einem Kübel auf der Terrasse. In der Regel müssen diese Effekte aber miteinander kombiniert werden, nur so werden alle Eigenschaften einer Pflanze voll zur Geltung gebracht.

Von besonderer Bedeutung für die Wirkung der Rabatte ist die Farbe – ich glaube, daß manche Leute im Grunde niemals auf etwas anderes achten. Doch eine ebenso wichtige Rolle spielen die ähnlichen oder kontrastierenden Blatt-Texturen, jedenfalls wenn die Pflanzen eine ausgewogene Gemeinschaft bilden sollen. Gefiederter grüner Fenchel und die schmalblättrige Verbene sind in der Textur zu ähnlich, als daß jede Pflanze – nebeneinandergesetzt –, für sich allein zur Geltung käme. Hingegen der gleiche Fenchel kombiniert mit den

breiten ledrigen Blättern der Bergenie bekommt ein ganz anderes Gewicht, und da beide ein ganz ähnliches Grün aufweisen, verstärken sie sich auch noch gegenseitig in ihrer Wirkung.

Auch die Form und die Dichte der Blätter sollten berücksichtigt werden. Nehmen wir noch einmal das Beispiel Fenchel und Bergenie: Der duftige, hohe und aufrecht wachsende Fenchel bildet einen schönen Kontrast zu der niedrigen, kräftigen und ausladenden Bergenie. Ähnliche Regeln gelten auch für Sträucher: Zistrosen, die gewöhnlich weiche und muschelförmige Blätter haben, heben sich eindrucksvoll gegen die spitzen Irisblätter ab; das schwertförmige Blattwerk der Yucca aber bildet meiner Meinung nach einen allzu scharfen Kontrast zu der Zistrose, wohingegen das Laub der Bergenien und Funkien wiederum rund und auffallend genug ist, um einen perfekten Hintergrund für die Schwertblätter der Yuccas abzugeben.

Achten Sie auch auf die Umrisse von Bäumen und Sträuchern. Manche Wacholderarten strecken ihre Arme horizontal in alle Richtungen, so daß sie mehr Bodenraum benötigen als andere mit aufrechter Silhouette. Die Zweige vom Schneeball (*Viburnum plicatum* 'Mariesii') hingegen wachsen von einem Hauptstamm schichtweise nach außen, während viele Zweige des *V. farreri* vom Fuß des Strauches aus in die Höhe wachsen. Diese beiden Gehölze brauchen gleich viel Platz in der Rabatte, aber ihre unterschiedlichen Wachstumseigenschaften schaffen völlig andere Effekte.

Einige Bäume und Sträucher, wie die Stechpalme, Berberitzen und die Orangenblume (*Choisya*), wirken aufgrund ihres dichten Blattwerks kompakt. Andere Gehölze, wie Gleditschien oder Kolkwitzien, sind sogar durchsichtig wenn sie belaubt sind, da sie entweder nur kleines oder äußerst spärliches Blattwerk haben.

Wenn wir an Blumen denken, dürfen wir nicht nur die Farbe ihrer Blütenblätter und die Formen ihrer Blüten in Betracht ziehen, sondern müssen auch darauf achten, wie sie aufgehen und dann mit ihrem eigenen Blattwerk kontrastieren. Sie können auf ganz unterschiedliche Weise wachsen: Einige recken ihre Köpfe stolz in die Höhe, während andere sie gesenkt halten. Rosen und Dahlien führen uns selbstbewußt an festen Stengeln ihre Blüten vor. Fuchsien und Fritillarien wachsen aufrecht und neigen dann ihre Köpfe, werden aber so hoch, daß man sie immer noch gut sehen kann, während man die Gesichter der niedrig wachsenden Christrosen und Schneeglöckchen erst umdrehen muß, um sie betrachten zu können.

Manche Blumen benötigen glänzende Blätter als Hintergrund, um richtig zur Geltung zu kommen, dies gilt insbesondere für die weißen Blüten mit grüner Mitte. Andere Blumen, wie zum Beispiel das Fingerkraut, erblühen mitten in ihrem Laub, wobei die zarten Blütenblätter auf den sanftgrünen Blättern ruhen, die sie als Stütze benötigen. Sie blühen den ganzen Sommer hindurch, so daß man sich die Blätter gar nicht getrennt von den Blüten vorstellen kann.

Bei einigen Pflanzen – wie Magnolien oder Christrosen –, harmonieren Blüten und Blätter miteinander, während sie bei anderen gar nicht zusammenzupassen scheinen. Oft sieht eine Bepflanzung aus Gold- und Grautönen wunderbar aus; innerhalb einer einzigen Pflanze kann sich aber gerade diese Farbkombination merkwürdiger-

Oben: Eine Rabatte zu verschiedenen Jahreszeiten. Anfang Mai strecken rosafarbene Tulpen ihre Köpfe zwischen Vergißmeinnicht hervor, und der Frauenmantel beginnt seine samtigen Blätter auszubreiten. Im Juni stehen Frauenmantel und Nelken in Blüte. Vergißmeinnicht und Tulpen wurden herausgenommen und durch Lichtnelken (*Lychnis coronaria* 'Alba') und Bartfaden (*Penstemon* 'Rich Ruby') ersetzt. Zur gleichen Zeit hat auch der Geißbart (*Aruncus sylvester*) sein Maximum erreicht.

Gegenüber: Diese prallgefüllten Rabatten in den Gartenanlagen von Crathes Castle haben mich immer wegen ihrer ausgefallenen Bepflanzung begeistert. Hier fügen sich die Formen – die Blütenähren von Rittersporn und Schmetterlingsstrauch, die gefiederten Astilben und die rundlichen Formen von Heben und Funkien – und die verschiedenen Grüntöne des Laubs zu einem harmonischen, aber aufregenden Bild. Sogar der Farbton des Steinweges verbindet die verschiedenen Farbschattierungen in der Rabatte miteinander. Ein alter Erdbeerbaum bildet einen eindrucksvollen Blickfang am Ende des Weges.

weise ganz unglücklich auswirken. Ich kann sehr gut auf die grellgelben Blüten der Raute (*Ruta graveolens*) verzichten, die sich über den fast türkisfarbenen Blättern erheben, und schneide sie deswegen immer alle ab. Das gleiche gilt für die Heiligenblume (*Santolina pinnata neapolitana*), die ich auch nur ohne ihre gelben Blüten mag. Meiner Ansicht nach beißen sich auch die dunkelkarmesinroten Blüten des Spierstrauches (*Spiraea japonica* 'Goldflame') mit seinen eigenen, orangeroten Blättern.

Dann gibt es Pflanzen wie die Nerinen, deren Blüten vor den Blättern erscheinen und die sich deshalb ein grünes Laubbett von einer anderen Pflanze borgen müssen. Bei den Laucharten vergehen die Blätter, sobald die Blüten erscheinen, und das absterbende Laub sollte von Nachbarpflanzen verdeckt werden.

Solche allgemeinen Beobachtungen sollen dazu beitragen, Ihre eigenen Vorlieben zu entdecken und Ihre eigenen Entscheidungen zu treffen. Sie werden sich darin schulen, die Pflanzen aufmerksamer zu betrachten, d.h. Ihr Augenmerk auf die Gesamtwirkung und Details der Pflanzen zu richten, genau wie es der Maler tut, der seinen Gegenstand von verschiedenen Standpunkten aus betrachtet.

Sobald Sie mit den Details und der Gesamtwirkung Ihres Gartens ganz vertraut sind, werden Sie bemerken, wie schwierig es ist, ihn nun mit einem kritischen Auge wahrzunehmen – in diesem Fall erzeugt Vertrautheit Nachsichtigkeit. Wenn es Ihnen an Ideen fehlt und Ihr Garten keine Veränderungen mehr erfährt, müssen Sie Ihre Phantasie spielen lassen und überall, wohin Sie sich begeben, auf neue Kombinationen von Farben und Mustern achten; jeder Spaziergang bietet hierzu Gelegenheit. Die Gärten anderer Leute sind natürlich die besten Inspirationsquellen. Wenn Sie in ihnen herumspazieren, werden Sie häufig von einem ersten, starken Eindruck überrascht. Vielleicht entdecken Sie Kombinationen, die Ihnen niemals eingefallen wären, oder aber es ist ein Kontrast von Formen und Farben, der Sie beeindruckt. Es wäre nicht schlecht, wenn Sie alle diese Gedanken sofort notieren.

Zu diesem Zweck sollten Sie stets einen Notizblock in der Tasche oder einen Fotoapparat im Auto haben. Ich verlasse nur selten einen Garten, ohne einige neue Eindrücke mitzunehmen. Ich werde nie den Abend vergessen, an dem ich mit James van Sweden durch Washington spazierte und zum ersten Mal eine seiner Bepflanzungen mit Gräsern sah. Die Leichtigkeit der Gräser, die sich wie Tänzer gruppiert über die geheimnisvollen, geisterhaften Staudenskelette erhoben, faszinierte mich. Er pflanzt diese hohen Gräser ihres Laubes und ihrer Blüten wegen zwischen pflegeleichte Stauden. Mir sagt diese Idee viel mehr zu als ganze Beete bestehend nur aus Gräsern, die eher monoton wirken.

Ein Besuch in David Hicks' sommerlichem Garten in Oxfordshire brachte mich auf noch andere Gedanken zum Thema Gräser und Blattwerk. In Hicks' Garten zog sich entlang einer Allee eine gemähte, zentrale Rasenfläche hin, die beidseitig von einem 5–6 m breiten, ungemähten Rasenstreifen eingefaßt wurde. Dort stand das vollerblühte Gras bis zu einem halben Meter hoch und wogte sanft im Wind. Hinter jedem Streifen schloß sich eine grüne Mauer an –

Ganz oben: Hier dient die Hortensie als Wirtspflanze für die üppig blühende gefüllte *Clematis viticella* 'Purpurea Plena Elegans'. Die blasseren Farbtöne der ungeöffneten Blütenblätter der Clematis nehmen die rosafarbenen Hortensienblüten wieder auf, und die dunkelroten Blütenstiele der Hortensie stimmen mit der kräftigen Farbe der Clematisblüten überein. Die Hortensie muß behutsam beschnitten werden, damit sie auch im nächsten Jahr wieder blüht. Die Clematis bedarf eines kräftigen Schnitts im Frühjahr.

Oben: Ein Ausschnitt aus einer Frühjahrsbepflanzung, bei der sich Farben und Formen gegenseitig immer wieder aufnehmen. Schlangenköpfige Fritillarien in zwei Formen – weiße und schachbrettartig gemusterte – und *Narcissus cyclamineus* mit ihren auffallend zurückgebogenen Blütenhüllblättern haben sämtlich nickende Köpfe. Während das Purpurrot der Schachbrettblumen von der Berberitze im Hintergrund wieder aufgegriffen wird, werden das leuchtende Gelb der Narzissen und das sanfte Blaßgrün der ungeöffneten Fritillarien durch den dunklen Hintergrund besonders hervorgehoben.

Oben: In einem Bepflanzungsschema, bei dem die Farben auf Grün und Weiß reduziert sind, erhalten die Formen und Texturen um so größere Bedeutung. Früher blühende Frühjahrszwiebeln werden hier von der üppig sich ausbreitenden *Clematis x jouiniana*, einer sehr süß duftenden kleinblütigen Varietät, überdeckt, die eine effektvolle Bodendecke bildet (und die jeden Winter ganz kräftig zurückgeschnitten werden muß). Die schwertförmigen Blätter der Montbretie (*Crocosmia paniculata*) bilden einen schönen Laubkontrast und eignen sich als Stütze für die langen Clematisranken. Die silbernen »Pfennige« – Samenstände der *Lunaria annua* – passen sich den weißen Clematisblüten an, während ihre papierartige Textur einen zarten Hintergrund für ihre wachsartigen Blüten bildet.

Die Fotografien auf diesen Seiten zeigen Beispiele für drei verschiedene gute Pflanzenkombinationen, bei denen sowohl Farben und Formen als auch Texturen eine wichtige Rolle spielen.

Hochstammbuchen –, die wie eine Hecke auf Stelzen gestaltet war. Was die eigentliche Originalität dieser Szene ausmachte, war aber eine andere Buchenreihe, die lediglich wie eine konventionelle Hecke beschnitten war. Sie lehrte mich, was sich alles durch den Einsatz verschiedener Grüntöne, Texturen und Behandlungsmethoden erreichen läßt.

Die bekannte Gruppe aus *Calocedrus decurrens* im Westonbirt Arboretum hinterließ bei mir einen ganz anderen Eindruck – ich erinnere mich an die kräftigen Vertikalen und eine dunkle Masse direkt neben dem horizontal wachsenden Japanischen Ahorn mit seiner lichten Textur. Ich würde wohl nicht genug Platz haben, um diese Bepflanzung nachzuahmen, aber ich konnte die Idee in viel kleinerem Maßstab umsetzen.

Wieder ein anderes Bild, das mir im Gedächtnis blieb, ist die große Zahl wunderbarer hoher Rittersporne, die auf einem erhöhten Beet im Garten der verstorbenen Gräfin Westmoreland in Lyegrove bei Badminton (Avon) wuchsen. Diese echte »Bepflanzung in Schichten« begann mit einer Rasenfläche, der sich eine Stützmauer aus Stein anschloß, welche mit Katzenminze eingefaßt war und selbst wiederum mit Rittersporn und Kletterrosen vor einer hohen Schutzmauer abschloß.

Und dann erinnere ich mich an einen Sonntagabend in Pyrford Court (Surrey), als ich durch einen Garten wanderte, den Gertrude Jekyll vor vielen Jahren angelegt hatte. Ich sehe noch vor mir, wie sich der goldene Garten in den blauen und grünen Rabatten fortsetzte und schließlich in den roten Rabatten abschloß. Ich kann mich zwar nicht mehr an alle Einzelheiten erinnern und sehe die Beete nur noch verschwommen in einem Farbnebel, aber bei der Planung unserer Anlage in Barnsley im Jahr 1969 nahmen wir sie uns zum Vorbild.

Doch nicht nur die natürliche Welt inspiriert uns. Um neue Verbindungen von Farben und Texturen zu entdecken, sollte man auch auf künstlerische Details in unserer täglichen Umgebung achten – so zu finden auf Bildern, Teppichen und Möbeln. Beinahe alles was uns umgibt sendet eine Botschaft.

Denken Sie aber daran, daß die Regeln für die Anordnung lebender Pflanzen und die für eine stilisierte Dekoration notwendigerweise verschieden sind. Sie lassen sich nicht im Ganzen übertragen, sondern Sie müssen versuchen, mehr den Gesamteindruck des Gewebes zu treffen, das Sie so bewundert haben, als seine Farben selbst zu übernehmen. Wenn ich die leuchtenden Stoffe betrachte, an denen ich meine Freude habe, so weiß ich doch ganz genau, daß ich niemals eine kräftig rosafarbene Petunie neben eine flammendrote Rose in meinen Garten setzen würde, selbst wenn sie durch ihr eigenes grünes Laub voneinander getrennt wären.

Bei dem Versuch, ein neues Farbschema zu entwerfen, habe ich noch eine andere Methode angewendet. Ich habe verschiedenfarbige Wolle, eine ganze Palette von Blüten und eine Auswahl an Blättern genommen und sie zu einem Teppich nach meinem Geschmack ausgebreitet, wobei ich mir immer vor Augen gehalten habe, daß die Blütenfarben im Garten durch die vielen Grün-, Gold- und Grauschattierungen abgemildert oder verstärkt werden. Versuchen Sie es

Oben links: Die duftigen gefüllten Blütenköpfe der 'Schneewittchen'-Rosen wiederholen sich in kleinerem Maßstab in den Blütendolden der einjährigen *Ammi majus*. Jeder Zentimeter des Bodens ist von Blüten und Blättern bedeckt, wobei sich die filzigen grauen Blätter des Ziests harmonisch in die monochrome Stimmung einfügen.

Links: Das leuchtende Rot des herbstblühenden Spaltgriffels (*Schizostylis coccinea*) spiegelt sich in den roten Cotoneasterbeeren im Hintergrund wider. Da die Rhizome nur wenig Platz benötigen, wäre diese Kombination hervorragend für ein schmales Beet vor einer Mauer geeignet. Die Abbildungen oben und gegenüber zeigen ganz eigenwillige kunstvolle Kombinationen von jeweils zwei Partnern, die ihre Wirkung im gegenseitigen Wechselspiel noch verstärken.

Oben rechts: Rosa und Grün in den Blättern der *Actinidia kolomikta* werden im Sommer von der *Clematis florida* 'Sieboldii' wieder aufgenommen, deren gefüllte weiße Blüten dunkelrosafarbene Staminodien und blaßgrüne Staubfäden aufweisen. Diese Kombination ist einfach wunderbar.

Gegenüber: *Itea ilicifolia* eignet sich hervorragend als Stützpflanze für die kletternde Kapuzinerkresse *Tropaeolum speciosum*. Die Itea steht am besten vor einer nach Süden oder Westen ausgerichteten Mauer, da ihre immergrünen Blätter von starken Frösten beschädigt werden können. Die langen, quastenförmigen Blüten, die vom Juli bis zum Spätherbst elegant herabhängen und immer länger werden, verströmen einen moschusartigen Duft. Die scharlachrote Kapuzinerkresse hat besonders in alkalischem Boden Startschwierigkeiten, aber wenn sie erst einmal Fuß gefaßt hat, ist sie vollständig winterhart und wird von Jahr zu Jahr kräftiger.

doch einmal: Eine Reihe neuer Kombinationen von Farben und Texturen werden Ihnen einfallen, sobald Sie die Wollstückchen, Blüten oder Blätter verschieben, und Sie werden die Lust verspüren, sie in Ihren Rabatten auszuprobieren.

Einen Garten zu schaffen, der in jeder Jahreszeit einen befriedigenden Anblick bietet und im Laufe des Jahres nicht an Schönheit und Lebendigkeit verliert, ist das höchste Ziel eines jeden Gärtners. Dies zu versuchen und umfassend zu beschreiben, wie sich dieses Ziel erreichen läßt, ist eine beinahe übermenschliche Aufgabe. Da alle Gärten andere Voraussetzungen mitbringen – Bodenverhältnisse und Umgebung zum Beispiel –, scheint es mir unmöglich, jeden Gärtner zufriedenzustellen. Ich kann vor Ihnen nur meine Gedanken und Überzeugungen ausbreiten, die sich in den dreißig Jahren meines gärtnerischen Wirkens entwickelt haben, und hoffen, daß sie auch bei Ihnen Resonanz finden.

Genauso wie ich über eine Bepflanzung nachgedacht habe, die das ganze Jahr über reizvoll ist, habe ich mich auch mit der Bepflanzung in vertikalen Schichten beschäftigt, indem ich Kletterpflanzen über Sträucher wachsen ließ oder Stauden zwischen bodendeckende Pflanzen setzte.

Es ist dieser niemals endende Zyklus – von einer Saison zur nächsten, von einem Farbschauspiel, von einer Überraschung zur nächsten –, der mich des Gärtnerns nicht müde werden läßt. Es ist, als ob ich einen aufregenden Roman lese oder einen Berg besteige: Ich möchte das Ende der Geschichte erleben oder vom Berggipfel hinunterschauen. Im Garten hat man immer schon die nächste Jahreszeit oder das kommende Jahr im Auge. Im Haus kann ich zwar ein wunderbares Essen kochen; es ist aber schnell verzehrt, und ich kann es nur noch in meinem Gedächtnis bewahren, wo es allmählich verblaßt. Unsere Vorhänge und Wände verschleißen langsam; aber in unserem Garten ist alles ganz anders. Eine Handvoll Schneeglöckchenzwiebeln vermehrt sich und breitet sich zu großen Flecken aus, und ein Steckling, den wir von einem Freund geschenkt bekommen haben, kann sich zu einem wichtigen Element des Gartens entwikkeln. Solange Sie die Lust und die Zeit aufbringen, Ihre Pflanzen liebevoll zu versorgen, wird sich Ihr Gartenbild weiterentwickeln und reifen. Dabei werden Sie die gleiche Befriedigung erfahren wie ein Künstler beim Malen, dessen Bild ganz allmählich Gestalt annimmt.

So wie es Pflanzen gibt die überall hinpassen, so gibt es auch einen Stil, der jedem Gärtner gefällt. Wenn Ihnen dieses Buch dazu verhelfen kann, Ihren eigenen Stil zu finden, dann bin ich voll zufrieden. Die Hauptarbeit müssen Sie natürlich selbst leisten. Renoir verließ sich auf seinen Instinkt wenn er ein Bild malte. Als er einmal gefragt wurde, ob er beim Malen eine besondere überlegte Methode anwende, antwortete er: »Nein, auf gar keinen Fall; ein Apotheker verfährt so, aber doch nicht ein Künstler! Ich arrangiere meinen Gegenstand nach meinen Vorstellungen; dann fange ich an und male ihn, wie ein Kind... Schlauer bin ich nicht.« Seine Antwort sollte auch jeder Gärtner beherzigen.

Farbe, Form und Textur

Wenn wir einen Garten betreten, werden wir zu allererst die Farben wahrnehmen. Das trifft für jeden Garten zu, ob er nun aus leuchtenden Blütenfarben mit Grün, einer einzigen Farbe mit Grün oder aus nur feinen Abstufungen von Grüntönen, die hier im Schatten, dort in der Sonne liegen, komponiert ist. Die meisten Gärtner verwenden eine Kombination dieser Elemente, und es ist die Art des Zusammenspiels der Farben, die die Atmosphäre ausmacht – üppig und heiter, bedrückend, unordentlich, aufregend oder friedlich.

Die Farben unserer Umgebung können unsere ganze Stimmung beeinflussen. Glücklicherweise reagieren wir ganz unterschiedlich auf Farben, denn wenn wir alle dieselben bevorzugten, mangelte es unseren Häusern, unserer Kleidung und unseren Gärten an Abwechslung. Als ich neunzehn Jahre alt war, trug ich am liebsten leuchtendrote Kleider. Wählte ich ein Kleid in einem blasseren Farbton aus, mußte es zumindest eine kräftigfarbene Schärpe haben. Aber unsere Vorstellungen ändern sich, und heute hängt kein einziges rotes Kleid mehr in meinem Schrank. Ich liebe jetzt ruhigere Farben – Mauve, Blautöne und Herbstfarben, aber keine schmutzigen Braun- oder Grautöne.

Wir können die Farbe nicht vermeiden – wir erwachen an einem grauen Tag oder bei goldenem Sonnenlicht –, und ich sehe eine Verbindung zwischen Farbe und Jahreszeiten. Der Winter ist braun und grün und durchsetzt mit leuchtendem Rot und Gelb, wobei die Farben entsprechend der Lichtqualität intensiver werden. Der Frühling ist golden, weiß und blaßgrün mit Krokussen, Narzissen, Wolfsmilch, großen Flecken blauer Traubenhyazinthen und einem Gemisch aus Tulpen zwischen dem jungen Grün der Stauden und unter Bäumen, die ihre ersten Blätter zeigen. Der Sommer beginnt mit sanften Farbtönen – in Rosa und Mauve –, mit Rosen, Lavendel und Bartfaden und wechselt dann zu kräftigeren Farben über – mit leuchtenden Rottönen, Orange und den kräftigen Gelbtönen von Dahlien, Ringelblumen und der ganzen Vielfalt der Sonnenblumen. Der Herbst muß sich in glühenden Farbtönen zeigen, mit dem Zinnoberrot des Ahorns bis hin zu den sanfteren Rot- und Gelbtönen der Japanischen Ahorne, Sorbusarten und Buchen.

Aber die Veränderungen, die wir im Garten wahrnehmen, sind noch viel subtiler. Wir sagen: »Die Luft ist so klar«, das heißt, die Farben erscheinen viel leuchtender und durchsichtiger als gewöhnlich. In den Stunden nach einem Regenschauer, wenn die Sonne hervorkommt und die Regentropfen an kahlen Zweigen hängen oder in den Blättern sitzen, spiegeln sie jede Farbe des Spektrums wider wie die Seifenblasen im Bad, obgleich sie selbst farblos sind!

Farben senden uns auch eine deutliche Botschaft – eine rote Frucht ist reif und kann gegessen werden. Sie wecken auch Emotionen – ein Regenbogen und ein dramatischer Sonnenuntergang begeistern uns genauso wie ein Fenster mit mittelalterlicher Glasmalerei, durch das die Sonne bricht.

Die Farbe kann sogar die Geschwindigkeit bestimmen, mit der wir durch den Garten gehen und die Richtung anzeigen, in die wir unsere Schritte lenken. Schattige grüne Bäume lassen Sie innehalten (sie tun es zumindest bei mir), während eine Fontäne, ein glitzernder Teich oder eine Bepflanzung in leuchtenden Farben Sie vielleicht zu einem schnelleren Gang antreiben, um rasch die Ursache des Glitzerns entdecken zu können. Auch der entfernte, auffallende Stamm einer Silberbirke wird ein Anziehungspunkt für Sie sein. Alle kräftigen Farben – Rot, Orange oder Gelb – treten in den Vordergrund und scheinen auf Sie zuzukommen, während die gedeckteren Farben – Blau-, Violett- und Grautöne – in der Rabatte zurücktreten und in die Ferne zu rücken scheinen.

Bei der Planung und Bepflanzung des Gartens kann es hilfreich sein, wenn Sie sich mit den Farben beschäftigen und herausfinden, wie sie auf Sie persönlich wirken. Sie werden die Nuancen der Farbechos wahrnehmen und entdecken, wie sich die Farben im Morgen- und Abendlicht verändern und Sie werden auf Schatten und starke Kontraste achten. Falls Sie Künstler sind oder im Bereich Design arbeiten, müssen Sie sich professionell mit der Farbenlehre auseinandersetzen, aber für einen Gärtner reicht es aus, Farbtöne und -kontraste zu beachten und diese ganz intuitiv nach seinen eigenen Empfindungen zu pflanzen.

Wenn ein Künstler ein Bild malt, werden seine Farben statisch, die Farbkombination kann nur noch durch einen Rahmen oder die Umgebung, in die man sie hängt, verändert werden. Die Gärtner dagegen haben mit einer ständig wechselnden Szenerie zu kämpfen – der Wind bläst, die Blütenblätter fallen, die Blätter verändern ihre Farbe, und die Pflanzen sterben gemäß ihrem Lebensrhythmus. Sie müssen daher experimentieren und selbst Ihre Veränderungen vornehmen.

Eine klassische Harmonie in warmen (nicht glühenden) Farbtönen zwischen Purpur und Karmesinrot. Diese Farbschattierungen verschmelzen miteinander, da keine feurigen Orange- oder Gelbtöne dazwischen sind, die die Harmonie stören könnten. Das silberne Laub der Artemisien im Hintergrund unterstreicht die Komposition, und ihr grauer Farbton wird im Laub des Mohns wieder aufgenommen. Dazu gesellen sich Bartnelken (einige auch mit rotem Auge), Kosmeen und Bartfaden. In diesem Garten, der zum House of Pitmuies bei Forfar gehört, hat Mrs. Ogilvie eine Komposition entworfen, die es an Schönheit mit einem Stilleben holländischer Maler aus dem 17. Jahrhundert aufnehmen kann.

Für Leonardo da Vinci waren Farben und Elemente unmittelbar miteinander verbunden: Gelb bedeutete Erde, Grün Wasser, Blau Luft und Rot Feuer. Monets Farbverständnis war instinktiv und wurde im Laufe seines langen Lebens immer tiefgründiger. Als Gärtner brauchen wir nur an unsere erste Farbmischung zurückzudenken.

Eine wichtige Entdeckung, die wir bereits in der Schule beim Spielen mit unseren Malkästen und Stiften gemacht haben und an die wir uns, glaube ich, zurückerinnern sollten, wenn wir nach Ideen für unsere Rabatten suchen, ist die Tatsache, daß es drei Primärfarben gibt: Rot, Gelb und Blau. Dem Maler stehen diese Farben in ihrer reinsten Form unmittelbar zur Verfügung, und er kann sie verwenden, um klare, grundsätzliche Aussagen zu machen. Für den Gärtner gibt es dagegen nur ein paar wenige Blumen, die in diese festen Kategorien passen. Einige Tulpen sind tatsächlich feuerrot, aber dennoch tragen ihre Blütenblätter unauffällige Schattierungen, die ihre Leuchtkraft abmildern, sobald man sich ihnen nähert. Was die beiden anderen Primärfarben angeht, so könnte man den Salbei (*Salvia patens*) reinblau und den Winterjasmin nebst Forsythien als reingelb bezeichnen. In den meisten Fällen lassen sich diese Primärfarben nicht gut miteinander vermischen. Ich mag es nicht, wenn blauer Salbei mit zinnoberrotem Phlox oder *Pelargonium* 'Paul Crampel' kombiniert wird.

In meinem Garten harmonieren gelbe Narzissen und scharlachrote Tulpen wirklich nicht miteinander. Aber in einem Cottage-Garten, in dem alle Blumen durcheinanderwachsen, sehen sie völlig natürlich aus. Auch roter Mohn und gelbes Mädchenauge, mit Grün vermischt als koordinierendem Faktor, bieten in einem wilden Garten ein prächtiges Schauspiel. In kleinen Gruppen gepflanzt, wirken diese leuchtenden Primärfarben unangenehm auf das Auge, aber sobald man jede von ihnen einzeln und in großen Mengen verwendet (denken Sie an Wordsworths Schwärme tanzender Narzissen), sehen diese großartig aus und erzeugen eine Einheit, die vor allem durch das grüne Laub eine erstaunlich beruhigende Wirkung erhält.

Glücklicherweise handelt es sich beim größten Teil der Blumen nicht um reine Primärfarben, sondern sie nähern sich vielmehr den Sekundärfarben Orange, Violett und Grün, die wiederum durch die Mischung zweier Primärfarben entstanden sind. Die Farbe Grün ist überall im Garten präsent, und deshalb sind unsere Augen daran gewöhnt, sie in Verbindung mit jeder anderen Farbe zu sehen und sie als perfekten Partner für jede von ihnen zu akzeptieren.

Gegenüber: Mrs. Frank hat in ihrem Cottage-Garten aus scharlachroten und gelben Tulpen sowie blauen Traubenhyazinthen eine Komposition aus Primärfarben geschaffen, die fast die Augen blendet, aber dennoch gelungen ist. Der koordinierende Faktor ist dabei das Grün der Pflanzen. Im Frühsommer verwandelt sich das Bild vollständig, dann stehen die weißen und mauvefarbenen Glockenblumen (*Campanula persicifolia*) in Blüte. Die Zwiebelpflanzen bleiben im Boden, um im nächsten Jahr wieder zu erblühen.

Links: Die blaßgelben Blütenblätter und dunkelgelben Augen des *Argyranthemum maderense* bilden einen kräftigen Kontrast zu ihrer Komplementärfarbe, einem dunklen Violett des *Heliotropium* 'Princess Marina'. Das Heliotrop läßt sich am besten als einjährige Pflanze ziehen. Das Argyranthemum hingegen sollte in kalten Klimaten wie eine bedingt winterharte mehrjährige Pflanze behandelt werden.

Rechts: Da Orange und Blau Komplementärfarben sind, bilden sie einen kräftigen Kontrast, hier am Beispiel der Ochsenzunge *Anchusa italica* 'Loddon Royalist' mit einem satten reinen Blau und der zartorangefarbenen Hundskamille.

Rechts: Eine einfache Farbkarte zeigt die drei Primärfarben (Rot, Gelb, und Blau) und die drei Sekundärfarben (Grün, Orange und Violett), die Mischungen der Primärfarben sind. Dazwischen liegen noch die Farben, die sie miteinander verbinden. Die im Farbkreis einander gegenüberliegenden Farben sind die sogenannten Komplementärfarben, was bedeutet, daß sie miteinander die stärksten Kontraste bilden. Wenn Sie nach harmonischen Farben suchen, sollten Sie sich solche auswählen, die auf der Karte am nächsten beieinanderliegen. Alle Blumenfarben auf diesen Bildern sind Primär- und Sekundärfarben; sie machen deutlich, wie Komplementärfarben im Garten verwendet werden können.

Die anderen Sekundärfarben Orange und Violett harmonisieren gut miteinander, wenn auch nicht auf so eine eindrucksvolle Art und Weise wie die Primärfarben Blau und Gelb. Denken Sie doch einmal an Kombinationen, die Sie besonders lieben. Im Frühling sehe ich sehr gerne dunkelblauviolette Traubenhyazinthen neben leuchtend orangefarbenen Kaiserkronen (*Fritillaria imperialis*). Später bilden dann die Blüten des Geißblattes (*Lonicera* 'Dropmore Scarlet') mit der Rose 'Veilchenblau', niedrige Glockenblumen mit orangefarbenem Sonnenröschen oder hohe Glockenblumen mit orangefarbener Sonnenbraut neben Kokardenblumen (*Gaillarda* 'Mandarin') eine hübsche Gemeinschaft.

Sie können auch gut eine Primärfarbe mit der Sekundärfarbe verbinden, die ihr auf dem Farbkreis direkt gegenüberliegt: Zum Beispiel Blau mit Orange (Orange ist eine Mischung aus Rot und Gelb), blaue Vergißmeinnicht und orangefarbene Tulpen, oder Rot mit Grün (Grün ist eine Mischung aus Blau und Gelb): *Salvia fulgens* und ihre eigenen grünen Blätter, oder Gelb mit Violett (Violett ist eine Mischung aus Rot und Blau): Gelbe Iris und violette Akelei.

Diese kontrastierenden Farben, die auf dem Farbspektrum weit auseinanderliegen, bilden einen Gegensatz, passen aber trotzdem zusammen. Es sind kräftige, gleichgewichtige Farben, und Sie werden bemerken, daß die Sekundärfarben – insbesondere Orange und Violett – viel intensiver in der Kombination mit Primärfarben wirken, als wenn sie mit Sekundärfarben eine Gemeinschaft bilden sollen.

Unter Zwischenfarben versteht man solche, die sich an den Rändern der Segmente der Primärfarben bewegen und ihre Farbtöne verändern, je nachdem, wieviel von der jeweiligen Primärfarbe verwendet wird: Orangerot, Orangegelb, Gelbgrün, Grünblau, Blauviolett und Violettrot. Mit Zwischenfarben, die zu derselben Primärfarbe gehören, sollten Sie vorsichtig sein: Gelbrot (Mandarine oder Ringelblume) mit Violettrot (Rosa), Orangegelb mit Gelbgrün, Grünblau mit Blauviolett. Übertragen Sie nun diese Farbkombinationen

Rechts: Verwenden Sie Komplementärfarben, um starke Kontraste zu erzielen. Das lebhafte Zinnoberrot des Türkischen Mohns kommt in einer Rabatte immer besonders gut zur Geltung, wenn es sich gegen einen grünen Hintergrund abheben kann.

auf die Pflanzen, die Sie kennen: Stellen Sie sich Kapuzinerkresse neben rosafarbenem Storchschnabel vor, Strohblumen (*Helichrysum*) neben Frauenmantel (*Alchemilla mollis*) oder Vergißmeinnicht kombiniert mit violetten Iris. Mir würden solche Kombinationen sicherlich nicht gefallen.

Ihr Garten kann die verschiedensten Farbkombinationen aufweisen, aber nehmen Sie sich Zeit und überlegen Sie, welche der Farbmischungen Ihnen wirklich gefallen. Um das zu erkennen, müssen Sie die Farben ganz bewußt auf sich einwirken lassen. Ich habe eine kleine Glasschale in einem wunderbaren kräftigen Violett, die ich besonders gerne mit gelben Primeln oder Euphorbien und Frauenmantel (*Alchemilla mollis*) fülle. Zu den Primeln passen auch blaue Traubenhyazinthen, aber die Traubenhyazinthen benötigen die gelben Primeln, um mit dem violetten Glas harmonieren zu können. Das Binden von Blumensträußen bietet hier eine Gelegenheit, viel über farbliche Komposition zu lernen.

Manchmal ist es befriedigend, nur einen einzigen Farbton in verschiedenen Abstufungen zu verwenden, während in anderen Situationen kontrastierende Sekundärfarben passender erscheinen. Auf meinem Schreibtisch steht ein blauer Becher mit Filzstiften. Der orangefarbene paßt wunderbar zu dem blauen, und in meinem Garten kann ich diese Farbmischung mit Ringelblumen und Kapuzinerkresse verwirklichen, die rings um Rittersporn oder Himmelsleitern (*Polemonium*) wachsen. Denken Sie aber daran, daß jeder Garten einen hohen Prozentsatz an Grün enthält und daß die Blüten – im Gegensatz zu dem Glas und dem Stift – viele verschiedene Nuancen von Blau- und Orangetönen aufweisen.

Wenn der rosafarbene Stift alleine in dem blauen Glasbecher steht, wirkt seine Farbe warm und voll. Im Garten, wo Rosa und Blau genausogut zusammenpassen, sollten meiner Meinung nach die rosafarbenen Blumen ein größeres Gewicht haben als die blauen – zum Beispiel rosa Rosen mit blauen Veilchen oder Glockenblumen unterpflanzt, rosafarbene *Verbena* 'Silver Anne' mit blaßblauen Lobelien, rosafarbene *V.* 'Sissinghurst' mit blauer *Felicia amelloides*, *Anemone* x *hybrida* 'Lady Gilmour' mit der Hortensie *Hydrangea aspera villosa*, Präriemalven (*Sidalcea malviflora* 'Rose Queen') mit Katzenminze (*Nepeta* 'Six Hills Giants') oder Bartfaden (*Penstemon* 'Evelyn') mit Veilchen 'Belmont Blue'.

Form und Textur

Damit ein Bepflanzungsschema gelingen soll, muß der Gärtner ein natürliches oder anerzogenes Farbgefühl haben und selbstverständlich auch über einige gärtnerische Kenntnisse verfügen. Es ist unmöglich, Farbe von Form und Textur zu trennen. In einfarbigen Rabatten mit grünem und grauem Laub spielen die Formen der Blätter, Blüten und Sträucher eine unmittelbar wichtige Rolle. In einer Bepflanzung in Grün und Weiß, zum Beispiel mit Hortensien (*Hydrangea paniculata* 'Grandiflora'), grünem Wacholder, grünlaubigen Edeldisteln (*Eryngium giganteum*) und Farn (*Polystichum setiferum divisilobum*), herrschen die Texturen und Formen vor. Sobald Sie nun den Farn durch Bodendecker mit rotem, goldenem und grünem Blatt ersetzen, treten die bodendeckenden Pflanzen in den Vordergrund, woraufhin die Bedeutung der Textur des Hortensienlaubes verlorengeht und der Wacholder statt dessen an Bedeutung gewinnt.

Die Textur spielt nicht zwangsläufig die vorherrschende Rolle; aber wenn Sie einmal damit begonnen haben, sie bewußt wahrzunehmen, werden Sie sie gewiß zu schätzen lernen. Ein einfaches Beispiel sei das gefiederte Laub der Heiligenblume (*Santolina chamaecyparissus*) neben den samtigen Blättern des Wollziests (*Stachys byzantina*, jetzt *S. lanata*). Hier spielt die Farbe lediglich eine untergeordnete Rolle, dafür kommt die Feinheit der Texturen stark zur Geltung.

Sie können die Wirkung der Farben auch dämpfen, um die kontrastierenden oder einander widerspiegelnden Formen in den Vordergrund treten zu lassen. Runde Büsche der *Hebe rakaiensis* können Sie zum Beispiel mit flächig wachsendem grauen Wollziest (*Stachys byzantina, S. lanata*), aufrecht wachsenden Gräsern, *Iris foetidissima* 'Variegata' oder ganz einfach mit sommerblühendem Tabak (*Nicotiana*) umgeben. Bei einer vorwiegend blauen Farbgebung bilden die Blütenähren von Rittersporn und Eisenhut einen schönen Kontrast zu den rundlichen Formen des Salbeis (*Salvia nemorosa* 'Ostfriesland'). Bei all diesen Beispielen bilden runde und spitze Formen einen Kontrast. Wenn Sie jedoch die beiden Laucharten *Allium aflatunense* oder *A. christophii (A. albopilosum)* hinzufügen, schaffen Sie noch eine rundliche Form und es ergibt sich ein harmonisches Gesamtbild. Genauer gesagt: Sobald zwei oder mehr Blumen derselben Farbe zusammengruppiert werden – zum Beispiel bei einer rein rosafarbenen Bepflanzung mit Nelken nebst *Phuopsis stylosa* oder *Allium aflatunense* und Knöterich (*Polygonum bistorta*) –, wird Ihre

Gegenüber: Wenn diese Pflanzen leuchtende Farben hätten, würden Sie vielleicht die Kontraste der Texturen zwischen dem samtigen Blatt der Hortensie (*Hydrangea sargentiana*), den stachligen Samenständen der Edeldistel (*Eryngium giganteum*) und dem zarten filigranen Laub des Farns gar nicht wahrnehmen.

Links oben: Die aufrechten Blütenstengel der Königskerzen bilden einen wunderbaren Kontrast zu den flachen runden Blütenköpfen der weißen Margeriten (*Leucanthemum x superbum*).

Links unten: Eine gelungene Kombination aus weiß- und cremefarben gemusterten Blättern: *Iris pallida* 'Variegata' mit der einjährigen Wolfsmilch *Euphorbia marginata* und dahinter dem halb winterharten gemusterte Abutilon.

Rechts oben: In Anne Dexters winzigem Garten in Oxford stellt sich am Rand des schmalen Weges die weiße Hortensie 'Lanarth White' zur Schau.

Rechts unten: Im Februar wachsen weiße Holländische Krokusse durch einen Teppich aus Wollziest (*Stachys byzantina*), der ein altes Exemplar der Heiligenblume *Santolina chamaecyparissus* einrahmt.

Aufmerksamkeit mehr auf die Formen selbst als auf ihre Farbe gelenkt.

Daraus läßt sich ablesen, daß die Formen in dem Maß an Bedeutung gewinnen, in dem das Farbschema vereinfacht wird. Das gilt vor allem für Bepflanzungen, die ausschließlich in Grüntönen gehalten sind. Stellen Sie sich zum Beispiel Fenchel und Angelika vor einer aufrecht wachsenden Zypresse vor, und Sie werden sofort feststellen, daß sich die Angelika mit ihren großen, gefingerten Blättern stolz vor dem Hintergrund abhebt, während der Fenchel nahezu verschwindet. Das gleiche gilt für die großen Blätter der *Rodgersia pinnata*, die sich hervorragend als Nachbar von Koniferen eignet.

Jedes Blatt einer Pflanze hat seine eigene Form – lang, spitz, rund, oval oder gefingert –, und die Dichte eines Strauches hängt von der Beschaffenheit seiner Blätter ab. Manche Blätter sind ledrig und glänzend wie bei Stechpalme (*Ilex*) andere sind durchscheinend wie bei Gleditschien und beim Fenchel. Die Einbeziehung und Abstimmung dieser Eigenschaften ist genauso bedeutend wie die Farbkombination.

Auf diesen Seiten sehen Sie gelungene Beispiele für monochrome Pflanzenzusammenstellungen abgebildet. Bei allen kommen Kontraste von Form und Textur besonders zur Geltung.

Oben links: Die Rosen harmonieren in Farbe und Form großartig mit den Sonnenröschen (*Helianthemum*).

Oben rechts: Die zarten Gesichter der einjährigen Kosmeen bilden eine schöne Gemeinschaft mit den kräftigeren Blütenähren des Weiderichs.

Unten links: Die kugelförmigen Blütenköpfe der *Phuopsis stylosa* bilden einen reizvollen Kontrast zu den flachen Nelkenblüten mit ihren gezackten Rändern.

Unten rechts: Die rosafarbene *Diascia rigescens* erhebt sich stolz über der Zistrose *Cistus* 'Silver Pink', die sich hervorragend für den Vordergrund einer Rabatte eignet. Nicht nur die blassen Rosatöne bieten ein harmonisches Bild, sondern auch die gelben Augen der Zistrose korrespondieren mit den gelben Blütenmitten der Diascie. Da sie aber nicht ganz winterhart sind, sollte man unbedingt im Spätsommer Stecklinge von ihnen schneiden – die übrigens leicht Wurzeln schlagen – und sie in einem Mistbeetkasten oder Kalthaus überwintern.

Oben links: Die Glockenblume (*Campanula persicifolia*) hat sich selbst zwischen den Blütenähren des Wollziests (*Stachys byzantina*) ausgesät. Die Blütenstengel dieses Ziests können gepflückt und zum Trocknen für winterliche Dekorationen aufgehängt werden. Wenn die verwelkten Blüten der Glockenblume regelmäßig abgezupft werden, bilden sich immer neue Knospen, und der farbenprächtige Blütenflor scheint kein Ende zu nehmen.

Oben rechts: Ein Steintrog, den Andrew Lawson mit winterblühenden Stiefmütterchen und Hyazinthen 'Bismarck' bepflanzt hat. Die Hyazinthen, die den Stiefmütterchen in der Farbe gleichen, bilden in der Form einen interessanten Kontrast.

Unten links: Ein Weg schlängelt sich durch cremefarbene bis gelbe Rabatten mit *Phlomis russeliana* im Vordergrund neben der Hundskamille *Anthemis tinctoria* 'E. C. Buxton', der Rose 'Maigold' und *Argyranthemum* 'Jamaica Primrose'. Die Ölweide (*Eleagnus pungens* 'Maculata') sorgt für Höhe und Winterfarbe.

Unten rechts: Wenn man Heiligenblumen nicht abschneidet, schmücken sie sich mit einem Meer kleiner runder Blütenköpfe. Die zitronengelben Farbtöne passen ausgezeichnet zu dem Gelb der Lilie *Lilium* 'Sterling Star'.

Gegenüber oben links: David Hicks arbeitet vor allem mit Laubtexturen, -formen und -kontrasten und erzielt damit großartige Wirkungen. *Angelica archangelica* mit ihren roten Stielen ließ er nahezu durch die Baumpäonien wachsen. Die darunter versteckten Blätter des Frauenmantels (*Alchemilla mollis*) nehmen die runden Formen der Blütenköpfe der Angelika wieder auf. Goldfarbener Hopfen (*Humulus lupulus* 'Aureus') taucht im Hintergrund auf.

Gegenüber oben rechts: Bronzefarbener Fenchel bildet einen reizvollen Hintergrund für die glänzenden Funkienblätter und das Laub der Fetthenne.

Gegenüber unten links: Der zart panaschierte Salbei *Salvia officinalis* 'Icterina' mit seinen matt-filzigen Blättern bildet einen ausgezeichneten Rahmen für die Wolfsmilch (*Euphorbia cyparissias*).

Gegenüber unten rechts: Hier wächst die Taubnessel *Lamium galeobdolon* gemeinsam mit Eberraute (*Artemisia abrotanum*) – ein schöner Kontrast.

Oben ganz links: Eine reizvolle Kombination aus Flattergras (*Milium effusum* 'Aureum'), sowie den blaß zinnblauen Blättern des Fingerkrauts (*Potentilla anseriana*). Mit dem Gras lassen sich schattige Ecken wunderbar aufhellen.

Oben Mitte links: Im Kräutergarten hat der goldfarbene *Salvia officinalis* 'Kew Gold' die gekräuselte Petersilie zum Nachbarn.

Oben Mitte rechts: *Salvia officinalis* 'Icterina' wächst hier zusammen mit Honiggras (*Holcus mollis* 'Albovariegatus'). Die Farbigkeit der Blätter verleiht dem Formenkontrast des Laubs noch eine zusätzliche Dimension.

Oben ganz rechts: Der Spindelstrauch *Euonymus fortunei* 'Emerald Gaiety' hat schöne, silbergrün gemusterte Blätter, die einen herrlichen Kontrast zu goldenem Hopfen und Artemisien bilden.

Oben links: Die jungen, noch blassen Blätter des *Trachystemon orientalis* drängen durch gewöhnlichen Wiesenkerbel zum Licht.

Oben rechts: Ein kleiner runder Hügel aus panaschierter gelbbunter Melisse (*Melissa officinalis* 'Aurea') mit ihren unregelmäßig gezeichneten Blättern wächst neben den schwertförmigen Blättern des Pfeifengrases (*Molinia caerulea* 'Variegata').

Farbharmonien und Farbverbindungen

Keiner verstand mehr von Farbeffekten als Monet. Im Garten seines Hauses in Giverny (Frankreich) legte er die Westseite in leuchtenden Orange-, Gold- und Bronzetönen an. Er pflanzte sogar rosafarbenen Goldlack, um so noch den letzten Strahl der untergehenden Sonne einzufangen und zu reflektieren. Dieser feurige Horizont, den er für den ausgehenden Tag entwarf, war das Gegenstück zu seiner Bepflanzung in reinen Blau- und Lachsrosatönen an der Ostseite des Grundstücks, mit der er das geheimnisvolle dunstige Licht des frühen Morgens unterstreichen und symbolisieren wollte. Die Illusion von Ferne und Geheimnis verstärkte er noch dadurch, daß er die reineren Blautöne und die kräftigeren Rosatöne im Vordergrund anordnete, während er die gedeckten Farbtöne in den Hintergrund zurücktreten ließ. Monet verband den Blick des Künstlers mit dem Instinkt des Gärtners; sein Kunstwerk Giverny ist einzigartig und ein Paradebeispiel zum Thema Farben im Garten.

Innerhalb der Farbpalette bevorzugen wir bestimmte Kombinationen. Zu meinen liebsten gehören folgende: Rosa mit Grau, Blau mit Gelb und Gelb für sich allein. Bei der erstgenannten trägt das Laub die graue Farbe, und in diesem Fall hat man eine reiche Auswahl an Höhen, Formen und Blattgrößen. Mit Grau läßt sich herrlich experimentieren, da die Intensität der Farbe stark variiert und sie in einer

Links: Peter Healing hat in seinem Garten alle Farbzusammenstellungen sorgfältig entworfen. Im Vordergrund hat er nur kühlere Farben – Rosa, Purpur und Cremetöne – verwendet, während aus der Mitte seiner langen Rabatte im Hintergrund die wärmeren Farben – Gelb, Orange und Rottöne – herüberleuchten. Im vorderen Beet wachsen dunkle Salvien vor einer großen Gruppe Lobelien (*Lobelia* 'Vedrariensis'). Die Blütenähren beider Pflanzenarten bilden einen ausgezeichneten Hintergrund für die Fetthenne (*Sedum spectabile*). Weiter hinten blühen Dahlien, Malven und *Verbene bonariensis*.

Oben links: Blütenähren der *Salvia nemorosa* 'Ostfriesland' in einem dunklen Purpur wurden hier mit der Taubnessel *Lamium maculatum* 'Roseum' und einem Lauch zusammengepflanzt, der geschlossene weiße Blüten trägt, die sich beim Öffnen rosa färben.

Oben rechts: Fingerhut und Rosen bilden eine schöne Gemeinschaft im lichten Schatten. Hier stehen *Digitalis purpurea* mit einer blaßrosafarbenen Rose und dem Scheinmohn *Meconopsis betonicifolia* einträchtig nebeneinander.

Unten links: Manchmal fängt die Kamera genau das ein, was das Auge möglicherweise übersieht. Die stark duftenden Nelken *Dianthus* 'Loveliness' passen ausgezeichnet in Farbe, Form und Textur zu der Jungfer im Grünen (*Nigella damascena*) und zu Borretsch (*Borago officinalis*), dessen Blüten wie kleine Sterne auf roten Stielen sitzen. Seine Blätter sind recht grob, aber dennoch reizvoll.

Unten rechts: In der Regel lassen wir Clematis gerne durch einen anderen Strauch wachsen; aber auch die Idee, zwei farblich harmonierende Clematisarten zusammenzupflanzen, ist nachahmenswert. Hier sind die rosafarbene *Clematis* 'Comtesse de Bouchaud' und die mauvefarben-blaue *C.* 'Perle d'Azur' ineinandergewachsen.

Vielzahl von Texturen vorkommt. Ich glaube, Grau bringt jede Farbe, mit der es kombiniert wird, stärker zur Geltung, obgleich ich den kräftigen Farbkontrast von Grau und einem ganz dunklen, zum Schwarz neigenden Burgunderrot nicht schätze. Die Blattexturen der Currypflanze bilden einen ausgezeichneten Kontrast zu den fleischigen Blättern des *Aeonium* 'Zwartkopf' (*A.* 'Tête Noire'), aber ich habe den Eindruck, daß die Farbe des *Aeoniums* zu kräftig ist und dadurch das Grau verwaschen erscheint.

Andere graue Sträucher in der Höhe von 50 bis 75 cm sind *Santolina chamaecyparissus*, *Senecio* 'Sunshine', *Artemisia* 'Powis Castle' und *A. absinthium* 'Lambrook Silver', Lavendel, *Lotus hirsutus (Dorycnicum hirsutum)* und *Helichrysum italicum*. Nicht so hoch werden *Hebe pinguifolia* 'Pagei' und *H. topiaria*, *Artemisia stelleriana* und *A. pedemontana*, Hornkraut (*Cerastium tomentosum* und *Convulvulus cenorum*), dessen rosa Blüten sich beim Öffnen weiß färben. Gamander (*Teucrium fruticans*) hat blaßlavendelfarbene Blüten, die sich gut mit einem schwachen Rosa kombinieren lassen.

Mit *Verbena* 'Silver Anne', einem Dauerblüher vom Sommer bis zum Herbst, läßt sich eine schöne Mischung aus Rosa und Grau kreieren. Die runden Blütenköpfe bilden einen hübschen Kontrast zu *Artemisia arborescens* und *Senecio vira-vira* (*S. leucostachys*). Die rosafarbenen Japanischen Anemonen, die im August und September blühen, kommen gut hinter *Artemisia* 'Powis Castle' zur Geltung. Die Diascien, die sich alle in ihrem Rosaton etwas unterscheiden, passen wunderbar zum Wollziest (*Stachys byzantina* = *Stachys lanata*) und Heiligenblumen. *Diascia vigilis* hingegen kriecht durch Santolinen und schmückt sie statt ihrer eigenen gelben Blüten, die Sie durch einen kräftigen Rückschnitt der Pflanzen im Frühjahr unterdrücken können, mit einem rosafarbenen Blütenflor. Die Strohblume (*Helichrysum italicum*) ist einer der angenehmsten niedrigen Sträucher. Vor einer sonnigen Mauer in einem gut durchlässigen Boden entwickelt sie sich geradezu üppig und riecht außerdem köstlich nach Curry. Die einjährige Spinnenpflanze (*Cleome hassleriana* 'Pink Queen') blüht spät im Jahr und liebt den gleichen warmen Standort wie die Currypflanze. Auch der Bartfaden (*Penstemon* 'Evelyn' oder *P.* 'Hidcote Pink') läßt sich hübsch mit graulaubigen Pflanzen kombinieren. Die Präriemalve (*Sidalcea malviflora* 'Rose Queen') hat elegante Ähren mit malvenartigen Blüten im Spätsommer. In Gruppen gepflanzt zwischen graulaubiger Hundskamille (*Anthemis punctata cupaniana*), die im Frühjahr ihre weißen Asternblütchen zeigt, bietet sie einen hübschen Anblick. Rosafarbene Tulpen lassen sich in dieser Bepflanzung ebenfalls gut unterbringen. Sie können auch im Frühjahr als Hintergrund für Rhabarber (*Rheum palmatum* 'Atropurpureum') und die aufragenden Blätter der Artischocke (*Cynara cardunculus*) verwendet werden.

Rosafarbene Rosen müssen behutsam behandelt werden, indem man sie mit sanften Farben oder mit kontrastierendem grünem oder grauem Laub umgibt. Die winterharten Storchschnabelarten sind dauerhafte Begleiter vom Juni bis zum August. *Geranium pratense* 'Mrs. Kendall Clark' bedeckt den Boden dort, wo vorher Zwiebelpflanzen geblüht haben, und ihr Laub paßt gut zu Bergenien und Fenchel. Unsere zwei Storchschnabelarten *G. sanguineum* mit seinen magentapurpurfarbenen Blüten und *G. s.* var. *striatum* (*G. s.* var. *lancastriense*) mit seinen blasseren, rosafarbenen Blüten haben sich gekreuzt und in den Fugen des gepflasterten Weges manche reizvollen Nachkommen hervorgebracht. Diese Storchschnabelarten wachsen in der Rabatte zusammen mit *Artemisia ludoviciana* und *A. canescens*.

Es lassen sich aber auch noch andere Farbtöne mit Grau und Rosa kombinieren. Mauvetöne und ein dunkleres Violett verbinden sich im Mai wunderbar mit Grau und Rosa: Katzenminze und Lavendel, *Veronica gentianoides*, *Geranium* 'Johnson's Blue', die Glockenblume (*Campanula persicifolia*), die Feinstrahlastern (*Erigeron* 'Darkest of All', 60 cm) und die lavendelblaue Sorte *E.* 'Adria' (75 cm). Lilablauer Rittersporn blüht im Hochsommer und bildet einen dekorativen Hintergrund für die Zistrose (*Cistus* 'Silver Pink') mit ihren pelzigen, grauen Blättern, für *Artemisia ludoviciana* und rosafarbene Sterndolden, Diascien oder Astilben. Schöterich (*Erysimum* 'Bowles Mauve') mit rosafarbenem Bartfaden und den festen Blättern der *Hebe pinguifolia* ist eine schöne Kombination, und mit der dunkelgrünen *Hebe rakaiensis*, die in der Form zu den Blütenähren des Bartfadens und in der Blattextur zum Goldlack einen schönen Kontrast bildet, läßt sich wieder eine ganz andere Wirkung erzielen.

Dies sind alles Farbharmonien, bei denen blasse Farben gemeinsam mit Grau verwendet werden. Weiße Blumen kommen besonders zur Geltung, wenn Sie weiße und graue *Spiraea x arguta* in den Hin-

Für mich haben rote Rabatten, wenn sie sehr intensiv in der Farbe sind, eine beinahe beunruhigende, schockierende oder überraschende Wirkung. Ich kann mich in einem roten Raum entspannen – er strahlt Wärme aus –, aber ich würde mir meinen Platz zum Ausruhen nicht unbedingt neben einer roten Rabatte auswählen. Nichtsdestoweniger bewundere ich die drei verschiedenen Bepflanzungen auf der gegenüberliegenden Seite, weil ich weiß, wie schwer es ist, nur mit warmen Farben – solchen, die auf dem Farbkreis nebeneinanderliegen – zu arbeiten und dabei so erfolgreich zu sein. Das Ergebnis ist ausgesprochen anregend.

Ganz links: Vor einem Hintergrund aus Blättern des Wunderbaums (*Ricinus communis* – er wird als einjährige Pflanze behandelt) und einem Perückenstrauch (*Cotinus coggygria* 'Atropurpurea') hat Peter Healing Sonnenhut neben dunkelroten Ziertabak, leuchtendrote Dahlien und Montbretien *Crocosmia* 'Lucifer' gesetzt.

Oben: In der roten Rabatte im Garten von Hidcote ragen die spitz zulaufenden Blätter der *Cordyline australis* 'Purpurea' zwischen *Dahlia* 'Bishop of Llandaff' und leuchtendroten Montbretien *Crocosmia* 'Lucifer' hervor.

Unten: In seinem eigenen Garten in der Nähe von Cirencester hat John Sales, der Chief Gardens Adviser des National Trust, den purpurroten Perückenstrauch *Cotinus coggygria* 'Notcutt's Variety' zwischen und durch Sonnenbraut in verschiedenen Farbtönen – von Zinnoberrot über Orange bis hin zu Gelb – wachsen lassen. Ihre dunklen Augen und die zurückgebogenen Blütenblätter sind ein charakteristisches Merkmal.

Reines Grau, das in der Regel aus Schwarz und Weiß gemischt wird, könnte als »Nicht-Farbe« bezeichnet werden, und deshalb fungiert es auch als neutraler Hintergrund für jeden anderen Farbton.

Links oben: Peter Healing hat in seinem Garten die Rose 'Lavender Lassie' rings um den Fuß einer Birne (*Pyrus salicifolia* 'Pendula') wachsen lassen. Beide Pflanzen heben sich wunderbar gegen den dunklen Hintergrund der Eibenhecke ab.

Links unten: Die zartrosa Blüten der Lichtnelke (*Lychnis coronaria oculata*) bilden eine schöne Gemeinschaft mit dem frischen grauen Laub des Eukalyptus.

Unten rechts: Die schnellwachsende Strohblume *Helichrysum petiolare* ist einer der wertvollsten grauen Sträucher für Sommerbeete. Sie sieht auch reizend in Töpfen oder Kübeln aus. Hier wurde sie mit Verbenen 'Silver Anne' und *Sphaeralcea munroana*, einer anderen dankbaren Kübelpflanze, kombiniert. Beide blühen sie den ganzen Sommer und Herbst über ohne Unterlaß. Wie alle graulaubigen Pflanzen kann man sie in einem gut durchlässigen Boden und an einem geschützten Standort überwintern.

Gegenüber links: Grau paßt auch gut zu dunkleren Rosa- und Purpurtönen. In Upton House (Warwickshire) ragen die bläulich purpurfarbenen Blütenkerzen des Leinkrauts (*Linaria purpurea*) an schlanken Stielen auf, die mit schmalen Blättern dicht bedeckt sind. Diese pflegeleichte Pflanze gedeiht im Schatten und auf trockenen Böden. Hier wird sie von einer Fichte (*Picea pungens* 'Glauca') überdacht.

Gegenüber rechts oben: Ein leuchtendes Sommerbeet im Holland Park in London, in dem der halb-winterharte Rainfarn *Tanacetum ptarmiciflorum* mit *Verbena rigida* kombiniert wurde. Das spitzenartige Laub des Rainfarns bildet einen schönen Kontrast zu den kompakten Blütenköpfen der Verbenen. Das Grau mildert den kräftigen Rosaton der Verbenen ab, bringt sie aber gleichzeitig besonders gut zur Geltung.

Gegenüber rechts unten: In einem Farbschema in Grau- und Purpurtönen für eine sommerliche Bepflanzung wird *Artemisia* 'Powis Castle' von blaßpurpurrotem *Heliotropium* 'Lord Roberts' eingerahmt.

tergrund setzen und Rittersporn, Fingerhut, *Clematis* 'Marie Boisselot' sowie Artemisien davorpflanzen.

Eine besonders reizvolle Wirkung ergibt sich, wenn Wollziest (*Stachys byzantina*) mit seinen samtigen Blättern, *Artemisia canescans* und Brennende Liebe (*Lychnis chalcedonica*) mit ihren drahtigen, verzweigten Stielen mit blauen Glockenblumen, goldblättrigem Mutterkraut und gemusterten Schneebeeren kombiniert werden. Das Mutterkraut nimmt dann den Farbton des gelbbunten Laubs der Schneebeeren wieder auf.

Reines Blau und Gelb sind Primärfarben; zusammen verwendet bilden sie einen zu starken Kontrast, und selbst wenn man üppiges Grün dazwischenpflanzt, ist die Wirkung nicht überzeugend. So würde ich niemals kräftigblauen Rittersporn mit *Ligularia* 'The Rokket' kombinieren. Ein mauvegetöntes Blau neben einem weniger grellen Gelb kann dagegen sehr reizvoll aussehen.

Wolfsmilcharten sind hier unschätzbare Pflanzen. Die sich ziemlich stark ausbreitende *Euphorbia cyparissias* bietet im Frühjahr ein herrliches Bild zusammen mit *Spiraea japonica* 'Goldflame', Hornveilchen (*Viola cornuta*) und Himmelsleiter (*Polemonium caeruleum*). *E. polychroma* paßt hübsch zu blaßblauem Schneestolz *Chionodoxa*, die niedrigwachsende *E. myrsinites* zu Traubenhyazinthen.

Wenn Gelb stark leuchtet, mag ich es besonders gern; ich verwende es aber lieber zusammen mit einer Sekundärfarbe als mit einer anderen Primärfarbe, um dadurch seine Leuchtkraft etwas abzumildern. Das Mädchenauge (*Coreopsis verticillata* 'Grandiflora') zum Beispiel hat kräftige, gelbe Blüten, die ich besonders gerne neben den purpurbraunen Blättern und elfenbeinweißen Blütenähren der Silberkerze (*Cimicifuga racemosa* 'Atropurpurea') sehe. Die Silberkerze wirkt allein durch ihre elegante Statur und das Mädchenauge durch seine leuchtenden Blüten; keine der beiden Pflanzen stellt dabei die andere in den Schatten.

Unsere gelben Walisischen Mohnblumen (*Meconopsis cambrica*) haben sich inzwischen in vielen versteckten Ecken des Gartens ange-

Im Garten des Malers und Fotografen Andrew Lawson in Charlbury (Oxfordshire) ist dieses Beet unter einer nach Westen ausgerichteten Mauer in Chartreusegelb und Mauve-Blautönen gestaltet – eine Farbkombination, die ich besonders liebe. Gleichzeitig stehen die Pflanzen so dicht beieinander, daß kein Fleckchen nackter Erde ein Gefühl des Unbehagens wecken kann. Die Storchschnabelart *Geranium* 'Johnson's Blue' mit ihrem leuchtenden sommerlichen Blütenflor und *G. magnificum* bedecken den Boden, wo zuvor im Frühjahr Zwiebelpflanzen geblüht haben. Ganz vorne in der Rabatte entdeckt man noch einen Flecken mit Günsel (*Ajuga reptans* 'Atropurpurea'). Der Hintergrund wird von den riesigen Blütenköpfen der Wolfsmilch (*Euphorbia characias wulfenii*) und der Bartiris beherrscht. Der Spierstrauch (*Spiraea japonica* 'Goldflame') setzt einen leuchtenden Farbfleck in der Mitte der Rabatte. Diese Spiräe, die sich leicht vermehren läßt, erfreut sich in letzter Zeit großer Beliebtheit bei Gartenarchitekten; sie muß aber mit Vorsicht behandelt werden. Im Frühjahr zeichnet sie sich durch ihre gold- und rotgefärbten Blätter aus, die im August jedoch einen schmutzigen Gelbbraunton annehmen.

siedelt und ich versuche, sie im Umkreis der alten Eiben unter Kontrolle zu halten. Sie sind fast so kräftig in der Farbe wie die violette Form der Akelei (*Aquilegia vulgaris*), aber keine von beiden hat eine Primärfarbe. Wir sammeln eifrig die Samen der Akelei, da sie zu meinen Lieblingsblumen des Frühjahrs zählt. Sie bilden eine liebreizende Gemeinschaft mit dem Walisischen Mohn, dem Laub nebst den Blüten der Elfenblumen (*Epimedium*) und den Farnen, die nun langsam zum Vorschein kommen.

Die Farbzusammenstellung von sanftem Gelb, Zitronengelb oder Chartreuse mit Purpur, aber auch mit Bronze, kann in der Rabatte das ganze Jahr über faszinieren. Schlüsselblumen sollten zwischen bronzefarbenen Fenchel gepflanzt werden – die ersten Triebe des Fenchellaubes sind einfach hinreißend; man kann die Blütenstiele immer wieder herunterschneiden, sobald sie erscheinen.

Am aufregendsten sind Anfang Juli die unzähligen Kugelköpfe des Lauchs (*Allium aflatunense*), welches sich um ein Vielfaches vermehrt hat, seitdem ich ihn vor zwanzig Jahren an den Rand des von Goldregen überdachten Weges gepflanzt habe. Das Bild, das sich uns hier bietet, besteht aus einem kräftigen reinen Gelb und einem blassen Mauve, vermischt mit üppigem Grün. Das Zauberhafte daran ist, daß sowohl der Lauch als auch der Goldregen zur gleichen Zeit über zwei bis drei Wochen ihren Höhepunkt erreichen. Daß ich den Lauch ausgewählt habe ist sicher mein Verdienst, nicht aber die Tatsache, daß die Blütenköpfe des Lauchs aufgrund ihres dunkleren Farbtons gegenüber dem Goldregen beinahe wie Schatten wirken und der Goldregen darüber ein leuchtendes Dach bildet.

Um andere schöne Gartenbilder zu schaffen, können ähnliche Farben verwendet werden, zum Beispiel *Clematis macropetala*, die durch einen goldfarbenen Liguster wächst, das Hornveilchen (*Viola cornuta*), das sich mit den jungen Blättern der *Spiraea* 'Goldflame' verbindet, und dieselben Veilchen, die mit goldfarbenem Geißblatt und ebensolchem Majoran zusammenstehen. Mit einem Hintergrund aus goldenen Weigelien sowie einer großzügigen Bepflanzung aus Glockenblumen (*Campanula persicifolia)* und Nachtkerzen (*Oenothera biennis*) läßt sich ein harmonisches Gartenbild schaffen. Sie können auch einen ganzen Rabattenabschnitt mit Lavendel (*Lavendula* 'Old English'), *Lavandula officinalis*, Tabak (*Nicotiana langsdorfii*) und zitronengrünem Ziertabak, Schmucklilien *Agapanthus* 'Headbourne Hybrids' und dem blaßgelben *Argyranthemum* 'Jamaica Primrose' zu einem prachtvollen Augustbild gestalten.

Dasselbe Farbthema – Purpur- und Goldtöne –, findet sich sowohl in Blattverbindungen als auch in Blüten. Günsel (*Ajuga reptans* 'Atropurpurea') kann rings um dicke Büschel des Pfeifengrases (*Molinia caerulea* 'Variegata') oder Horste der dankbaren *Iris foetidissima* 'Variegata' wachsen. Ihre Irisgruppe kann sich dann weiter vor einem Hintergrund aus Klebsame (*Pittosporum tenuifolium* ' Purpureum') fortsetzen. Die Blätter der Klebsame öffnen sich grün und färben sich bald dunkelviolett. Ein anderer schöner Kontrast läßt sich mit der sehr langsam wachsenden *Weigela florida* 'Foliis Purpureis' herstellen, deren dunkle Blätter einen blasseren Hintergrund benötigen, um so richtig zur Geltung zu kommen. Sie verschmelzen nahezu mit dem Farbton eines fetten, dunklen Bodens und ebenso mit einem dunkelgrünen Hintergrund. Die blaßgelben Blätter des Ahorns (*Acer shirasawanum* 'Aureum' = *A. japonicum* 'A.') bilden einen schönen Hintergrund für die Weigelie oder die Klebsame, aber denken Sie daran, daß der Ahorn am besten im Halbschatten gedeiht, und kaufen Sie unbedingt ein Exemplar, das sich bereits vom Fuß des Hauptstammes an verzweigt.

Falls Sie das gold-purpurne Farbschema auf der anderen Seite Ihrer Irisgruppe fortsetzen möchten, können Sie unter mehreren niedrigen bis mittelhohen Sträuchern mit goldfarben gemusterten Blättern auswählen. Für den Vordergrund eignet sich *Spiraea* 'Goldflame' mit ihren flammendroten Blättern. Die gleiche Farbwirkung haben die Blätter des Salbeis (*Salvia officinalis* 'Tricolor'), nur sind die Texturen der Blätter des Salbeis und der Spiräe ganz unterschiedlich – die einen sind samtig und weich, während sich die anderen fast rauh anfühlen. Die Blätter der *S. o.* 'Purpurascens' zeichnen sich im Frühjahr durch eine herrliche Farbe, Textur und Frische aus, und ein Kreis aus panaschierten Erdbeeren (*Fragaria x ananassa* 'Variegata') verbindet Grün, Cremeweiß und Purpur zu gleichen Teilen. Bei mir im Garten wächst ein Teppich aus diesen Erdbeeren rings um eine Stechpalme (*Ilex aquifolium* 'Silver Queen').

Ein Halbkreis aus Chinarohrgras (*Pleioblastus auricoma*, jetzt *Arundinaria a.*), das nur 1 m hoch wird und mit seinem aufrechten Wuchs hinter dem rundlich wachsenden Salbei für einen schönen Kontrast sorgt, setzt mit seinen leuchtendgelben, zartgrün gestreiften Blättern einen lebhaften Akzent in die Rabatte. Wenn Sie die Blätter jedes Frühjahr abschneiden, erscheint neues Laub, das in der Farbe sogar noch leuchtender ist. Der Bambuskreis um den Salbeihügel kann an der Vorderseite der Rabatte mit *Carex oshimensis* 'Evergold', einem eleganten niedrigen Gras mit cremeweißen Streifen in der Blattmitte, fortgesetzt werden. Damit die kompakte, goldfarbene Masse nicht zu aufregend und unruhig wirkt, kann man mit Grün, zum Beispiel mit dem Frauenmantel (*Alchemilla mollis*), der sich durch runde, gekräuselte Blätter und zitronengelbe Blüten auszeichnet, den gewünschten Effekt erzielen.

Andere nützliche goldblättrige Sträucher sind der Sommerjasmin (*Philadelphus coronarius* 'Aureus') und der Holunder (*Sambucus racemosa* 'Plumosa Aurea'). Als Hintergrund für diese Strauchgruppe pflanzen Sie am besten bei alkalischem Boden einen purpurblättrigen Ahorn (*Acer platanoides* 'Crimson King'), in einen sauren Boden dagegen *Acer palmatum* 'Atropurpureum'. Durch einen der beiden Bäume lassen Sie dann goldenen Hopfen (*Humulus lupulus aureus*) klettern, der möglichst an einem hölzernen Dreifuß sein Rankwerk beginnen sollte. Da der Hopfen eine krautige Pflanze ist und jeden Winter bis auf den Boden zurückgeschnitten werden muß, kann man den Dreifuß bei Bedarf leicht erneuern.

In dem Farbspektrum geht Gelb in Orange über, es kann aber auch zu einem Primelgelb oder gelblichem Limettengrün abgemildert werden. Ein gelber Garten, der sich aus diesen verschiedenen Gelbschattierungen zusammensetzt, kann ein Kompromiß sein zwischen einem normalen Blumengarten und einem Garten, der nur mit Laub

Ich verwende öfter die kontrastierenden Farben Purpur und Gelb sowie Blau und Gelb.

Oben links: Schlüsselblumen verschmelzen mit den jungen Blättern des Sommerjasmins (*Philadelphus coronarius* 'Aureus').

Rechts oben: Hier werden mauvefarbene Glockenblumen (*Campanula lactiflora*) durch die weißen Blütensterne der Sterndolde (*Astrantia major*) von goldfarbener Zitronenmelisse (*Melissa officinalis* 'All Gold') getrennt. Den Hintergrund bildet eine Gleditschie.

Links: Die blauen Blüten der *Clematis* 'Madame Edouard André' über blaßgelbem Fingerkraut *Potentilla* 'Elizabeth'.

Rechts: Goldfarbener Liguster eignet sich aber auch vorzüglich als Laubbett für die mauvefarbene *Clematis macropetala*, die später federartige Samenstände bildet.

Oben links: Ein erhöhtes Beet am Rand eines Weges im Botanischen Garten von Edinburgh, in dem üppige Büsche des Lavendels *Lavandula* 'Hidcote' einen schönen Kontrast zu dem gelben Kreuzkraut *Senecio* 'Sunshine' bilden.

Rechts oben: Flach wachsender Felberich (*Lysimachia nummularia* 'Aurea') bedeckt den Boden rings um Veilchen (*Viola* 'Huntercombe Purple') und *Allium moly*, dessen Blüten das Farbbild beleben.

Links: Ein wunderbar zarter Kontrast zwischen dem Spindelstrauch (*Euonymus fortunei* 'Emerald 'n' Gold') und dem Storchschnabel (*Geranium* 'Johnson's Blue') mit seinem strahlendblauen Blütenflor.

Rechts: Der goldene Hopfen (*Humulus lupulus* 'Aureus') ist mit seinen leuchtendgelben Blättern eine dankbare Kletterpflanze, die hier hinter Veilchen emporwächst.

gestaltet ist. Ein Musterbeispiel hierfür ist der gelbe Garten von Crathes Castle in Aberdeenshire.

Zu den gelblaubigen Bäumen, die als Hintergrund für Sträucher und krautige Pflanzen dienen, gehören die laubabwerfende *Robinia pseudoacacia* 'Frisia', *Gleditsia triacanthos* 'Sunburst', *Acer pseudoplatanus* 'Worleei' und einige der goldfarbenen Koniferen – ich habe eine goldlaubige Scheinzypresse (*Chamaecyparis lawsoniana* 'Lane') vor eine dunkelgrüne Eibenhecke gepflanzt, um sie richtig zur Geltung zu bringen. Vor dem Hintergrund dieser Bäume findet man viele goldlaubige Sträucher, zwischen denen man auswählen kann; einige benötigen Sonnenlicht, andere brauchen etwas Schatten, um ihre Farbe zu behalten. Zu meinen Lieblingssträuchern zählen *Philadelphus coronarius* 'Aureus', *Weigela* 'Looymansii Aurea' und die Ölweiden *Elaeagnus pungens* 'Maculata' und *E. x ebbingei* 'Limelight'.

Goldfarbene Blätter sehen im Frühjahr oft am frischesten aus, und ich verwende gerne Geißblatt und goldfarbenen Liguster in unterschiedlichen Situationen. Die kleinen Blätter des Geißblatts bilden einen wunderbaren Farbkontrast zu dunkelgrünem Efeu und in

Größe und Textur zu goldfarbenem Efeu, das man um seinen Stamm wachsen läßt. Man kann das Geißblatt gut beschneiden und es zu einem kugelförmigen Hochstamm oder einer Pyramide heranziehen. Versuchen Sie einmal, in Ihrem Kräutergarten einen niedrigen Hochstamm 'Baggesen's Gold' mit goldenem Thymian einzufassen. Auch goldfarbener Thymian sowie Kräuter mit goldenen Blättern und Markierungen wie *Salvia officinalis* 'Icterina' oder *Origanum vulgare aureum* können eine wichtige Rolle in der Vorderfront einer Rabatte übernehmen.

Unter Sträuchern, die im Sommer gelbe Blüten tragen, können Sie zwischen Kronwicke, Ginster, Kerrie, Johanniskraut und Brandkraut (*Phlomis*) wählen.

Wie schon gesagt, sind in einem monochromen Schema Form und Textur genauso wichtig wie die Farbe. Hüten Sie sich nur davor, keine andere Farbe in Ihrem Garten zuzulassen, obwohl sie Ihnen vielleicht in einem besonderen Eckchen passend erscheint, nur weil Sie einen gelben Garten konzipiert haben. Ich kombiniere gerne Grau und Gold, aber nur dann, wenn sie miteinander verwoben sind; getrennte Farbgruppen wirken mir zu aufdringlich.

Einen graugrünen Kontrast zu erreichen ist einfach – Größe und Textur der Blätter sind dabei entscheidend. Die zarttexturierte Raute sieht entzückend aus, wenn sie von glänzendem kompaktem Buchs eingerahmt wird, und das gleiche gilt für das Kreuzkraut (*Senecio vira-vira*, *S. leucostachys*). Die Kombination von *Stachys byzantina* (*S. lanata*), *Santolina chamaecyparissus* und dunklem Wacholder ist perfekt. *Hosta sieboldiana* 'Elegans' und andere blaugrünblättrige Funkien nehmen sich neben grünen Blättern von Elfenblumen (*Epimedium*), Tränendem Herz (*Dicentra*), Wolfsmilch, Acanthus, Tellima, aufrechtwachsenden Farnen oder den schwertförmigen Blättern von Iris oder Montbretien prachtvoll aus.

Wir müssen uns nun langsam von den Rosa-, Blau- und Gelbtönen trennen, um uns den kräftigeren Orange-, Rot- und Purpurtönen zuzuwenden. Obwohl die dunkelpurpurfarbene *Salvia x superba* 'Ostfriesland' nicht besonders ins Auge fällt, ist sie reizvoll, sobald sie in Blüte steht und wenn später die Brakteen ihre Farbe behalten. Sie macht sich hübsch an der Vorderfront einer Rabatte neben den Blütenähren der gelben *Asphodeline lutea* und goldlaubigen Funkien oder Taglilien (*Hemerocallis* 'Canary Glow'). Taglilien gibt es in einer so reichen Vielfalt, daß Sie sie unbedingt blühen sehen sollten, bevor Sie sich zum Kauf entschließen.

Eine gut ausgewogene Gruppe in Orange und Rot kann aus einer zart orangefarbenen, kaktusblütigen Dahlie mit dunklem Laub, Sonnenbraut (*Helenium* 'Moerheim Beauty'), orangefarbenen bis roten Fackellilien und Montbretien (*Crocosmia* 'Emily McKenzie', 60 cm hoch) in der Vorderfront sowie altmodischen *Antholyza* im Hintergrund bestehen. Lobelien erreichen ihren Höhepunkt im August und September, und die verschiedenen Hybriden der *Lobelia cardinalis* – 'Queen Victoria' mit dunkelroten Blüten und 'Dark Crusader' in einem noch dunkleren Rot – könnten dieses intensive Farbbild vervollkommnen. Eine andere schöne Gruppierung in warmen Rottönen ließe sich auch aus *Cordyline australis* 'Atropurpurea', einer

Die drei Bilder auf der gegenüberliegenden Seite zeigen, wie lebhaft Laubkombinationen sein können. Sie machen auch deutlich, daß Blätter in Purpur-, Gelb- und Grüntönen genauso faszinierend sind, wie Blüten in den gleichen Farbtönen.

Gegenüber links oben: Die Robinie *Robinia pseudoacacia* 'Frisia' erhebt sich über eine Berberitze (*Berberis thunbergii* 'Rose Glow') und grünlaubige Pflanzen.

Gegenüber oben rechts: *Gleditsia triacanthos* 'Sunburst' bildet einen schönen Kontrast zu den dunkelpurpurfarbenen Blättern eines Perückenstrauches, während die Hortensie *Hydrangea paniculata* mit ihrem unterschiedlich geformten Blattwerk und ihren weißen Blüten das Bild noch lebhafter gestaltet.

Gegenüber unten: In dem Kräutergarten von Barnsley House werden die verschiedenen Kräuter von einem Rahmen aus Buchs eingefaßt. Grüner *Buxus sempervirens* 'Suffruticosa' wirkt spektakulär neben dem goldenen Laub des *Origanum vulgare* und verbindet sich weniger augenfällig mit dem purpurfarbenen Salbei auf der anderen Seite.

Die beiden Bilder rechts verdeutlichen, wie befriedigend die Kombination von Grau, Grün und Gold sein kann, sofern die Farben miteinander verschmelzen.

Rechts oben: Eine einfache Komposition aus Frauenmantel (*Alchemilla mollis*) und *Artemisia ludoviciana* als Hauptbepflanzung, der das Mutterkraut noch einen zusätzlichen Gelbton beifügt.

Rechts unten: Grüne Blätter und chartreusegelbe Blüten der Wolfsmilch (*Euphorbia polychroma*) bilden einen feinen Kontrast zu den grauen Blättern und Blüten der *Ballota pseudodictamnus*.

Die Pflanzengruppierungen auf diesen beiden Seiten sind Beispiele für wirkungsvolle Hell-Dunkel-Kontraste.

Oben: Die silbernen Blätter der *Artemisia* 'Powis Castle' bringen die dunkelroten Blüten der Kosmeen (*Cosmos atrosanguineus*) auf eindrucksvolle Weise zur Geltung. Vor dunklem Laub wären die Kosmeen nahezu unsichtbar. (Diese Kosmee ist eine frostempfindliche Staude; sie kann entweder ausgegraben und im Herbst eingetopft werden, oder man muß ihre Wurzeln gut abdecken.)

Gegenüber oben links: Hundskamille mit gelbäugigen weißen Blüten hebt sich spektakulär gegen das dunkle, filigrane Laub des bronzefarbenen Fenchels ab.

Gegenüber oben rechts: Die dunkle Eibenhecke im Hintergrund läßt die weißen und silbernen Pflanzen noch heller und leuchtender erscheinen. Diese großartige Komposition in Mr. und Mrs. David Hodges' Garten besteht aus einem Spierstrauch (*Spiraea* 'Arguta'), weißem Rittersporn, grauen Artemisien, weißer Akelei und weißem Fingerhut sowie der schneeweißen *Clematis* 'Marie Boisselot'.

Gegenüber unten links: Blätter halten länger als Blüten und können oft genauso wirkungsvoll sein. Brian Halliwell verwendete in seinen Sommerbeeten in den Kew Botanic Gardens die dunkelpurpurfarbenen und leuchtendgrünen Formen des Schweizer Mangolds, um schöne Farbkontraste zu schaffen.

Gegenüber unten rechts: Ein dunkler Vorhang aus Berberitzen läßt die ungewöhnliche Blütenform der Edeldistel in Anne Dixters Garten beinahe wie im Rampenlicht erscheinen.

scharlachroten Rose, einer Fuchsie 'Thalia' und einjährigen Sommerblumen wie Mohn und rotem Ziertabak zusammenstellen.

Eine unerwartete, aber glückliche Verbindung warmer Farbtöne hat sich ganz zufällig in einer meiner Rabatten entwickelt. Ich setzte einen Perückenstrauch (*Cotinus coggygria* 'Atropurpurea') als sommerlichen Kontrast vor einen Geißklee (*Cistus* 'Silver Pink'), aber über drei Wochen lang bildete er zudem auch im Herbst einen wunderbaren Kontrast zu seinem Nachbarn, einem Ahorn (*Acer palmatum* 'Atropurpureum'). Ich schneide den Perückenstrauch jedes Frühjahr kräftig zurück, bis er wieder auszutreiben beginnt, und auch den Ahorn halte ich immer in Form.

In gleichem Maße, in dem wir über Farbharmonien nachdenken, sollten wir auch überlegen, welche großartigen Effekte wir mit Farbkontrasten erzielen können, insbesondere mit Kontrasten zwischen Hell und Dunkel, wie sie oft durch die Kombination von dunklen Blättern und hellen Blüten und umgekehrt entstehen. Ich trug mich immer wieder mit dem Gedanken, fast schwarzes *Aeonium* mit blaßgrauen Strohblumen (*Helichrysum*) zu kombinieren. Es stellte sich aber heraus, daß diese Farbverbindung in einem Kleid möglicherweise gut aussieht, für einen Garten aber nicht taugt, vor allem nicht unter einem grauen Himmel. Eine ähnliche Kombination bilden Kosmeen (*Cosmos atrosanguineus*) zusammen mit *Artemisia* 'Powis Castle', bei der sich die dunkelroten Kosmeenblüten durch das graue Laubbett der Artemisien strecken; die Blüten und Blätter sind hier aber in Größe und Textur besser ausgewogen, und die Zusammenstellung erreicht eine Harmonie, die sich bei *Aeonium* und *Helichrysum* einfach nicht einstellen will.

Vertauscht man die Rollen und setzt nun dunkle Blüten gegen helle Blätter ab, dann bilden der Sumpfschnabel (*Limnanthes douglasii*) mit einem purpurblättrigen Salbei im Hintergrund oder die gelbweißen Asternblütchen der Hundskamille (*Anthemis punctata cupaniana*) zusammen mit bronzefarbenem Fenchel eine gelungene Kombination. Die Berberitze (*Berberis thunbergii atropurpurea*) hingegen ist ein wertvoller Strauch für den Hintergrund. Im Frühjahr könnte zum Beispiel die blasse, rosafarbene Tulpe 'Mariette' die Frische der Berberitzenblätter widerspiegeln.

Auch mit dunklen und hellen Blüten lassen sich eindrucksvolle Wirkungen erzielen – weiße Kapkörbchen (*Osteospermum*) zusammen mit dunkelvioletter Katzenminze (*Nepeta x fassenii*) sind besonders kunstvoll aufeinander abgestimmt, da die Augen des *Osteospermum* den Farbton der Blütenähren der Katzenminze wieder aufnehmen.

Die Natur selbst ist ein ausgezeichneter Ratgeber für Farbkombinationen; oft macht sie das nur an einer einzigen Blüte deutlich. Purpurfarbene Holländische Iris zum Beispiel haben gelbe Markierungen auf ihren zurückgebogenen Blütenblättern, und das Gelb kann von Walisischen Mohnblumen (*Meconopsis cambrica*) wieder aufgenommen werden. Je mehr Sie Ihre Gartenblumen aus nächster Nähe betrachten, um so mehr Spaß werden Sie daran haben eine besondere Farbe herauszugreifen und von einer anderen Blüte wieder aufnehmen zu lassen. Das Rot der Mangoldstiele findet sich in rotem

Ziertabak wieder, und die cremigen Streifen auf den panaschierten Blättern der *Iris foetidissima* können die Brakteenfarbe der einjährigen Wolfsmilch (*Euphorbis marginata*) wieder aufgreifen. Die reizvolle *Clematis florida* 'Sieboldii' mit ihren weinroten Staubgefäßen wirkt großartig, wenn sie durch die grünen und roten Blätter der *Actinidia kolomikta* wachsen kann. Ebenso läßt sich eine hübsche Wirkung erzielen, wenn man eine hochstämmige Weide (*Salix integra* 'Hakuro-nishiki') mit Wolfsmilch (*Euphorbia griffithii* 'Fireglow') unterpflanzt. Die dunkelkarmesinroten Primeln 'Barnhaven Courichan' passen gut zu den frischen Stielen krautiger Pfingstrosen, und die kleinen zitronengrünen Blüten des Ziertabaks (*Nicotiana langsdorfii*) spiegeln die breiten cremefarbenen Bänder auf den Blättern des Beinwells (*Symphytum x uplandicum* 'Variegatum') wider.

Betrachten Sie einmal Veilchen und Stiefmütterchen mit ihren vielfältigen Mustern ganz genau, picken Sie eine der Farben heraus, und setzen Sie Blätter und Blüten daneben, die die Farbe wieder aufnehmen. Farbwiederholungen lassen sich auch leicht bei Blättern finden. Die Kombination des Flattergrases (*Milium effusum* 'Aureum') mit der Stinkenden Nieswurz (*Helleborus foetidus*) zu Beginn des Frühlings liebe ich besonders. Farben, die einander zu ähnlich sind, können sich manchmal gegenseitig erschlagen, aber das Gold des Grases und das Zitronengrün der Nieswurzblüten wirken nebeneinander harmonisch, da die Intensität der Farben durch das Dunkelgrün der Nieswurzblätter aufgehoben wird. Melisse mit goldfarbenen Markierungen paßt wunderbar zu dem Gelb der Funkie 'August Moon' und dem goldfarbenen Flattergras (*Milium effusum* 'Aureum'). Die *Houttuynia cordata* 'Chameleon' verhält sich ihrem Namen entsprechend, da ihre Blätter verschiedene Farben von Grün über Gelb und Bronze bis hin zu Rot tragen. Sie können Ihrer Phantasie freien Lauf lassen und irgendeine dieser Farben durch benachbarte Blüten oder Blätter wiederholen.

Ich bin besonders detailliert auf die Farben im Frühjahr und Sommer eingegangen, aber auch die andere Hälfte des Jahres hat ihren eigenen Reiz.

In der gemischten Rabatte nehmen die Blätter der verschiedenen krautigen Pflanzen reizvolle Farbschattierungen an. Die Blätter der Funkien verändern im Herbst innerhalb von ein oder zwei Wochen ihre Textur und färben sich herrlich strohgolden. Die Blätter des Storchschnabels (*Geranium sanguineum*) entwickeln phantastische karmesinrote Farbtöne, die lange Zeit halten. Auch die Blätter der Bergenie 'Abendglut' wechseln ihre Farbe von glänzendem Grün zu Dunkelrot. Diesen Farbton behalten sie selbst bei frostigem Wetter den ganzen Winter über. Die Blätter der Astilben sind immer reizvoll, seien sie grün oder kupferfarben, und halten bis in den Spätherbst. Sie bilden einen schönen Kontrast zu dem grün-cremefarben gestreiften Laub der *Iris foetidissima* 'Variegata'. Die einfache Form dieser Iris mit einfarbigen Blättern hat riesige Samenstände, die im Winter aufplatzen und orangefarbene Beeren zur Schau stellen. Besonders gern lasse ich sie zwischen der immergrünen *Houttuynia cordata* 'Chameleon' wachsen, deren Blätter sich das ganze Jahr über durch eine wunderbare Mischung aus Gelb, Grün, Bronze und Rot aus-

Die Bilder auf diesen beiden Seiten verdeutlichen, wie durch Farbwiederholungen ausgesprochen reizvolle und schöne Kombinationen entstehen können.

Gegenüber oben links: Die fast schwarze Tulpe 'Queen of Night' nimmt den Purpurton der Salbeiblätter wieder auf, während der Grauton des Wollziests (*Stachys byzantina*) in den schönen, tief eingeschnittenen Blättern der Artischocke (*Cynara cardunculus*) wieder auftaucht.

Gegenüber oben rechts: Eine andere gelungene Farbwiederholung: Diesmal nehmen die blaupurpurfarbenen Blüten der Katzenminze (*Nepeta x faassenii*) das dunkle Purpur der Blütenaugen des *Osteospermum ecklonis* wieder auf.

Gegenüber unten links: Niedrig wachsender blauer Ehrenpreis spiegelt sich in den blauen Blütenaugen des *Osteospermum* 'Pink Whirls' wider.

Gegenüber unten rechts: Eine blaßrosa Form des Storchschnabels (*Geranium sanguineum*) paßt vortrefflich zu den rosafarbenen Blüten der Taubnessel (*Lamium maculatum* 'Beacon Silver'). Wenn die Taubnessel verblüht ist, sollten Sie sie bis zum Boden zurückschneiden.

Rechts oben: Das leuchtende Rot der Mangoldstiele taucht in dem rotblühenden Ziertabak wieder auf. Beide Pflanzen sollte man als Einjährige ziehen; die Samen werden im März und April im Haus ausgesät und können dann im Mai ins Freie gepflanzt werden.

Rechts unten: Im Batsford Arboretum hängen die roten Beeren des *Sorbus pohuashanensis* über den leuchtenden Herbstblättern des Ahorns *Acer palmatum heptalobum*. Visuelle Effekte werden durch das Nebeneinandersetzen von Rot- und Grüntönen erzeugt, da sich beide Farben auf dem Farbkreis genau gegenüberliegen.

Links: In Barnsley House kündigt sich der Herbst an, die Glanzmispel (*Photinia davidiana*) rechts im Hintergrund und der Perückenstrauch (*Cotinus coggygria rubrifolius*) beginnen sich zu färben, und die Buchenhecke nimmt einen rostfarbenen Ton an. Der Farbkontrast des Laubwerks der panaschierten Stechpalme und des goldfarbenen Ligusters bleibt das ganze Jahr über bestehen.

Gegenüber links oben: Die Montbretie (*Crocosmia paniculata*), die eine Höhe von 1,20 m und mehr erreicht, eignet sich vorzüglich als Stütze für die Japanische Weinbeere (*Rubus phoenicolasius*). Da ihre Früchte im August und September reif werden, zu der Zeit, in der auch die Montbretie ihre Blüten entfaltet, ist diese Pflanzenkombination ausgesprochen reizvoll. (Diese Weinbeere ist eine nützliche Pflanze in Rabatten, da ihre Früchte oft von Vögeln gefressen werden. Auf diese Art werden die Samen über den Garten verteilt.)

Gegenüber links unten: Da sich die Blätter des Wilden Weins (*Parthenocissus quinquefolia*) im Herbst allmählich leuchtendrot färben, bilden sie einen aufregenden Kontrast zu dem panaschierten Efeu *Hedera colchica* 'Dentata Variegata', der sich durch sie hindurchschlängelt. (Beide Pflanzen sind ausgesprochen starkwüchsig und können jedes Jahr zu Beginn des Frühlings zurückgeschnitten werden.)

Gegenüber rechts: Der Herbst bringt seine charakteristischen Farbtöne in die gemischte Rabatte in Barnsley House. Der Ahorn (*Acer palmatum*) hat sich feuerrot gefärbt, um mit den purpurroten Blättern des Perückenstrauchs (*Cotinus coggygria* 'Notcutt's Variety') farblich zu verschmelzen. Jedes Frühjahr, kurz vor dem Erscheinen der Blattknospen, schneiden wir den Perückenstrauch bis auf das alte Holz zurück, um ihn niedrig zu halten (ca. 1 m). Diese Methode scheint ihm gut zu bekommen, denn er bringt besonders große und schön gefärbte Blätter hervor.

zeichnen. Zu meinem Lieblingsgrün im Winter gehören die schmalen Blätter der *Asphodelina lutea*, die von Jahr zu Jahr zuverlässig ansehnlichere Horste bildet. Im Kapitel über gemischte Rabatten werde ich schließlich Gehölze vorstellen, die sich im Winter durch ihr farbiges Geäst und dekorative Beeren auszeichnen.

Im Herbst können die Farben explodieren; der Winter ist dagegen die Zeit, in der Formen und Skelette heraustreten und immergrüne Pflanzen bedeutsam werden. Reservieren Sie deshalb bei Ihrer Gartenplanung Plätze für Pflanzen, die Ihr herbstliches und winterliches Gartenbild interessant gestalten helfen. Laub kann als Rahmen und auch als Hintergrund der Rabatte dienen. Im Winter kann eine gemischte Rabatte einem feingewirkten Teppich aus Braun-, Grün-, Gold-, Silber- und Grautönen gleichen. Das Braun liefert die Erde und den Braunton können Sie sogar noch verstärken, indem Sie Torf oder Blattmulch über den Boden verteilen. Dunkelgrün und golden sind die breitblättrigen, immergrünen Gehölze, ausgewählte Koniferen und ein paar krautige Pflanzen, die ihre Blätter auch im Winter behalten. Für Silbertöne sorgen die panaschierten Blätter, und graulaubige, immergrüne Pflanzen bringen graue Farbtöne in den winterlichen Garten. Die meisten kleineren graulaubigen Pflanzen sehen im Winter schmutzig graubraun aus, aber Heiligenblumen und Kreuzkraut (*Senecio* 'Sunshine') bilden eindrucksvolle runde Polster. Auch Wollziest (*Stachys byzantina*, *S. lanata*) bildet den ganzen Winter über einen schönen, grauen Teppich.

Zwiebelgewächse

Das Wiedererwachen des Gartens im Frühjahr ist immer wieder aufs neue ein Wunder. Zwiebelpflanzen durchbrechen die Erde, Goldlack und Vergißmeinnicht breiten sich aus, und die krautigen Pflanzen zeigen ihr erstes frisches Grün. Es ist ein langsamer, fast unmerklicher Prozeß, bis der Winter plötzlich vom Frühjahr und dann endgültig vom Sommer abgelöst wird und der Garten in voller Blüte steht.

Das Frühjahr bildet den Auftakt des Gartenjahres; mit seiner Fülle belohnt es uns schon ein Stück für unseren Fleiß im vorangegangenen Herbst. Die frühlingsblühenden Zwiebelpflanzen öffnen den Vorhang und beherrschen die Szene, solange der Garten noch frisch und jung ist. Im Sommer folgen dann die Sommerlilien, Gladiolen, *Acidanthera*- und *Crinum*-Arten, Nerinen, Sommerhyazinthen und *Galtonia candicans*; der herbstliche Garten schmückt sich dann mit den zarten Blüten der Alpenveilchen und Krokusse.

Zwiebelpflanzen gehören zu den schönsten und zuverlässigsten Gartenfreuden. Beim Kauf wissen Sie schon, daß jede Zwiebel eine Blütenknospe enthält, die nur darauf wartet, in der richtigen Zeit aufzugehen. Jedes Jahr erscheinen sie neu und beweisen eine unerschöpfliche Energie der Vermehrung, ohne daß wir ihnen dabei helfen; darüber hinaus sind sie immer zuverlässig in Farbe, Größe und Form.

Zwiebelpflanzen sind wegen ihrer Farbe im Frühjahr besonders wichtig, da krautige Pflanzen noch nicht mit ihnen in Konkurrenz treten können. Ihre Rivalen sind die Blüten von Bäumen und Sträuchern – Prunus, Malus und Forsythien – und frisches junges Laub, insbesondere von goldblättrigen Sträuchern. Viele Zwiebelpflanzen, die später im Jahr blühen, werden höher und noch großartiger. Sie heben sich ab von dem Pflanzengetümmel einer gutgefüllten Rabatte und setzen energische Akzente. Die Individualität ist ihr charakteristisches Merkmal – denken Sie nur an eine Gruppe Lilien vor der Eingangstür eines Cottage.

Über das ganze Jahr eine Bepflanzung mit Zwiebelgewächsen zu planen, kann eine Art Übung sein, die uns lehrt, Farben harmonisch miteinander zu kombinieren, Größen und sogar Formen in Kontrast zu setzen und ein Gesamtschema zu entwerfen, worin sie die Hauptrolle spielen.

Im April öffnen sich die violett-rosafarbenen Blütenknospen der *Magnolia x loebneri* 'Leonard Messel' an blattlosen Zweigen. Die reinweißen Innenseiten ihrer Blütenblätter spiegeln das Weiß der Narzissen *Narcissus* 'Actaea' wider, deren rotrandige, kräftig gelbe Augen dekorative Akzente im Gras setzen. Bevor Sie Magnolien pflanzen, muß der Boden gut vorbereitet sein. Diese Magnolie, eine Kreuzung zwischen *M. kobus* und *M. stellata*, fühlt sich auf einem kalkhaltigen Boden wohl. Die hier abgebildeten Narzissen – eine Sorte unter vielen anderen der in Marwood Hill (Devon) gepflanzten – verströmt einen lieblichen Duft, eignet sich vorzüglich zum Schnitt und verwildert gern im Gras.

Die Farben des Frühlings

Im Frühjahr ist der Garten viel offener als im Sommer. Man kann durch die Rabatten hindurch und oft weit über sie hinaus blicken und überschaut auf einen Blick ein viel größeres Panorama. Aus diesem Grund müssen Sie die Farben Ihrer frühlingsblühenden Pflanzen wie für ein einziges großes Gemälde zusammenstellen und die intensivsten Rot- und lebhaftesten Rosatöne vielleicht an Stellen setzen, wo Sie ganz unerwartet darauf stoßen.

Wenn Sie über die Wirkung von Zwiebelpflanzen im Garten nachdenken, werden Sie feststellen, daß diese Wirkung durch die Reinheit und Intensität ihrer Farben erreicht wird. Im allgemeinen mag ich es nicht, wenn kräftige Primärfarben in einer Rabatte zusammengefaßt sind, aber der Frühling weckt Assoziationen von Fiesta und Erwachen, leuchtende, aufregende Effekte kommen dieser Vorstellung entgegen.

So dürfen sich scharlachrote und gelbe Tulpen, blaue Traubenhyazinthen sowie weiße Narzissen ruhig miteinander vermischen, vorausgesetzt, sie werden von üppigem grünen Laub eingerahmt.

Für mich ist die Farbe des Frühjahrs Gelb; hinzu gesellen sich die Farben Blau und Weiß, die sich wiederum mit dem Rosa und Weiß der Baumblüten und dem frischen Grün junger Blätter vermischen. Eine Farbkombination, die ich zu jeder Jahreszeit besonders liebe, ist die Verbindung von Blau und Gelb. Im Frühjahr gibt es eine breite Auswahl an Gelb- und Blautönen: Gelb, das sich von einem sanften Cremeton bis hin zu einem kräftigen Goldton erstreckt – angefangen von blaßgelben Primeln bis hin zu sattgelben Narzissen und Tulpen, die fast unbemerkt noch das feine Zitronengelb der Wolfsmilch (*Euphorbia polychroma* oder *E. epithymoides*) einschließen; Blau, das sich von dunklem Violett und Mauve bis hin zu Azur-, Himmel- und Kobaltblau erstreckt. Die großblütigen Holländischen Krokusse gibt es sowohl in einem reinen Blau- als auch in einem reinen Violetton; sie sehen unter laubabwerfenden Bäumen einfach wunderbar aus, wo die Sonne sie erreichen kann und sie ihre Blütenblätter öffnen, oder aber in großen Gruppen in der Rabatte zwischen krautigen Pflanzen (ihre absterbenden Blätter werden von den austreibenden Pflanzen allmählich überdeckt).

Sobald Sie nach Blüten Ausschau halten, deren Blütenblätter Blau und Gelb miteinander kombinieren, werden Sie erstaunt sein, wie viele es davon gibt, zwar nicht unter den Tulpen und Narzissen, wohl aber unter den nicht so hoch wachsenden, bescheideneren Zwiebel-

Gegenüber: Ein gemähter Grasweg führt zu dem Uhrenhaus in Bramdean Manor (Hampshire). Das Blau der Eingangstür wirkt eindrucksvoll inmitten dieser Frühjahrsszene, in der sich Massen von Narzissen angesiedelt haben und blühende Kirschbäume zur Reife kommen. Auf beiden Seiten sorgen die hohen Irischen Eiben mit ihren kräftigen, bleistiftdünnen vertikalen Linien für einen starken Kontrast zu den runden Baumkronen und ihrem weißen Blütenmeer.

Oben links: Die kleinen Cyclamineus-Narzissen haben sich im Gras und unter Bäumen ausgebreitet. Hier blühen nebeneinander die buttergelben Narzissen 'Tête-à-Tête', *Scilla sibirica* 'Spring Beauty' und *Puschkinia scilloides* (syn. *P. libanotica*) in einem viel blasseren Blau. Dieser Flecken mit frühblühenden Zwiebelpflanzen ist vor weniger als sieben Jahren gepflanzt worden und jedes Jahr kündigt er aufs neue den Frühling an. Wenn die Zwiebelpflanzen verblüht sind, wird der Boden von *Clematis x jouiniana* bedeckt – eine perfekte Pflanzengemeinschaft, die kaum der Pflege bedarf.

Oben rechts: Hier schauen die Narzissen *Narzissus cyclamineus* 'February Gold' mit ihren, von einem zitronengelben Perianth umgebenen, goldfarbenen Blütentrompeten durch einen blauen Teppich von *Anemone blanda*.

pflanzen. Die *Chionodoxa* mit dem schönen Namen »Schneestolz« trägt zarte gelbe Herzen zwischen ihren blauen Blütenblättern, die durch die gelben Staubgefäße noch hervorgehoben werden. Die zurückgebogenen Blütenblätter vieler *Iris reticulata*-Hybriden haben gelbe Markierungen, und die verschiedenen Krokuszüchtungen, die von nahem so faszinierend aussehen, haben oft gelbe Schlünde, Mitten und Staubgefäße, gegen die sich ihre blauen, violetten und gestreiften Blütenblätter deutlich abheben. Kein Wunder, daß sie, sobald sie im ersten Sonnenlicht des Februars ihre Blüten öffnen, die Bienen auf Pollensuche besonders anlocken.

Blautöne lassen sich immer schwerer kombinieren als Gelbtöne. Gertrude Jekyll hat davor gewarnt, Purpur mit Enzianblau zu mischen – der erstgenannte Farbton enthält etwas Rot, und dem zweiten ist ein Hauch von Gelb beigemischt.

Ebenso wird auch ein dunkles Blau ein blasseres erschlagen, obgleich ich die kräftigfarbene Kombination von reingelben Miniaturnarzissen (*Narcissus* 'Peeping Tom') und leuchtendblauen *Scilla sibirica* zusammen mit Schneestolz im gleichen, aber etwas blassen Blauton durchaus schätze.

Scilla, Schneestolz und Puschkinien bilden zusammen einen blauen Frühjahrsteppich, und wenn Sie sie unter laubabwerfende Sträucher pflanzen, werden die neuen Blätter der Sträucher das absterbende Laub der Zwiebelpflanzen bald unter ihrem zeltartigen

Dach verborgen haben. *Scilla sibirica* blüht im März und vermehrt sich jedes Jahr; *S. mischtschenkoana* (*S. tubergeniana*) öffnet ihre porzellanblauen Blüten bereits im Februar. Blaue Scilla und blaue *Anemone blanda* wirken zauberhaft unter einer Sternmagnolie (*Magnolie stellata*), kurz bevor deren Blätter austreiben. Die in der Farbe etwas bescheidenere *Puschkinia scilloides*, die eng mit Scilla und Schneestolz verwandt ist, eignet sich wohl besser für ein Gewächshaus mit alpinen Pflanzen als für einen Garten. Ich habe bei mir zwar einen kleinen Puschkinienhorst draußen stehen, der aber von einer überhängenden Schneebeere (*Symphoricarpos orbiculatus* 'Foliis Variegatis') gut geschützt wird. Seine blaßblauen Blüten, deren Blütenblätter jeweils in der Mitte dunklere Streifen tragen, entfalten sich an 10 cm langen Blütenstengeln.

Auch viele frühjahrsblühende Zwiebelpflanzen haben weiße Blüten – zum Beispiel Tulpen, Narzissen, Krokusse, Iris, Scilla und Fritillarien. Während weiße Blumen im Sommer Rabatten, die im Juli in ihrer Üppigkeit beinahe erdrücken, abzukühlen und aufzufrischen vermögen, spielen weiße Zwiebelpflanzen und Blüten im Frühjahr eine ganz andere Rolle: Auf nackter brauner Erde und vor dem Hintergrund blattloser Zweige bekommen sie ein ganz eigenes Gewicht und stellen sich lebhaft zur Schau.

Oben: Traubenhyazinthen (*Muscari botryoides*) fassen in Barnsley House einen Weg aus dem typischen Cotswold-Gestein ein. Da ihre Blätter im Sommer absterben und im Herbst neu erscheinen, lassen sie Raum für einjährige Sommerblumen – Mohn, Eschscholzia oder Kapuzinerkresse. Zwei Trauerkirschen (*Prunus x yedoensis* 'Shidare-yoshino' syn. *P. x y.* 'Perpendens') stehen in Blüte, und die Linden (*Tilia platyphyllos* 'Rubra') schmücken sich gerade mit frischem Grün. Diese wichtige optische Linie läßt uns vom Teichgarten durch den Linden- und Goldregengang hinüber auf die andere Gartenseite schauen.

Die weißen Traubenhyazinthen und Scilla sind weniger bekannt und weniger beliebt als die blauen Varietäten. Ich versuche immer noch herauszubekommen, warum auch ich die blauen Traubenhyazinthen den weißen vorziehe. Ein Grund ist vielleicht der, daß die weißen nicht kräftig genug in der Farbe sind, um sich im blassen Sonnenlicht des Frühjahrs zu behaupten; ein anderer ist wohl der, daß die weißen Traubenhyazinthen insgesamt kompakt und schwer wirken. Weiße Hasenglöckchen überwinden diesen Nachteil durch ihren natürlichen Standort im lichten Schatten unter laubabwerfenden Bäumen. Andere frühjahrsblühende weiße Zwiebelpflanzen – zum Beispiel das Schneeglöckchen oder die spätblühende *Anemone blanda* 'White Splendour' – sehen immer angenehm bescheiden aus. Aber auch die Nachbarn spielen eine wichtige Rolle: Schneeglöckchen sind zauberhaft, wenn sie durch Efeublätter wachsen, und Anemonen machen sich gut unter dunklen Eiben oder Buchs; wo aber bieten weiße Traubenhyazinthen einen befriedigenden Anblick? Wenn sie erblüht sind, werden ihre Blätter immer größer und unordentlicher, und deshalb meine ich, man sollte sie um eines kurzen, großartigen Effektes willen in großen Mengen in einen schwarzen Topf oder Kübel pflanzen.

Schneeglöckchen sind vielleicht die bekanntesten und beliebtesten frühjahrsblühenden Zwiebelpflanzen. Mit ihren zerbrechlich anmutenden Blüten erscheinen sie fast wie ein Wunder in der kältesten Zeit des Jahres, in der der Boden oft noch mit Schnee bedeckt ist. Es gibt viele verschiedene Varietäten, und sie sind allesamt schön. Unter Bäumen siedeln sie sich in großen Gruppen an, aber in der Rabatte kommen sie besonders zur Geltung und sind dort schon von weitem sichtbar. Es macht Freude, ihre Blütenköpfe umzudrehen und von nahem in ihre Gesichter zu schauen. Dabei entdeckt man, daß die vielen Varietäten ganz unterschiedlich grün gefleckt sind.

Zusammen mit den Schneeglöckchen sind die Narzissen die echten Frühlingsboten. Unter allen Narzissen halte ich die reinweiße Narzisse (*Narcissus* 'Thalia'), die mehrere Blütenköpfe an einem Stengel trägt, für die schönste. Sie ist zweifellos meine Lieblingsblume im Frühling. Andere hübsche weiße Sorten sind *N.* 'Desdemona' mit ihren langen Trompeten und die Trompeten-Narzisse (*N.* 'Vigil'). Die gefüllte Varietät *N.* 'White Lion' ist ebenfalls weiß, hat aber leicht blaßgelb getönte Blütenblätter. Sie hat sich überall in unseren Rabatten vermehrt und kann allein stehen oder auch mit anderen Narzissen eine hübsche Gemeinschaft bilden. Ein geeigneter Partner wäre zum Beispiel *N.* 'Canasta', eine 36 cm hoch wachsende Schmetterlingsnarzisse, deren blaßgelbe schalenförmige Trompete fast ebenso weit geöffnet ist wie ihre Blütenblätter. Fügen Sie dann vielleicht noch die 30 cm hohe *N.* 'Marie José' hinzu, deren weiße Trompete einen dunkelgelben Stern trägt.

Einige Tulpen erblühen schon, bevor die Narzissen vergangen sind; andere übernehmen die Hauptrolle etwas später. Wir pflanzen die gefüllte weiße Tulpe (*Tulipa* 'Mount Tacoma'), die Anfang Mai blüht, in unsere in Weiß, Grau, Blau und Mauvetönen gehaltene Rabatte

Oben: Eine Frühlingsrabatte zu ihrer Blütezeit in Andrew Lawsons Garten. Elegante lilienblütige Tulpen *T.* 'White Triumphator' erheben sich über den zarten gefüllten *T.* 'Angélique' in blassem Rosa und Weiß. Vergißmeinnicht und *Primula* 'Guinevere' bilden den Rand der Rabatte. Sämlinge der Mariendistel (*Silybum marianum*) aus dem Vorjahr entfalten große, grün-weiß marmorierte Rosetten, bevor im Sommer ihre typischen distelähnlichen Blüten erscheinen. Der schimmernde Glanz dieser Szene wird durch die Rinde der Silberbirke und die weißen Ränder der panaschierten Kletterpflanzen an der Mauer noch verstärkt. Wenn die Blätter der Tulpen abgestorben sind, werden die Zwiebeln herausgenommen und bis zur nächsten Pflanzung im Herbst aufbewahrt. Der Kreislauf des Pflanzenlebens setzt sich fort mit den Sommerstauden, die den Platz der verblühten Zwiebelpflanzen einnehmen.

Rechts: Schneeglöckchen sind überall von großem Liebreiz. Hier bilden sie einen grün-weißen Teppich mit den großartigen glänzenden Blättern der *Bergenia purpurascens* 'Ballawley'. Auch Efeu eignet sich vorzüglich als Hintergrund für Schneeglöckchen.

Die Tulpe *T. kaufmanniana* 'Heart's Delight' blüht im März und April. Sie ist in Turkestan heimisch und wird häufig als Seerosen-Tulpe bezeichnet, da sie ihre schmalen Blütenblätter in der Sonne ganz weit ausbreitet. Die Hybriden zeichnen sich durch feine Farbkombinationen sowie durch ungewöhnlich weitgeöffnete Formen aus. Wegen ihres gesprenkelten, gestreiften oder gefleckten Laubs, das sie von der Tulpe *T. greigii* geerbt haben, entsteht der Eindruck, als ob sie flach in einer Frühlingsrabatte lägen.

neben dem Goldregenweg, wo sie durch Kreuzkraut (*Senecio* 'Sunshine') und Vergißmeinnicht hindurchwächst, die den frühblühenden weißen Krokussen und blauen *Chionodoxa* folgen.

Die lilienblütigen Tulpen *T.* 'White Triumphator' – beachten Sie ihre wunderbar zurückgebogenen Blütenblätter – sollten mit ruhigen Blau- und Grüntönen kombiniert werden – zum Beispiel mit Vergißmeinnicht oder Mertensien. Ich mag sie weder zusammen mit kräftigfarbenem Goldlack noch alleine, ohne daß sie von anderen Blütenfarben abgemildert würden. Sie sehen herrlich aus, wenn sich die gebogenen Blütenstengel des Salomonssiegels von hinten über sie neigen und dunkelpurpurfarbener Silberling das Bild noch abrundet. In den meisten Jahren stehen als wichtigste Schmuckelemente auf unserer Terrasse Töpfe mit hochstämmigen Stechpalmen (*Ilex* 'Silver Queen'), die wir mit weißen Narzissen und ein paar dieser lilienblütigen Tulpen unterpflanzt haben, das Weiß der Blütenblätter wiederholt sich in den weißen Rändern der Ilexblätter.

Die Rosatöne des Frühlings – sowohl der Zwiebelpflanzen als auch anderer Blüten – sind von leuchtender Frische und lassen sich gut untereinander kombinieren. Die hohe Lilienblütige *Tulipa* 'Mariette', eine schöne, rosarote Tulpe mit zurückgebogenen Blütenblättern, wächst in meinem Garten zwischen der nur 75 cm hoch werdenden Zwergmandel (*Prunus tenella*), einem recht stark austreibenden Strauch mit einer Überfülle von rosa Blüten, und vor dem dunkler purpurgetönten Laub der Berberitze (*Berberis thunbergii* 'Atropurpurea'). Alle drei zusammen ergeben ein zartes Frühjahrsbild, das durch Gelbtöne nicht gestört werden darf.

Es gibt auch zwei gefüllte rosafarbene Tulpen-Varietäten, die wir in der Staudenrabatte lassen, damit sie jedes Jahr wieder erscheinen: die frühblühende, nur 30 cm hoch wachsende *T.* 'Peach Blossom', die Mitte April erblüht und mit den dunkelroten Primeln 'Barnhaven' kombiniert werden kann, und die spät blühende gefüllte *T.* 'Angélique', deren zarte satinrosafarbene Blütenblätter neben den dunkelgrünen Blättern des Akanthus besonders gut zur Geltung kommen. Für mich gehören sie zu den schönsten frühlingsblühenden Zwiebelpflanzen, und aus einer gewissen Entfernung könnte man ihre geöffneten üppigen Blüten fast für Pfingstrosenblüten halten. Gefüllte Tulpen wirken ganz anders als die aufrecht wachsenden ungefüllten Sorten – wegen ihrer schweren Blütenköpfe neigen sie ihre Stengel zu Boden und scheinen dadurch oft viel eleganter.

Es gibt zweifarbige Tulpen, deren Blütenränder neben Weiß häufig eine andere Farbe enthalten. Mit weiß-rosa Varietäten muß man sehr behutsam umgehen. Die Anfang Mai blühende Tulpe 'Garden Party' wird oft für Sommerbeete empfohlen, aber Massen dieser weißen Blüten mit karmesinrosafarbenen Rändern erinnern mich, wenn sie durch keine anderen Blütenfarben abgemildert werden, an bunte Dauerlutscher. Das ist keine einfühlsame Farbgestaltung, sondern eine unbedachte Farbverschwendung. Sparsam verwendet und vielleicht durch laubabwerfende Sträucher hindurchwachsend, können sie äußerst aufregend aussehen, und ihre Streifeneffekte lassen sich dadurch abmildern, daß man sie mit violett-purpurfarbenen Tulpen 'Attila' oder cremefarbenen Tulpen 'Kansas' mischt. Im großen und ganzen bevorzuge ich die cremeweißen Varietäten, deren Blütenblätter an den Rändern violett-rosa getönt sind – zum Beispiel die lilienblütige 'Elegant Lady' und die im Mai blühende 'Shirley', die ähnlich in der Farbe, aber rundlicher in der Form ist.

Einige Tulpen öffnen sich im Sonnenschein und zeigen dann, daß ihre Blütenblätter innen ganz anders gefärbt sind als außen. Ich denke dabei an die niedrige *T. kaufmanniana*, die im März oder April blüht; wenn die Blüte geschlossen ist, sieht man die karminroten Außenseiten ihrer drei äußeren Blütenblätter; sobald sie sich öffnet, präsentiert sie die weißen Innenseiten dieser Blütenblätter sowie ihre drei weißen inneren Blütenblätter. In geschlossenem Zustand sind die Blüten spitz und burgunderrot und man meint, sie seien durch und durch rot gefärbt; sobald sie sich aber öffnen, werden sie zu cremeweißen Sternen mit dunkler Mitte. Pflanzen Sie diese Tulpen zwischen Lenzrosen (*Helleborus orientalis*), da beide Pflanzenarten gerne ungestört bleiben und sich im Schatten wohl fühlen. Die Tulpen sehen auch wunderbar unter Rhabarber (*Rheum palmatum* 'Atrosanguineum') aus, denn sie öffnen ihre Blüten, wenn die Rhabarberblätter gerade austreiben, und später, wenn die Blätter eine stattliche Größe angenommen haben, treten sie an ihre Stelle und bedecken den Boden.

Eine entzückende Mischung aus reinweißen und purpurfarbenen Schachbrettblumen (*Fritillaria meleagris*) hat sich auf einer grobgemähten Grasfläche in Abbotswood ausgebreitet. Sie sind in England heimisch und lassen sich auf Grasflächen, in Torfbeeten, auf feuchten Rabatten oder zwischen Sträuchern leicht kultivieren. Wenn das Gras nicht gemäht wird, bevor die Samen der Schachbrettblumen reif geworden sind, haben sie die Chance, sich noch weiter auszubreiten. Alle Fritillarien halten ihre Blütenköpfe geneigt. Sie sollten sie hin und wieder umdrehen, um die schönen Innenseiten der Blütenblätter bewundern zu können. Fritillarien sind nicht teuer, und hundert Stück davon reichen, um eine großartige Wirkung zu entfalten. Außerdem vermehren sie sich von Jahr zu Jahr.

Feine Farbtöne und Formen

Zwiebelpflanzen müssen keine kräftigen oder aufregenden Farben haben, um zur Geltung zu kommen. Viele von ihnen zeichnen sich durch ihre feinen Farbtöne, Farbmischungen und ihre hinreißenden Formen aus: Fritillarien, verschiedene Krokusarten und papageienartige, lilienblütige und mit fransigem Saum versehene Tulpen, wie sie die Maler Thornton, Rory McEwan oder die frühen Holländer bereits auf ihren Bildern festgehalten haben.

Die meisten von uns haben schon staunend vor Blütenmeeren von einfarbigen Holländischen Krokussen in öffentlichen Anlagen gestanden. Wenn Sie sich einmal mit den vielen botanischen Krokusarten und -sorten vertraut gemacht haben, werden Sie über ihre Farbvielfalt erstaunt sein: cremefarben und dottergelb, lavendelfarben und violett, gestreift und gemasert mit auffallenden, safrangelben Staubfäden, die sich erst beim Öffnen der Blütenblätter zeigen. Auch einige Krokusse wechseln beim Aufgehen der Blüten von einer Farbe zur anderen. *Crocus chrysanthus* 'Blue Bird' öffnet seine Blüten zunächst in perlendem Blau und *C. c.* 'Ladykiller' in purpurfarbenem Blau – doch wenn sie ihre Blütenblätter ganz ausbreiten, herrscht das Weiß der Innenseiten vor. Die meisten Krokusarten und -sorten sind zweifarbig, wenn auch diese Zweifarbigkeit nur mit zarten Streifen und Maserungen angedeutet wird. Ich liebe alle botanischen Krokusarten und probiere jedes Jahr neue Sorten aus. Sie lassen sich in so vielen Winkeln unterbringen, aber ihre Farben kommen noch besser zur Geltung, wenn man sie in kleineren Mengen in Gartenecken anstatt auf den grünen Teppichen zieht, die für Park- und Waldlandschaften so charakteristisch sind.

Krokusse lassen sich meiner Ansicht nach nicht besonders gut mit anderen Pflanzen kombinieren, und zwar größtenteils deswegen, weil viele von ihnen so früh im Jahr blühen. Sie können den Boden aber ohne weiteres mit später blühenden Pflanzen teilen. *Crocus tommasinianus* wird bei weitem am besten im Rasen heimisch. Andere Krokusarten kommen in einem flachen Teppich aus Günsel oder kleinblättrigem Steinbrech gut zur Geltung. In der Rabatte können Sie die Flecken, an denen Krokusse gestanden haben, nach ihrem Verblühen zuharken und den freiwerdenden Platz für einjährige Sommerblumen verwenden.

Fritillarien mit ihren charakteristischen Markierungen bieten sich auch für kunstvolle Kombinationen an. Alle Fritillarien halten ihre Blütenköpfe geneigt, und wenn Sie nicht genau hineinschauen, werden Ihnen die individuellen und eindrucksvollen Zeichnungen auf der Innenseite der Blüten verborgen bleiben, die die Insekten anlokken sollen, damit sie den Nektar saugen und die Blüten bestäuben. Eine preiswerte Alternative bildet die Schachbrettblume (*Fritillaria meleagris*), die heimisch wird, wenn man ihr nur genug Zeit läßt und ihr eine Grasfläche zuweist, auf der sie sich ausbreiten kann. Sie braucht aber auf jeden Fall als Rahmen einen Hintergrund aus Gras, das den Eindruck erweckt, als würde es die zarten Blütenstengel abstützen. Sowohl die purpurfarbene als auch die weiße Form der Schachbrettblume bildet eine schöne Gemeinschaft mit den im April blühenden weißen Narzissen. Sie wirkt auch dann noch ganz natür-

Links: Vergißmeinnicht und rosafarbene Tulpen bilden einen vollkommenen Teppich in dieser Frühjahrsrabatte in Barnsley House. Der Ausblick wird von beschnittenen Stechpalmen (*Ilex x altaclerensis* 'Golden King') eingerahmt, und der immergrüne Schneeball (*Viburnum rhytidophyllum*) im Hintergrund steht in voller Blüte. Dieser schnell wachsende Strauch eignet sich vorzüglich als Wind- und Lärmschutz. Seine großen Blätter sind auffallend gerippt und rückseitig mit einem weißen Filz überzogen. Seine Blüten werden von einer Fülle roter Beeren abgelöst, die sich im Winter schwarz färben.

Links unten: Ein Teppich aus weißen und hier und da verstreuten blauen *Anemone blanda* bildet rings um den Baumstamm einen natürlichen Rahmen, der fast unmerklich in die dahinter liegende freie Natur übergeht und den Eindruck vermittelt, als ob die Schafe im Garten grasen.

lich, wenn sie durch kleine, graulaubige Sträucher wie die der Raute wachsen kann, die ihre schönen Schachbrettmuster deutlicher hervortreten lassen.

Viele andere Varietäten der Fritillaria kommen in kleinen, sorgsam plazierten Gruppen in einer Rabatte besser zur Geltung. Wenn es sich nicht um besondere Exemplare handelt, die man in Töpfen, unter Glas oder in einem Gewächshaus für Steingartenpflanzen ziehen sollte, sehen ihre in der Regel drahtigen Stiele und schmalen Blätter viel reizvoller aus, wenn sie durch einen Teppich anderer frischer Frühjahrspflanzen hindurchwachsen können. Die kastanienfarbenen Blüten der *F. assyriaca* können Schlüsselblumen oder dunkelrote Primeln 'Barnhaven Hybrids' zu ihren Füßen haben, aber auch mit weißen Kugelprimeln zusammengepflanzt werden. Sie bilden ebenso einen schönen Kontrast zu den niedrigwachsenden, frühblühenden Narzissen. Wenn Sie ihre nickenden Köpfe umdrehen, entdecken Sie die gold-bronzefarbenen Innenseiten ihrer Blütenblätter. Eine der kleinsten Varietäten, die 18 cm hoch wachsende *F. michaeilovskyi*, deren rundliche, rötlich-purpurfarbene Glocken leuchtendgelbe Spitzen tragen, sieht bezaubernd aus, wenn sie durch die dunkelpurpurfarbenen Blätter der Günselarten *Ajuga metallica* oder *A. reptans* 'Burgundy Glow' hindurchwachsen kann.

Alle diese Fritillarien passen am besten in die vorderste Reihe der Rabatte, aber eine meiner Lieblingsarten, *F. persica* 'Adyaman', benannt nach einer Stadt in der Türkei, kann auch weiter hinten stehen. Sie wird bis zu 90 cm hoch, ihre Stengel sind mit grauen, lanzettförmigen Blättern dicht besetzt, und sie schmückt sich mit pflaumenfarbigen Blütenbüscheln. Mit nur drei oder fünf zusammengepflanzten Exemplaren dieser Fritillarien kann man Ende April und im Mai reizvolle Akzente setzen. Die einzige Gefahr besteht nur darin, daß die jungen Triebe erfrieren können, während sie zu Beginn des Frühlings durch den Boden brechen. Deshalb sollte man ihnen den Schutz einer Hecke, einer Mauer oder niedriger Sträucher, wie Heiligenblumen und Lavendel, gewähren.

Mit der Kaiserkrone (*Fritillaria imperialis*) in ihrer gelben und roten Variation kehren wir nun zu den Primärfarben der Zwiebelpflanzen zurück, die ich zuallererst erwähnt habe. Zwei wunderbare Arrangements mit Kaiserkronen haben sich mir tief eingeprägt: In dem einen wuchsen sie überreich rings verteilt um die einzelnen Stämme der Linden, die in Bampton Manor eine Allee bilden. Im anderen Fall hatten sie eine völlig andere Wirkung; dort reckten sie ihre Blütenköpfe aus einem Cottage-Garten über den Rand einer Mauer, um einen Blick auf die Straße zu werfen. Kaiserkronen sind so dekorativ, daß sie nie unbemerkt bleiben. Mir gefallen zwar andere Fritillarien noch besser, aber zugegebenermaßen sind sie auch viel bescheidener.

Alle Fritillarien sollten im Herbst gepflanzt werden, wenn Sie Ihre Beete in Ordnung bringen. In den Wintermonaten bilden sie nämlich ihre Wurzeln aus, die dafür sorgen, daß sie im Frühjahr Blütenknospen treiben. Wenn sie einmal gepflanzt sind, sollte man sie möglichst ungestört lassen und ihr Erdreich im Herbst und noch einmal im Frühjahr mit etwas schwefelsaurem Kali anreichern.

Große Gruppen und Teppiche aus Zwiebelgewächsen

Frühlingsblühende Zwiebelpflanzen sind ausgesprochen vielseitig und können auf vielfältige Weise verwendet werden: im Gras, im Waldland, unter laubabwerfenden Sträuchern und Bäumen, in Rabatten und natürlich in Töpfen, Kübeln und anderen Behältern. In Massen gepflanzt haben sie vielleicht eine atemberaubende Wirkung, aber nichtsdestoweniger würde ich große Gruppenanpflanzungen im Waldland oder auf Grasflächen doch lieber Scilla, Schneeglöckchen oder Narzissen vorbehalten. Obwohl Tulpen wunderbar auf Grasflächen zur Geltung kommen, wo sich ihre Farben dekorativ gegen das Grün abheben, siedeln sie sich dort nicht gern an – genauer gesagt, sie verschwinden innerhalb von zwei oder drei Jahren wieder. Kataloge, in denen Abbildungen von Zwiebelpflanzen in Verbindung mit anderen Pflanzen – als Hintergrund oder als Zwischenpflanzung – gezeigt werden, können bei der Planung des eigenen Gartens sehr hilfreich sein. Eine große Anpflanzung mit nur einer Tulpensorte kann herrlich sein, aber ich kombiniere sie lieber mit anderen Zwiebelpflanzen oder mit frühblühenden Zweijährigen, Stauden und Sträuchern mit ansehnlichem Laub.

In Rabatten können Zwiebelpflanzen dazu verwendet werden, belebende Farbflecken oder Farbbänder zu schaffen. Ich ziehe gerne Bänder aus großblütigen, einfarbigen Krokussen entlang der Mitte meiner Rabatte. In diesem Jahr haben wir in Mengen die weiße Sorte 'Jeanne d'Arc' gepflanzt. Vielleicht bilde ich es mir nur ein, aber nach meiner Ansicht werden die Vögel von ihnen weniger angelockt, als von den gelben oder mauvefarbenen Varietäten. In kleinen Mengen erscheinen sie wie Vignetten, die in den Ecken eines Beetes schöne Akzente setzen oder aber den Boden am Fuß einer Mauer und unter laubabwerfenden Sträuchern beleben. Leuchtendfarbige Tulpen sollten meiner Meinung nach nicht in allzu großen Mengen in Beete und Rabatten gepflanzt werden. Sie sehen besser in kleinen Arrangements aus, so wie man es gerne in solchen Gärten hat, wo zwischen den einzelnen Gruppen viel Platz für Grün gelassen wird. Ich mag es auch gern, wenn Gartenbesucher, die um die Ecke biegen, von leuchtenden Tulpen überrascht werden.

Sollten Sie sich in Ihrem Garten einen leuchtenden Teppich wünschen, hielte ich es für sinnvoll, daß Sie nur eine oder zwei auf dem Farbkreis dicht beieinanderliegende Farben verwenden. Die cremegelbe, orangefarben überhauchte Tulpe 'Beauty of Apeldoorn' würde zum Beispiel gut zu der dunkelgoldgelben Tulpe 'Golden Apeldoorn' passen, die ihr in Höhe und Form gleicht und zur gleichen Zeit, Mitte April, blüht. Eine andere reizvolle Gruppe ließe sich aus der lachsorangefarbenen Tulpe 'Temple of Beauty', der buttergelben Tulpe 'Hocus Pocus' und der Tulpe 'Blushing Beauty' zusammenstellen. Letztere vereint in ihren orange- rosafarbenen und gelb-orangefarbenen Blütenblättern die verschiedenen Tönungen der Primärfarben Rot und Gelb in sich. Diese drei Tulpensorten, die alle erst kürzlich von der holländischen Firma Van Tubergen eingeführt worden sind, erreichen eine Höhe von circa 60 cm und öffnen ihre Blüten im Mai.

Beim Kauf von Zwiebelpflanzen neigt man dazu, doppelt soviel zu pflanzen als ursprünglich vorgesehen – ich weiß, wovon ich rede. Wie

Links: Ein besonderes Frühjahrsbild bietet sich dem Besucher in Barnsley House gegen Ende April. Dann öffnen die Darwin-Tulpen 'Yellow Dover' ihre Blüten. Diese majestätischen, dekorativen und farbenprächtigen Tulpen bedrängen die zwischen sie gepflanzten Schlüsselblumen und lassen sie zwergenhaft erscheinen. Blaue Traubenhyazinthen (*Muscari armeniacum* 'Blue Spike') wirken kühlend inmitten der warmen Farbtöne. Die ungewöhnlich orangefarbenen und roten Tulpen 'Prinses Irene' im Hintergrund erscheinen noch einmal in der Rabatte neben der Eingangstür. Die Töpfe sind mit hohen, lilienblütigen Tulpen bepflanzt. Ob eine Frühjahrsbepflanzung mit Tulpen gelingt, hängt nicht nur davon ab, ob man sie in großen Mengen verwendet, sondern beruht auch darauf, daß man ihre Farben in einer Nebenbepflanzung sich wiederholen läßt und den Boden mit Stauden bedeckt, die jedes freie Eckchen ausfüllen. Dadurch wird ein Eindruck von Üppigkeit und ein Gefühl der Erwartung erweckt. Auch die Blätter des Spindelstrauchs (*Euonymus fortunei radicans*), der neben dem Hauseingang emporklettert, spiegeln den Goldton wider und lassen ein Gefühl von Überschwang und Fülle aufkommen.

Gegenüber: Dieselbe Rabatte, aus entgegengesetzter Richtung betrachtet: Im Vordergrund blühen Tulpen 'Prinses Irene' zusammen mit Primeln (*Primula x polyantha* 'Gold Laced'). Dahinter wachsen aus eigenen Samen gezogene Schlüsselblumen, die in dem guten Gartenboden immer kräftiger werden. Stinkende Nieswurz (*Helleborus foetidus*), Primeln (Barnhaven-Hybriden) bilden den Hintergrund für eine Gruppe *Erysimum* 'Bowles Mauve'. Die Goldnessel (*Lamium galeobdolon*) läßt sich in Schach halten, wenn man die Blütenähren sofort nach dem Verblühen abschneidet und dafür sorgt, daß sie sich nicht ausbreiten kann. Sobald die Zwiebelpflanzen verblüht sind, treten winterharte Storchschnabelarten und Dreimasterblumen an ihre Stelle.

oft habe ich schon zu meinem Gärtner Andy gesagt: »Sei nicht so geizig, setze sie doch dichter zusammen!« Aber obgleich es Tradition ist, Zwiebelpflanzen in Massen dicht nebeneinanderzusetzen, gibt es noch einen anderen Weg. Nehmen Sie sich Zeit und prüfen Sie sorgsam Ihre Vorstellungen; gehen Sie dann ans Werk, und setzen Sie gerade genügend Zwiebelpflanzen in die Erde, um die gewünschte Wirkung zu erzielen – das heißt nicht zu viele, aber auch nicht zu wenige. Eine einzige alleinstehende Traubenhyazinthe bleibt wirkungslos, während mehrere Gruppen aus maximal fünf oder sieben Pflanzen entlang einer Rabatte den Eindruck einer überlegten Planung vermitteln.

In unseren Rabatten behandeln wir Zwiebelpflanzen nach dem Verblühen auf zweierlei Art: Entweder lassen wir sie im Boden, oder wir graben sie aus und bewahren sie bis zum nächsten Herbst auf. Falls Sie sie in der Erde lassen sollten, müssen Sie unbedingt die Stellen markieren, an denen sie sich befinden. Da man die Zwiebelpflanzen möglichst zwischen krautige Pflanzen setzt, sind diese Bereiche in der Rabatte verhältnismäßig pflegeleicht. Ausgesprochen frühblühende Zwiebelpflanzen können im Boden bleiben, damit sie sich dann unter laubabwerfenden Bäumen im Lauf der Jahre ausbreiten: Scilla, Chionodoxa, Krokusse und dergleichen mehr sorgen für Farbe unter Pfeifensträuchern, Schneebällen und Magnolien, die alle am Fuß verhältnismäßig kahl sind. Winterlinge (*Eranthis hyemalis*) blühen Ende Januar bis in den Februar hinein und vermehren sich ausgiebig unter laubabwerfenden Bäumen und sogar unter alten Eiben, die ihre untersten Zweige verloren haben.

Eine weitere, arbeitsaufwendigere Methode, mit der sich andersartige Effekte erzielen lassen, besteht darin, einen bestimmten Bereich in einer Rabatte für Bepflanzungen mit Zwiebelpflanzen und einjährigen Sommerblumen zu reservieren. Wir begannen mit dieser Methode in Rabatten, in denen sich hartnäckige Unkräuter ausgebreitet hatten, die sich nur durch wiederholtes Umgraben ausrotten ließen. Durch das Umgraben im Frühjahr und Herbst konnten wir schließlich Giersch und Winden bezwingen. Wir haben diese Methode dann beibehalten, und inzwischen ist sie uns zur Gewohnheit geworden. Die Sommerbepflanzung, die die Bepflanzung mit Zwiebelge-

Dieser Bogengang in Barnsley House verändert sich im Laufe des Jahres beträchtlich. Im Winter tritt das sich wölbende Geäst des Goldregen in den Vordergrund. Auch das Farbschema verändert sich mit den Jahreszeiten: im Frühling ist es in Weiß und Rot gehalten – mit Knotenblumen (*Leucojum aestivum*), weißblühenden Silberpfennig (*Lunaria annua*) und leuchtendroten Tulpen. Im Mai bilden die breiten grauen Blätter des Lauchs (*Allium aflatunense*) einen Teppich, aus dem sich die blaßpurpurfarbenen Blütenköpfe erheben, die Anfang Juni aufgehen, wenn auch der Goldregen seine Blüten öffnet. Der Weg durch den Goldregentunnel ist mit einzementierten Kieselsteinen von den Stränden im Pembrokeshire gepflastert. Zu jeder Jahreszeit und in jedem Licht bildet eine alte Steinsäule am Ende des Weges den Blickfang. In diese ließ Simon Verity folgenden Ausschnitt aus einem unveröffentlichten Werk von John Evelyn in Metall eingravieren: »So wie niemand ganz unglücklich sein kann, der hier einen Garten besitzt, so wird auch niemand ganz glücklich sein, der nicht eines Gartens im zukünftigen Leben gewiß ist.«

wächsen ablöst, besteht immer aus einjährigen Sommerblumen oder halb winterharten Stauden, die sich leicht in Mengen vermehren lassen.

Die Freude, Zwiebelgewächse auf diese Art und Weise zu behandeln, beruht darauf, daß man seinem Garten zweimal im Jahr ein anderes Aussehen verleihen kann. Tulpen können zwischen Vergißmeinnicht oder Goldlack gepflanzt, nach dem Verblühen herausgenommen und für das nächste Jahr aufbewahrt werden. Wenn Sie vielleicht auch nach Samen von pastellfarbenem Goldlack auf die Suche gehen müssen, so können Sie ihn wenigstens, wenn Sie ihn einmal aufgetrieben haben, durch eigene Samen immer weiter vermehren. Vergißmeinnicht ist ausgesprochen problemlos: Es sät sich selbst aus, kann ausgedünnt werden und eignet sich vorzüglich als Nachbar von Tulpen jeden Farbtons, da es mit seinen kleinen Blütchen immer eine untergeordnete Rolle spielt.

Im Sommer und Herbst blühende Zwiebelgewächse

Während frühlingsblühende Zwiebelpflanzen im Garten eine führende Rolle spielen, fügen sich die im Sommer und Herbst blühenden gut in ein ausgereiftes Gartenbild ein und verbinden sich mit ihm. Sie sind ebensoschön, aber ihre Schönheit ist von ganz anderer Art. Viele von ihnen zeichnen sich besonders durch kräftige Formen und satte Farben aus.

Die weißen Sommer-Knotenblumen (*Leucojum aestivum*) wirken genauso zart und zerbrechlich wie Schneeglöckchen. Ihre auf 50 cm langen Stielen sitzenden Blüten, mit den an den Spitzen grüngefärbten Blütenblättern, bilden eine harmonische Gemeinschaft mit dem gleichzeitig blühenden weißen Silberling mit panaschierten Blättern.

Wenn auch die vielen verschiedenen Laucharten nicht so schön wie Lilien sind, so wirken sie doch genauso dekorativ und großartig. Sie sind immer in den Herbstkatalogen zu finden, da sie in dieser Zeit gepflanzt werden sollen, um ein gutes Wurzelsystem entwickeln zu können. Ihre riesige Familie, die vielleicht an die tausend Spezies umfaßt, verfügt über alle Größenklassen – vom zwergwüchsigen Lauch

bis hin zum Riesenlauch. Was ihre Verwendung anbetrifft, so können sie als Küchenkraut zum Einsatz kommen oder auch nur rein dekorativen Zwecken dienen. Schnittlauch ist natürlich auch ein *Allium*, der zur Abwechslung statt Lavendel oder Petersilie als Randbepflanzung im Kräutergarten verwendet werden kann. Ich habe gehört, daß Schnittlauch Blattläuse von Apfelbäumen fernhalten soll; deshalb sollten Sie vielleicht Ihre Stämme damit umpflanzen. Die meisten Laucharten säen sich selbst aus. Diese zuverlässigen, stramm aufrecht wachsenden Pflanzen verdienen es, sorgfältig plaziert zu werden, damit sie ihre charakteristischen Eigenschaften auch ins rechte Licht setzen können. *Allium karataviense* blüht am frühzeitigsten und paßt vorzüglich in die erste Reihe einer Rabatte. Jede Pflanze trägt jeweils ein Paar breite, in Blaugrau und Purpur gefleckte Blätter, die flach am Boden liegen. Die in dichten Dolden wachsenden Blüten erscheinen für die knapp 20 cm langen Stiele fast zu groß. Sie erblühen in einem blassen Purpurrosa und lassen sich hübsch zwischen späterblühende, krautige Pflanzen setzen. Bei uns stehen sie in der Ecke einer gemischten Rabatte gemeinsam mit einer winterharten *Fuchsia magellanica* und Felberich (*Lysimachia ephemerum*). Vergessen Sie übrigens bei Ihrer Gartenplanung nicht, daß die Blätter aller *Allium*-Arten verschwinden, sobald die Blüten erscheinen.

Der blaßmauvefarbene Lauch *Allium aflatunense* blüht von Ende Mai bis Juni und paßt zudem herrlich zu den Blüten und Blättern in Goldtönen – zum Beispiel Goldregen, Walisischen Mohnblumen (*Meconopsis cambrica*) oder goldfarbenem Liguster. *A. sphaerocephalum*, dessen dunkelpurpurne Blüten etwas später aufgehen, muß unbedingt zu seinen Füßen von Laub eingebettet sein, damit die Blüten, die sich auf über 50 cm langen Stielen erheben, angemessen zur Geltung kommen. Ich habe es gerne, wenn er durch das graue Laub von *Artemisia* 'Powis Castle' oder Heiligenblumen (*Santolina chamaecyparissus*, S. incana) wächst.

Zu den spektakulärsten Laucharten gehört *A. christophii* (syn. *A. albopilosum*), dessen runde Köpfe mit einem Durchmesser von 25 cm rundum mit sternartigen Blüten in einem faszinierenden, metallischen Violetton bedeckt sind. *A. christophii* blüht im Juni, so daß es eine breite Auswahl an Blumen gibt, die sich als Nachbarn eig-

Auf der ersten Abbildung sehen Sie eine harmonische Farbverbindung, auf der zweiten sich nahezu beißende Farbgegensätze und auf der dritten noch einmal ein Beispiel für einen Farbkontrast.

Oben links: Laucharten gehören zu den nützlichen Zwiebelpflanzen, die im Frühsommer blühen. Sie sind ausgesprochen zuverlässig und säen sich oft selbst aus. Der purpurrosafarbene Lauch *Allium aflatunense* wächst hier zwischen Knöterich (*Polygonum bistorta* 'Superbum', heute umbenannt in *Persicaria bistorta* 'Superba'). Der Kontrast zwischen den blaßrosafarbenen Blütenähren des Knöterichs und den Kugelköpfen des dunkleren Lauchs hat eine unerwartete und ganz besondere Wirkung. Später färbt sich der Knöterich dunkelrosa oder beinahe karmesinrot. Der Lauch schmückt sich mit strohfarbenen Samenköpfen.

Oben rechts: Eine andere harmonische Kombination aus *Allium aflatunense* und dem roten Baldrian (*Centranthus ruber*) sehen wir vor einem üppigen Band aus Lavendel im Mai und Juni zwischen den Ritzen einer Kalksteinmauer herauswachsen. Aus dieser gelungenen Zusammenstellung kann man lernen, daß eine beachtliche Menge Lauch verwendet werden muß, um eine solche Wirkung zu erzielen.

Links: Der gleiche Lauch (*A. aflatunense*) wächst hier durch weißblühenden Silberpfennig (*Lunaria annua* 'Alba').

Unten: In dieser geschützten Ecke besteht die harmonische Farbkombination aus Weiß, Blaß- und Dunkelpurpur, Grün und Grau. Die dichtgepflanzten dekorativen Königslilien (*Lilium regale*) mit ihrer gelben Mitte setzen einen kräftigen Akzent im Zentrum der Bepflanzung. Die Farben verbinden sich auf harmonische Weise, und die Formen kontrastieren miteinander, indem sich die Blütenähren des Rittersporns und die charakteristischen Formen der Lilien über die rundlichen Formen der krautigen Pflanzen erheben. Hier ist ein idealer Platz für Lilien, die mit ihrem eleganten Erscheinungsbild und ihrem betörenden Duft zu einer gelungenen Komposition beitragen.

Links: Weiße Lilien *Lilium* 'Sterling Star' sind die Aristokraten dieser Gruppe in der Staudenrabatte. Die Form jeder einzelnen Lilienblüte wiederholt sich in den kleineren Blüten der Edeldistel (*Eryngium giganteum*). Auch die blauen Blütenähren der Glockenblumen im Hintergrund möchten beachtet werden.

Oben links: Die einzige zuverlässig winterharte Nerine (*N. bowdenii*) benötigt einen gut durchlässigen Boden am Fuße einer nach Süden ausgerichteten Mauer. Hier wächst sie unter optimalen Bedingungen in einem erhöhten Beet zusammen mit den blaßgrauen Heiligenblumen (*Santolina chamaecyparissus*).

Oben Mitte: Die vollerblühten *Iris sibirica* spiegeln das Blau des Eisentores in Barnsley House wider. Bis zum Herbst, wenn ihre Samenköpfe reif werden, verlieren sie nicht an Reiz.

Oben rechts: Die Blütenstiele von *Galtonia candicans* erreichen im Spätsommer eine Höhe bis zu 1,20 m; deshalb sollte man sie durch etwas niedrigere, krautige Pflanzen oder durch rundliche Sträucher wie Heiligenblumen, Lavendel oder Heben wachsen lassen.

nen. Versuchen Sie aber immer, Silber- oder Purpurtöne zu finden. Zu den hierfür geeignetsten zählen der Schöterich (*Erysimum* 'Bowles Mauve'), *Heuchera* 'Palace Purple' oder der Storchschnabel (*Geranium* 'Johnson's Blue').

Lilien gehören zu den Aristokraten unter den Zwiebelpflanzen und blühen von Juli bis September. Sie verleihen jedem Platz, an dem sie gezogen werden, einen Hauch von Eleganz – sei es nun in Rabatten, unter Sträuchern im Gras oder in Töpfen auf der Terrasse. Lilien benötigen einen gut durchlässigen Boden. Falls sich in Ihrem Gartenboden die Nässe stauen sollte und das Wasser nicht gut ablaufen kann, müssen Sie ihn unbedingt mit reichlich Laubmulch, Sand oder Torf auflockern. Pflanzen Sie auch niemals Lilien unter eine nach Süden ausgerichtete Mauer, da sie dort zu heiß und zu trocken stehen.

Sollten Sie einen alkalischen Boden haben, müssen Sie eine sorgfältige Auswahl unter den Lilien treffen. Ich rate Ihnen zu *Lilium henryi*, die im August und September an 1,50–2 m hohen Stielen blüht. Ihre nickenden, dunkelorangegelben Blüten sehen bezaubernd hinter dem Spierstrauch (*Spiraea japonica* 'Goldflame') oder Taglilien (*Hemerocallis* 'Golden Chimes') aus. Die dekorative, süß duftende Königslilie (*Lilium regale*), die eine Höhe von 1–1,20 m erreicht, absolut winterhart ist und sich zudem leicht ziehen läßt, bildet Wurzeln an ihren Stielen aus und sollte deshalb tiefer als die üblichen 20 cm gepflanzt werden. Fünf bis sieben Exemplare der Königslilie unter einem Westfenster könnten den nach Vanille duftenden Sommerjasmin (*Philadelphus* 'Manteau d'Hermine') ablösen. Die eindrucksvolle Türkenbundlilie (*L. martagon*), die bis 1,25 m hoch wird, hat zartrosa bis purpurfarbene Blüten, die schön in eine nur in Rosa- und Grautönen gehaltene Rabatte passen. Wenn Sie eine sattrote Lilie suchen, sollten Sie einmal *L. amabile* ausprobieren. Sie wird 60–90 cm hoch und bevorzugt – wie übrigens auch *L. regale* und *L. henryi* – den Halbschatten. Die Asiatischen Harlequin-Hybriden sind eine reizvolle Züchtung mit hängenden Blüten und zurückgebogenen Blütenblättern. Sie variieren in der Farbe von Rosa über Lila, Rosenrot, Rot, Orange bis hin zu Gelb und werden 1–1,20 m hoch. Ich würde sie zwischen frühblühende Sträucher – Forsythien und Flieder – oder immergrüne Gehölze – *Viburnum tinus* und *Ilex* – pflanzen. Die trompetenartige Hybride *L.* 'Bright Star', die eine Höhe von 1–1,20 m erreicht, ist eine gute Gartenpflanze, die sich auf einem kalkhaltigen Boden wohlfühlt. Ihre sich flach ausbreitenden, silbrigweißen Blütenblätter haben eine kontrastierende orangefarbene Mitte und bilden zusammen mit Kapuzinerkresse eine harmonische Gemeinschaft.

Ein idealer Platz für Lilien ist ein Stück Waldland, in dem Rhododendren, Azaleen und Kamelien wachsen. Große Gruppen weißer Narzissen zwischen diesen Sträuchern können durch große Gruppen im Juli blühender Asiatischer und trompetenförmiger Lilienhybriden unterbrochen werden, wobei man die Farben in getrennten Blöcken anordnet. Die 1 bis 1,50 m hoch wachsende Königslilie (*L. regale* 'Royal Gold') bietet ein großartiges Bild, wenn sie die Farbe der Funkien *Hosta* 'Gold Standard', *H.*'Piedmont' oder anderen mit goldschimmernden Blättern wieder aufnehmen kann.

Einige Lilien wirken zu aristokratisch, um in einen Garten mit Waldcharakter zu passen, oder sie sind einfach zu schön, um womöglich in einer Staudenrabatte unterzugehen. 'Green Dragon', 'Limelight', 'Pink Perfection' und 'Mabel Violet' verdienen ein Beet für sich allein (kombiniert mit frühlingsblühenden Zwiebelpflanzen). Andere Lilien, zum Beispiel die Madonnenlilie (*L. candidum*), passen gut in Töpfe. Stellen Sie die Töpfe auf Ihre Terrasse oder rings um einen Teich auf, wo sie sich im Wasser spiegeln können. Füllen Sie die Töpfe mit Erde, die zu gleichen Teilen aus Lehm, Torf und grobem Sand besteht. Die Zwiebeln werden mit einer 7 cm dicken Schicht Topferde bedeckt und an einen kühlen Ort gestellt, bis die Stiele ca. 5–7 cm hoch sind. Es ist darauf zu achten, daß die Erde immer feucht gehalten wird.

Nerinen und Bartiris stehen am liebsten in voller Sonne und mögen nicht von anderen Pflanzen überragt werden. Bartiris, meine ich, sollte in schmalen Streifen angepflanzt werden – vielleicht als Wegeinfassung, so daß man die Schönheit jeder einzelnen Blüte genießen kann. Später im Juli könnten dann blühende Rosen, die Sie vielleicht dahintergepflanzt haben, Ihre Aufmerksamkeit auf sich ziehen. Nerinen gedeihen am Fuß einer Mauer. Lassen Sie am besten eine Rose oder eine Clematis daran emporranken, die früher im Jahr über Ihnen ihre Blütenpracht entfaltet. *Iris unguicularis*, die die gleichen Standortbedingungen wie die Nerinen (einschließlich einem nicht zu nahrhaften Boden) liebt, sorgt auch noch in der kalten Jahreszeit dafür, daß das Beet nicht an Reiz verliert. Das einzige praktische Problem besteht darin, daß sowohl Rosen als auch Clematis einen nahrhaften Boden benötigen und deswegen zusätzlich mit Nährstoffen versorgt werden sollten.

Die herbstblühenden Alpenveilchen und Krokusse sind großartige Pflanzen, auf die jedes Jahr wieder Verlaß ist. Der von allen Krokusarten am meisten duftende *Crocus laevigatus* var. *fontenayi*, dessen Blüten innen rosig-violett getönt und außen braun gefiedert sind, gehört zu meinen Favoriten. Neben den Alpenveilchen und Krokussen gibt es zwei elegante Pflanzen, mit denen sich im Herbst noch einmal dekorative Akzente in den Rabatten setzen lassen: die süß duftende *Gladiolus callianthus*, die oft in Katalogen unter ihrem alten Namen *Acidanthera murielae* aufgeführt wird, und der Spaltgriffel (*Schizostylis coccinea*). Im Laufe des Septembers werden viele Blätter der begleitenden krautigen Pflanzen müde und matt, so daß das frische Grün dieser beiden Pflanzen mit ihrem schwertartigen Laub dann eine vielleicht noch wichtigere Rolle spielt als im Hochsommer. Die Gladiolen haben weiße Blüten mit einem dunkelpurpurfarbenen Basalfleck, so daß sie sich gut mit allen Astern und den Dahlien 'Coltness Gem' verbinden. Da sie Knollenpflanzen sind, können wir uns auf ihre Winterhärte nicht verlassen. Sie müssen ausgegraben und nach der Blüte getrocknet werden. Der Spaltgriffel, der sich aus dicken, fleischigen Wurzeln entwickelt, gedeiht prächtig in einem nahrhaften, ausreichend feuchten Boden. Die einzelnen Sorten sind viel leuchtender in der Farbe als die der Gladiolen; das Spektrum reicht von der rosaroten *S.* 'Tambara' bis hin zu der blaßrosafarbenen *S.* 'Viscountess Byng'. Die Viscountess blüht später – sogar bis in den Oktober. Sie nimmt die Farben der herbstlich getönten Blätter auf und erinnert uns daran, daß sich der Kreis unseres Gartenjahres, das mit weißen Schneeglöckchen und Christrosen begann, dem Ende zuneigt, und daß sich unsere Gedanken allmählich den Projekten des neuen Jahres zuwenden müssen.

Duftende Gladiolen (*Gladiolus callianthus*), die bis vor kurzem *Acidanthera murielae* genannt wurden, lieben einen gut durchlässigen, mit Laubmulche oder verrottetem organischen Dünger angereicherten Boden. Die dunklen rötlich-schokoladenbraunen Basalflecken passen zu den flachen Blütenköpfen der Schafgarbe *Achillea miliefolium* 'Cerise Queen'.

Staudenrabatten

Wenn man vor einer vollentwickelten, dichtbepflanzten Staudenrabatte steht, meint man, die Niagarafälle zu betrachten: Man muß einfach stehenbleiben und immer wieder hinschauen, um die ganze Wirkung in sich aufzunehmen. Solche Staudenrabatten liegen heute aber nicht so sehr im Trend der Zeit wie zu Beginn dieses Jahrhunderts, als Gertrude Jekyll noch lebte. Die Dinge haben sich geändert – aus logischen und praktischen Gründen. Unsere Gärten sind heute im allgemeinen kleiner, und anstelle eines ständigen Gärtners haben wir oft nur einen Aushilfsgärtner – falls wir überhaupt das Glück haben, außer den eigenen Händen noch ein weiteres Paar Hände zur Hilfe heranziehen zu können. Um erfolgreich zu sein, muß man für »reine« Staudenrabatten – die sich ausschließlich aus nichtholzigen, mehrjährigen Pflanzen zusammensetzen – viele Stunden mühsamer Arbeit aufbringen. Da die Menschen heute natürlich versuchen, ihre Arbeitszeit zu verkürzen, neigen sie auch dazu, größere Flächen ihrer Gärten mit dauerhaften und pflegeleichten Pflanzen wie kleinen Bäumen, Sträuchern und Bodendeckern auszustatten. Staudenrabatten machen dagegen nicht nur viel Arbeit, sondern ihr Reiz ist auch von relativ kurzer Dauer. Kleinere Gärten sollen das ganze Jahr über durch interessante Formen und reizvolle Akzente – die nicht immer aus leuchtenden Farben bestehen müssen – wirken, vor allem in den Bereichen, die vom Fenster aus gesehen werden können.

Eine echte Staudenrabatte findet man heutzutage nur noch äußerst selten. Vielleicht stößt man auf eine Rabatte, die auf den ersten Blick nur aus krautigen Pflanzen zu bestehen scheint. Bei näherem Hinschauen entdeckt man dazwischen aber vielleicht auch Rosen, sommerblühende Zwiebelpflanzen und Sträucher wie Spiräen, Heiligenblumen und Fingerkraut, die alle die Szene mitbestimmen. Heute reicht das Spektrum der Rabatten von solchen, die durch eine abwechslungsreiche Bepflanzung Gewicht und Ausdruckskraft im Winter bekommen, bis hin zu jenen, die dicht mit Sträuchern bepflanzt sind – der sogenannten gemischten Rabatte.

Alle Staudenrabatten werden in der Absicht entworfen, große Wirkungen hervorzurufen, aber diese Wirkungen können je nach Auswahl und Gruppierung der Pflanzen ausgesprochen unterschiedlich sein. In »The Priory« bei Kemerton (Hereford und Worcester) hat Peter Healing zu diesem Zweck seine Farben sorgfältig nach den Theorien von Gertrude Jekyll und William Robinson ausgewählt. Seine lange und sehr breite Rabatte, die vorwiegend aus mehrjährigen krautigen Pflanzen besteht und zwischen Juli und September den schönsten Anblick bietet, beginnt mit graulaubigen Pflanzen, von denen einige kleine Sträucher sind: *Perovskia atriplicifolia*, Kreuzkraut (*Senecio* 'White Diamond') und *S. vira-vira* (*S. leucostachys*), Artemisia splendens und *A.* 'Lambrook Silver'. Dazwischen sind weiße *Blumen gesetzt wie Felberich (Lysimachia ephemerum)*, Wasserdost (*Eupatorium rugosum, E. agerotaides*), *Artemisia lactiflora, Leucanthemum x superbum (Chrysanthemum maximum)*, und ein paar einjährige Sommerblumen wie Ziertabak, Kosmeen und Petunien.

Von graulaubigen, strauchartigen Pflanzen, gemischt mit weißen und cremefarbenen mehrjährigen Blumen, gelangt man weiter zu Rosa- und Dunkelrosatönen mit Malven, Bartfaden, *Anemone x hybrida* 'Queen Charlotte', Indianernessel (*Monarda* 'Croftway Pink') und Fetthenne (*Sedum spectabile*). Danach erscheinen Mauve- und Purpurtöne: *Lobelia x gerardii* 'Vedrariensis', *Monarda* 'Prärienacht', lilablauer Bartfaden (*Penstemon* 'Catherine de la Mare'), die zweijährigen *Salvia sclarea turkestanica* und *S. pratensis haematodes* sowie nicht winterhartes Heliotrop.

Die Farben nehmen fortwährend an Intensität zu, und je weiter man sich der Rabattenmitte nähert, um so aufregender wird die Szene. Dunkle Gelb- und Bronzetöne führen das Farbspiel zu einem Crescendo: mit Hundskamille (*Anthemis sancti-johannis*), die 60 cm hoch wird, Schafgarbe (*Achillea filipendulina* 'Gold Plate') und Sonnenauge (*Heliopsis helianthoides scabra* 'Golden Plume'), die beide eine Höhe von 1,20 m erreichen, sowie der niedrigeren Schafgarbe (*Achillea* 'Moonshine').

Goldfarbener Sonnenhut einschließlich der einjährigen *Rudbeckia* 'Marmelade', *Sedum telephium maximum* 'Atropurpureum' mit dunkelpurpurfarbenem Laub und metallisch orangefarbene Canna sind zwischen die krautigen Pflanzen gestreut. Sie alle zusammen bilden Muster wie aus glühenden Kohlen, die zu lodern beginnen, sobald die Gelb- und Bronzetöne zu leuchtenden Rottönen werden, wie die Blüten von Montbretien *Crocosmia* 'Lucifer', den herrlich roten Blütenähren der Lobelien und einer Auswahl von Fackellilien. Den Hintergrund zu diesen Stauden bilden weniger winterharte Pflanzen, so Dahlien (*Dahlia* 'Bishop of Llandaff') und dunkelrote Begonien. Von der Mitte aus beginnen nun die Farben an Wärme und Leuchtkraft zu verlieren, indem sie in umgekehrter Reihenfolge zu Grau- und Weißtönen am anderen Ende der langen Rabatte zurückkehren.

Die Großartigkeit der Rabatte wird dadurch erreicht, daß alle Farben des Farbspektrums in großzügigen Gruppen verwendet werden

An dieser Staudenrabatte kann man studieren, wie sich die Farben von Grau nach Weiß über Rosatöne bis hin zu warmen Rot- und Gelbtönen steigern und dann allmählich wieder abnehmen, um in blasseren Farbschattierungen zu enden. Diese Aufnahme, die im August zur Zeit des Höhepunktes der Rabatte gemacht wurde, zeigt Artemisien, Dahlien, Fetthennen und Sonnenröschen, die in großen Gruppen gepflanzt wurden.

und mit reichlich Grün gegeneinander abgesetzt sind. Während Rabatten, die in Schattierungen einer einzigen Farbe oder in einer begrenzten Farbskala gehalten sind, beruhigend wirken, hält uns diese Rabatte in ständiger Spannung. Beim Abschreiten sind Sie sich bewußt, daß die Farben ständig wechseln, und dennoch harmonieren sie miteinander, da alle Farbtöne, so wie sie hier verwendet werden, jeweils ihrem Nachbarn auf dem Farbkreis sehr nahe stehen.

Es gibt natürlich noch andere erfolgversprechende Methoden, Staudenrabatten zu planen. Peter Healing hat eine Rabatte in Grau-, Weiß-, Rosa-, Mauve- und kräftigeren Purpurtönen angelegt, die ihren Höhepunkt vom Juni bis zum August erreicht. Obgleich auch sie nicht ausschließlich aus krautigen Pflanzen besteht, da sie auch ein paar Sträucher, Kletterpflanzen und Einjährige umfaßt, so ist sie doch ganz in diesem Geist entworfen.

Hier findet man Pflanzenhügel, die so sanft und betörend sind wie ihre Farben, so mit *Artemisia stelleriana* und Strohblumen (*Helichrysum fontanesii*) als niedrigem Hintergrund. Weiß ist immer wichtig und wirkt in einem ruhigen Farbschema erfrischend. Aus diesem Grund hat Peter *Artemisia lactiflora*, *Anemone hybrida* und *Phlox* 'White Admiral' zusammen mit weißen Rosen *R.* 'Everest' und *R.* 'Dimples' verwendet, um dem Beet zusätzliche Höhe zu verleihen. Zu den rosafarbenen Blumen gehören Bartfaden (*Penstemon* 'Evelyn') und *P.* 'Hewell's Pink', *Lavatera kashmiriana*, Indianernessel (*Monarda* 'Croftway Pink') sowie einjährige Malven und Kosmeen. Dazwischen hat er noch andere Einjährige gepflanzt – Petunien, Ziertabak und Dahlien, da sorgfältig ausgewählte Sommerblumen den Reiz einer Staudenrabatte noch verstärken können. Die dunkleren Farben sind hier Mauve- und Purpurtöne. Mauvefarbene Akzente hat er mit Gruppen aus Phlox, *Aster x frikartii* und dem entzückenden Bartfaden *Penstemon* 'Alice Hindley' gesetzt. Für ein blasses Blau-Purpur sorgen Kugeldisteln, und dunklere Purpurtöne sind durch Salbei (*Salvia nemorosa*), Bartfaden (*Penstemon* 'Rich Ruby'), *Lobelia x gerardii* 'Vedrariensis' und violett-purpurfarbene Indianernesseln vertreten. Ein Wasserfall aus *Clematis* 'Etoile Violette' ergießt sich über eine aus vier Eisenstäben gebildete Säule, sie öffnet ihre Blüten zur gleichen Zeit wie ein Großteil der anderen Rabattenstauden. Die Clematis, die jedes Frühjahr fast bis zum Boden zurückgeschnitten wird, klettert schnell wieder die Säule empor und sorgt für zusätzliche Schichtung in der Rabatte.

In dem außergewöhnlich trockenen Sommer 1989 erzählten mir die Leute immer wieder, daß diese Rabatte in Kemerton trotz der Trockenheit erstaunlich schön aussähe. Könnte man daraus vielleicht lernen, daß ein so dicht bedeckter Boden wie der in Kemerton vor dem Austrocknen geschützt ist?

Höhe, Farbe und Blütezeit

Wenn Sie diese gelungenen Beispiele genauer betrachten, ist Ihnen sicherlich klar, daß Sie, bevor Sie mit der Anlage einer Rabatte beginnen, eine zumindest grobe Skizze zeichnen müssen, in die Sie den Standort der wichtigsten Pflanzen eintragen. Die ausschlaggebenden Gesichtspunkte, die dabei beachtet werden müssen, sind Höhe,

Oben: Ein wunderbares Lehrstück für die Verarbeitung von Farben und Formen in Peter Healings Garten. Die großartigen Kugelköpfe der Kugeldistel (*Echinops bannaticus*) bilden den Mittelpunkt zwischen einer dunkelpurpurfarbenen *Clematis* 'Etoile Violette', Verbenen (*Verbena bonariensis*) und rosafarbenen Moschusmalven (*Malva moschata*). Im Hintergrund hat ein Schmetterlingsstrauch seine Blüten geöffnet. Alle Farben verbinden sich zu einer gelungenen Komposition.

Gegenüber: Die doppelte Staudenrabatte in Westwell Manor (Oxfordshire) enthält zwar auch hier und da Strauchrosen, Heben und Ginster, ihren eigentlichen Reiz macht jedoch die Auswahl der vom Mai bis Herbst blühenden Stauden aus sowie die meisterliche Kunst, mit der Farben, Texturen und Formen eingesetzt und verarbeitet worden sind. Zunächst sind die Rabatten rosa, mauvefarben und weiß; im Herbst werden sie zu einem Feuer aus goldfarbenen Schafgarben mit kräftig purpurfarbenen Astern. Das ganze Jahr über sind die Stauden von schönem Laub in Grau- und Grüntönen durchsetzt, das wie in einem Rhythmus mit seinen rundlichen Formen die aufragenden Blütenähren ablöst.

Eine faszinierende Farbänderung hat sich innerhalb von nur drei Wochen in diesem Rabattenabschnitt vollzogen, in dem kräftige Farben den Ton angeben. Im Hintergrund bilden nun die üppig gewordenen hohen Schafgarben (*Achillea filipendulina* 'Gold Plate') und Sonnenaugen (*Heliopsis helianthoides scabra* 'Golden Plume') eine harmonische Gemeinschaft mit roten Dahlien (*Dahlia* 'Bishop of Llandaff') und bronzeblättrigen roten Cannas.

Farbe und Blütezeit. Danach müssen Sie entscheiden, welche Größe und Form die einzelnen Gruppen haben sollen. Wie der Entwurf Ihrer Rabatte ausfallen wird, hängt in erster Linie von der Größe des Gartens ab. In einem kleinen Garten, in dem Vielfalt eine entscheidende Rolle spielt, werden die Gruppen kleiner ausfallen. Ich meine auch, daß das Farbschema vereinfacht werden sollte, damit grelle Kontraste, wie sie in einer spektakulären langen Rabatte durchaus angebracht sein können, vermieden werden. Wählen Sie Farben aus, die harmonisch miteinander verschmelzen – zum Beispiel Creme und blasse Gelbtöne mit Blau und Mauve –, oder leuchtende Farben, aber mischen Sie nicht kontrastierende Rot- und Orangetöne.

Hohe Pflanzen wirken vor allem in einer kleinen Rabatte deplaziert und kopflastig, es sei denn, sie stehen in ausreichenden Mengen dicht beieinander und haben eine hohe Mauer oder Hecke im Rükken. Ich mag nicht immer einen gleitenden Übergang von ein paar Zentimetern Höhe an der Vorderfront der Rabatte bis hin zu einer Höhe von 2 m an der Rückfront, wie sie etwa Meerkohl oder Geißblatt erreichen. Ich möchte gerne in die mit niedrigeren Pflanzen bedeckten Zwischenräume schauen können, die möglichst von den sie umgebenden etwas höheren Pflanzen eingerahmt und nicht verdeckt werden sollen. Zum Beispiel könnte eine Gruppe Hundskamille (*Anthemis tinctoria* 'E.C. Buxton'), die 90 cm hoch wird, und eine andere Gruppe mit Schafgarbe (*Achillea* 'Moonshine'), die eine Höhe von 60 cm erreicht, niedrigwachsende *Artemisia stelleriana* auf beiden Seiten einrahmen. Sogar Rittersporn kann mehr in den Vordergrund treten. Er sieht wunderbar aus, wenn er sich im Mittelfeld einer Rabatte stolz über die grünen Blätter von Indianernesseln und Astern erhebt, die erst später ihre Blüten öffnen. Statt die unterschiedlichen Höhen der Pflanzen in ordentlichen Reihen zu staffeln, können Sie die Höhenunterschiede also auch wellenförmig verlaufen lassen.

Pflanzen für die Vorderfront einer Rabatte müssen eine schöne Form haben, das heißt, ihre Blätter müssen bis zum Boden reichen, damit keine nackten Stiele oder unordentliches Laub zu sehen sind. Verwenden Sie deshalb für diesen Zweck keinen Phlox oder Türkenmohn und auch keine Lupinen, Margeriten oder Chrysanthemen. Diese sollten weiter hinten in der Rabatte stehen. Geeignete mittelhohe Pflanzen für die Vorderfront sind *Aster amellus*, Wolfsmilch (*Euphorbia polychroma*), verschiedene Gräser, Taglilien (Sie können dann täglich die verblühten Köpfe entfernen, ohne auf die Rabatte zu treten) und Glockenblumen (*Campanula persicifolia*). Eine andere schöne, mittelhohe Pflanze für die Rabatte ist die Gemswurz (*Doronicum orientale magnificum*), die im Frühjahr ihre »Astern«-Blüten öffnet. Da ihr Laub ziemlich schwer ist, setze ich sie gerne in die Mitte der Rabatte, obgleich ihre Blütenstengel nur ungefähr 45 cm hoch werden. Die Blätter können später von starkwüchsigen Laubpflanzen wie Acanthus verdeckt werden, die man einfach davorsetzt.

Wenn Sie mit Farben und Pflanzenkombinationen experimentieren, sollten Sie immer die Augen offenhalten und Pflanzengemeinschaften, die Ihnen besonders zusagen, fotografieren oder sich

Eine phantasievolle, gelungene Kombination aus scharlachroter Brennender Liebe (*Lychnis chalcedonica*) und dunkelorange- gelbem Lilienschweif (*Eremurus bungei*). Diese beiden Farben – das primäre Rot und das Orange – liegen auf der Farbskala dicht beieinander; erstaunlicherweise passen sie trotzdem gut zusammen. Wenn der Lilienschweif primärgelb wäre, würden die beiden Farben wahrscheinlich einen allzu starken Kontrast bilden. Und wenn die Brennende Liebe einen rosaroten Farbton in Richtung auf die blaue Seite des Farbkreises zeigte, würden sich die Farben beißen und ein unbefriedigendes Bild bieten.

Eine Staudenrabatte im Spätsommer

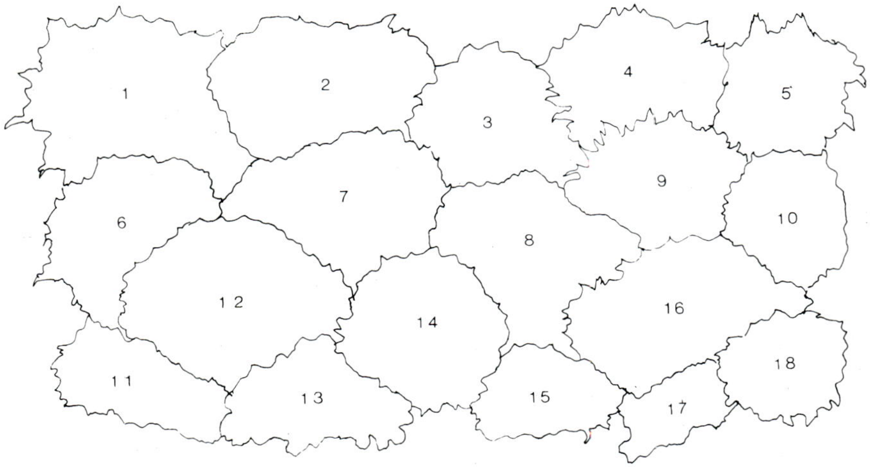

1 Silberkerze (*Cimicifuga racemosa*)
2 Edelraute (*Artemisia lactiflora*)
3 *Anemone x hybrida* 'Queen Charlotte'
4 Wasserdost (*Eupatorium maculatum atropurpureum*)
5 Wiesenraute (*Thalictrum aquilegifolium*)
6 Himmelsleiter (*Polemonium caeruleum*)
7 Indianernessel (*Monarda* 'Prairie Night')
8 Gemswurz (*Doronicum orientale magnificum*)
9 *Aster novae-angliae* 'Andenken an Alma Pötschke'
10 Hundskamille (*Anthemis sancti-johannis*)
11 Bartfaden (*Penstemon* 'White Bedder')
12 Wolfsmilch (*Euphorbia polychroma*)
13 Edeldistel (*Eryngium variifolium*)
14 Glockenblume (*Campanula persicifolia*)
15 Bartfaden (*Penstemon* 'Purple Bedder')
16 Bärenklau (*Acanthus spinosus*)
17 Storchschnabel (*Geranium sanguineum*)
18 Fetthenne (*Sedum telephium maximum* 'Atropurpureum')

In dieser Rabatte von 7 x 3 Metern ist das spätsommerliche Farbbild in sanften Mauve-, Purpur-, Weiß- und Cremetönen gehalten. Dazwischen leuchten nur das kräftige Rosa der Astern und das bläuliche Rosa der Anemonen auf. Für den Spätwinter setze ich gerne weiße Krokusse und für das Frühjahr weiße oder gelbe Narzissen in die Rabatte. Diese Zwiebelpflanzen sollten möglichst ungestört bleiben.

genaue Notizen darüber machen. Damit Ihr Garten das ganze Jahr über nicht an Reiz verliert, rate ich Ihnen, sich einen Garten zum Vorbild zu nehmen, dessen Rabatten Sie zu verschiedenen Jahreszeiten immer wieder bewundern und in dem Sie genau studieren können, wie die einzelnen Bilder von Mal zu Mal ihr Aussehen verändern.

In einer mir bekannten Rabatte liegt das Hauptgewicht im Juni und Juli auf Blau-, Mauve- und Weißtönen – ein Farbschema, das ich als besonders gelungen für den Frühsommer empfinde. Ich zähle im folgenden ein paar Pflanzen auf, die Sie für ein solches Farbschema verwenden könnten: Die Färberhülse (*Baptisia australis*, 60 cm hoch) ist wegen ihrer graugrünen Blätter vor der Blüte und wegen ihrer dunkelgrauen Samenstände nach der Blüte, die sich auch gut für Trockengestecke im Winter eignen, von ganz ungewöhnlichem Reiz. Außerdem gibt es eine große Auswahl an Glockenblumen, von denen die meisten 90–120 cm hoch werden: *Campanula lactiflora* 'Loddon Anne' (mehr rosa als blau) und *C.l.* 'Pouffe' (nur 45 cm hoch), *C. latifolia*, *C. latiloba* und die einen immergrünen Teppich bildende *C. persicifolia*, die ich wegen ihrer langen Blütezeit besonders schätze. Die Kugeldistel (*Echinops ritro*) sorgt mit ihren grau-grünen Blättern und ihren stahlblauen Blütenköpfen von Juni bis August für Farbe; schon bevor sie ihre Blüten öffnet, ist sie reizvoll anzuschauen. Die Geißraute (*Galega officinalis*) bildet einen kompakten Horst auf nährstoffarmem Boden; ihre blauen, erbsenähnlichen Blüten werden von Besuchern immer besonders registriert, und die sich später entwikkelnden Samenköpfe machen sie zu einer wertvollen Pflanze. Graham Stuart Thomas beschreibt die Edeldistel (*Eryngium bourgatii*) als »eine schöne Pflanze zu allen Jahreszeiten«. Ich mag besonders ihre festen Blütenstengel, die von blaugrünen Distelblüten gekrönt werden und sich über den stacheligen Blattrosetten erheben. Sie wirken ausgesprochen stabil zwischen weniger kräftigen Blütenstielen. Die winterharten Storchschnabelarten sind echte Begleitpflanzen. Wir schneiden *Geranium pratense* nach der Blüte Mitte Juli bis auf den Boden zurück, damit neues Laub austreibt, das dann im August und September einen frischen und liebreizenden Anblick bietet. *G.* 'Johnson's Blue' blüht hingegen länger und läßt sich gut mit blassen Gelbtönen kombinieren. Aber ohne die Himmelsleiter (*Polemonium caeruleum*) könnte ich im Hochsommer in meinem Garten überhaupt nicht auskommen. Sie darf sich bei mir ohne Einschränkung aussäen, vor allem in den schattigen Bereichen. Man sollte sie unbedingt in großen Mengen haben. Wunderbar läßt sie sich auch mit blassen Gelbtönen kombinieren und bringt diese erst richtig zur Geltung.

Ich wünschte mir, daß der berühmte Garten in Tintinhull (Somerset), der ursprünglich von Mrs. Reiss geschaffen und jetzt von Penelope Hobhouse und John Malins verwaltet und instand gehalten wird, mehr in meiner Nähe läge, so daß ich ihn jeden Monat von März bis Oktober aufsuchen könnte. Meine jährliche Pilgerfahrt dorthin hat sich immer als ausgesprochen fruchtbar erwiesen. Bei meinem Besuch am 1. August 1988 war ich begeistert, da ich dort meine Lieblingsfarben in einer Rabatte wiederfand: Mauve, Blau, Grau und Gelb. Sie enthielt Hügel aus Lavendel (*Lavandula officina*

Oben: Zwei harmonische Farbschemen in Powis Castle: *Aster thompsonii* 'Nanus' mit den blauen Blütenähren vom Ehrenpreis (oben) und die dunkelgelben Augen der weißen Hundskamille (*Anthemis punctata cupaniana*), die sich in den senfgelben Blütenköpfen der Wolfsmilch (*Euphorbia cyparissias*) widerspiegeln (unten).

Auf diesen beiden Seiten sind Kompositionen in warmen Farbtönen aus Gärten abgebildet, die drei berühmte Gartengestalter geschaffen haben.

Links: Am Anfang der roten Rabatte von Hidcote Manor, die ursprünglich von Lawrence Johnston angelegt wurde, steht als kräftiger Akzent eine burgunderrote Haselnuß (*Corylus maxima* 'Purpurea'), unter der die Blütenähren der *Lobelia x speciosa* aufragen und sich die Blätter von Taglilien zu Boden neigen. Die Rottöne stammen von beiden Seiten des roten Farbspektrums: Blaurottöne vermischen sich mit Scharlachrot und dem Orangerot der Taglilien.

Gegenüber oben: In The Priory in Kemerton ähneln Peter Healings ausgewählte Rottöne – von Zinnober- bis Magentarot –, den in Hidcote verwendeten. Gleichgewichtig zu Rot hat Peter Healing hier Grün verarbeitet, das ein Gefühl von Harmonie weckt, und ein Großteil des Laubes, das kräftig burgunderrot gefärbt ist, trägt noch zur Intensität der Blütenkomposition bei.

Gegenüber unten: Im Gegensatz zu Peter Healings Farbschema, in dem alle Blütenfarben auf der Skala Rot-Blau liegen, finden sich die Farben dieser gelungenen Kombination – im Garten von John Sales, dem Chief Gardens Adviser des National Trust –, auf der Skala Rot-Orange. Diese Komposition ist auch ein wunderbares Beispiel für Farbspiegelungen: Die Mitte der Taglilie (*Hemerocallis* 'Missenden') nimmt das Gelb der Sonnenbraut (*Helenium* 'Moerheim Beauty') wieder auf. Die Grundfarbe beider Pflanzenarten ist das gleiche Orangerot. Obwohl ihre Blütenblätter in Form, Größe und Charakter ganz unterschiedlich sind – bei der Sonnenbraut sind sie zurückgebogen, und bei den Taglilien bilden sie Trompeten –, ergänzen sie sich aufs vortrefflichste.

lis) mit seinen langen, mauvefarbenen Blütenähren, Ziertabak (*Nicotiana affinis* 'Lime Green'), runde Kugelköpfe des blauen *Agapanthus* 'Headbourne Hybrids' und Bartfaden (*Penstemon* 'Sour Grapes'). Ein paar Exemplare des *Chrysanthemum* (jetzt *Agyranthemum*) 'Jamaica Primrose' nahmen das blasse Gelbgrün des Ziertabaks (*Nicotiana langsdorfii*) mit ihren gelben Augen in den kleinen Blüten wieder auf.

Ich wünschte, wir kämen von der fixen Idee los, daß der Garten nur im Sommer reizvoll zu sein hat; Frühjahr und Herbst müssen wir genauso in unsere Gartenplanung miteinbeziehen. Im September beginnt der Garten nach Herbstfarben auszusehen, so daß ich gerne gelbe und orangefarbene Akzente in der Rabatte setze, die ich hier und da mit etwas Weiß unterbreche. Eine Kombination aus verschiedenen Sorten Sonnenbraut wie *Helenium* 'Butterpat', dem kupferroten *H.* 'Coppelia' und dem bronzefarbenen *H.* 'Gypsy' (alle ungefähr 90 cm hoch), zusammen mit *Aster linosyris* 'Gold Dust' und goldfarbenen Fackellilien, ergibt ein fesselndes Herbstbild.

Falls die Rabatte höhere Pflanzen aufnehmen soll, verwende ich gerne unter den später blühenden Pflanzen die elfenbeinweiße Silberkerze (*Cimicifuga racemosa*), 1,20 bis 1,50 m hoch, und den Felberich (*Lysimachia clethroides*), eine Pflanze mit Charakter, die zu

Links: Mit Hilfe kontrastierender Formen und Texturen lassen sich schöne Kombinationen schaffen, wie hier mit Blütenähren der Glockenblume (*Campanula persicifolia*), Ruten der Lichtnelken (*Lychnis coronaria*) und rundlichen Formen des Rainfarns (*Tanacetum parthenium aureum*). Die Farben Weiß, Blaßblau, Kirschkarmesin und Zitronengelb harmonieren hervorragend, und das schöne grau-grüne Laub der *Rosa glauca* fügt der ganzen Komposition noch einen weiteren feinen Farbton hinzu.

Gegenüber: Diese beiden prallgefüllten Rabatten im House of Pitmuies (Schottland) entsprechen sich in Höhe und Form spiegelbildlich, variieren aber so in Farben und Texturen, daß sie höchst lebendig und reizvoll wirken. Sie werden durch den Grasweg zur Geltung gebracht, der im Sommer eine kühlende Funktion hat und sich mit den Grau- und Grüntönen an der Vorderfront der Rabatten verbindet. Das schmiedeeiserne Tor dient als Blickfang, und da es weiß angestrichen ist, spielt es eine wichtige Rolle in dem Farbschema der Rabatten, das vorwiegend in blassen Tönen gehalten ist.

meinem Erstaunen nur wenig verwendet wird. Vielleicht liegt es daran, daß sich dieser Felberich nur auf feuchten Plätzen wohl fühlt und erst spät im Jahr blüht. Andere geeignete hohe Pflanzen sind gefüllte Sonnenblumen (*Helianthus* 'Loddon Gold', 1,20 – 1,50 m hoch), *Anemone x hybrida* in ihrer weißen Form und *Rudbeckia laciniata* (1,50 m), die mit den cremeweißen, federartigen Rispen der *Artemisia laciniata* zusammengepflanzt werden sollte.

Sie werden feststellen, daß viele Herbstblumen Korbblütler sind, genaugenommen Variationen der Gänseblümchen. Die meisten von ihnen blühen über lange Zeit. Für eine gelungene Komposition sollten Sie nur ein paar Sorten auswählen und lieber noch Blumen von ganz anderem Charakter hinzufügen. Hohe Gräser erreichen im Spätsommer ihren Höhepunkt, und die federartigen Blütenstände von *Miscanthus* oder *Stipa gigantes* bilden einen schönen Hintergrund für die verschiedenen Typen von Korbblütlern. Obwohl er nicht häufig blüht, ist *Pleioblastus auricoma* (*Arundinaria viridistriata*) ein wunderschöner Bambus mit intensiv gelbgrünem Laub.

Jede Rabatte, die vom Spätsommer bis zum Ende des Gartenjahres blüht, sollte in ihrer Farbskala etwas Rosa und einige mauvefarben angehauchte Blautöne enthalten (ich meine damit Blautöne, die mehr Rot als Gelb enthalten, so daß sie zum Purpur hin gehen). So könnten Sie zum Beispiel rosafarbenen Salbei (*Salvia sclarea turkestanica*), lilablaue *Campanula lactiflora*, *Aster novae-angliae* 'Harrington's Pink' und verschiedene Sorten von *A. amellus* auswählen. Eine andere wertvolle spätblühende Pflanze ist die hohe, weißblühende *Chrysanthemum uliginosum* (heute bezeichnet als *Leucanthemella serotina*), die eine Höhe von über 1,50 m erreicht und Massen von Blüten hervorbringt. Auch die Japanischen Anemonen erreichen ihren Höhepunkt im Spätherbst. Wenn sie erst einmal richtig Wurzeln geschlagen haben, wollen diese wunderbaren Pflanzen auf keinen Fall gestört werden. Alle ihre Farben lassen sich gut miteinander kombinieren: 'Lady Gilmour', 'Queen Charlotte' und 'Géante des Blanches' bilden eine besonders harmonische Gemeinschaft. Als Hintergrund für die Anemonen ist die Hortensie (*Hydrangea sargentiana*) vorzüglich geeignet, und falls Sie genügend Platz haben, könnten Sie mit ein oder zwei Exemplaren von *Acanthus spinosus* noch zusätzlich einen reizvollen Akzent setzen.

Kletterpflanzen und Mauersträucher

Wie manche Leute profitieren auch einige Kletterpflanzen von einem Partner. Clematis können sich durch Kletterrosen winden, und die herbstblühende *Clematis texensis* 'Gravetye Beauty' bietet im Spätsommer einen herrlichen Anblick, wenn sie sich durch die Rebe *Vitis vinifera* 'Purpurea' schlingt. Andere Kletterpflanzen sind so starke Persönlichkeiten, daß sie lieber allein stehen sollten, anstatt von einer Nachbarpflanze umschlungen zu werden. Ich denke dabei an die gewöhnlichen Feuerdorne *Pyracantha atalantioides*, *P. rogersiana* und ihre verschiedenen Varietäten mit weißen Blüten und leuchtenden Herbstbeeren sowie an die immergrüne Säckelblume (*Ceanothus dentatus*), deren kleine Blätter in sich selbst so liebreizend sind, daß sie nicht noch zusätzlich hervorgehoben werden müssen.

Zarte Schlingpflanzen, die ein Rankgerüst benötigen, sehen viel hübscher aus, wenn sie von kräftigen Zweigen gehalten werden und sich nicht durch ein Maschengitter winden müssen. Die Schönranke (*Eccremocarpus scaber*) und die einjährige Prunkwinde (*Ipomoea*) sind Beispiele, die zusammen mit Scheinquitten oder Kletterhortensien (*Hydrangea petiolaris*) verwendet werden können.

Ob sie nun alleine oder mit einer anderen Pflanze kombiniert werden, Kletterpflanzen und Mauersträucher bilden den Hintergrund für eine Bepflanzung in Schichten, bei der zu ihren Füßen Platz für niedriger wachsende Pflanzen ist. Wo aber der Raum für eine weitere Bepflanzung fehlt, wie zum Beispiel an einer Hauswand, können Kletterpflanzen auch allein das Bild bestimmen. Die Höhe ist oft ein wesentliches Element bei Bepflanzungsschemen. In einer großen, gemischten Rabatte spielt sie eine entscheidende Rolle und kann effektvoll eingesetzt werden. In einem kleinen Garten, wo Raum kostbar ist, bieten sich Mauern, Zäune und Gitterwände für eine abwechslungsreiche Bepflanzung an, und mit einem Bogengang nebst einer Säule läßt sich ein kräftiger vertikaler Akzent setzen. Denken Sie daran, daß ein Bogen eine zweifache Funktion erfüllen und auch einen Blickfang am Ende eines Weges einrahmen kann.

Kletterpflanzen auszuwählen ist zwar aufregend und verlockend, aber zunächst müssen Sie für passende Stützen sorgen, an denen sie sich festhalten können. Sie können sich glücklich preisen, wenn Sie schöne Haus- oder Gartenmauern haben, oder, was noch besser ist, wenn Ihr Garten von einer alten Mauer umgeben ist, an der schon Haken für Weinranken angebracht sind. Durch sie lassen sich dann kräftige Drähte ziehen, an denen sich die Kletterpflanzen emporwinden und eindrucksvoll zur Schau stellen können. Aber verzweifeln Sie nicht: Selbst einen kleinen Garten ohne Mauer können Sie mit Kletterpflanzen schmücken, vorausgesetzt, Sie haben Phantasie und entwickeln ein paar Ideen.

Sie können zum Beispiel spitze Pyramiden aus 2,50 m langen Bambusstäben in einer langen Reihe im Mittelfeld einer Rabatte aufstellen. Bögen, die den Garten strukturieren, lassen sich als Rahmen für Durchblicke auf einen zentralen Punkt oder ein besonderes Element einsetzen. Sie können als stets geöffneter Eingang dienen, durch den man von einem »Gartenraum« in den nächsten gelangt. Pyramiden und Bögen sorgen unmittelbar für Höhe, aber im Gegensatz zu Bäumen werfen sie kaum Schatten und bieten sich den Kletterpflanzen zudem als vorzügliche Stütze an.

Aus einer Reihe miteinander verbundener Bögen läßt sich eine Arkade entlang einem Fußweg anfertigen, die sowohl Schatten spendet als auch noch andere Möglichkeiten für Kletterpflanzen bietet. Arkaden und Pergolen bieten Raum für starkwüchsige Kletterpflanzen, die sich üppig über die Bögen und von einer Säule zur nächsten ausbreiten können. Aber für Bögen sollte man nur Pflanzen auswählen, die nicht mehr als den ihnen zugewiesenen Platz einnehmen und sich nicht weiter ausbreiten.

Eine Pyramide, die man jedes Jahr umstellen kann, eignet sich gut für einjährige Wicken. Scharlachrote Bohnen sind nicht nur dekorativ, sondern ausgesprochen ertragreich (Feuerbohnen und kletternde Stangenbohnen bringen auf kleinem Raum, im Verhältnis zu anderen Gemüsen, den größten Ertrag). In einem kleinen Garten, in dem Raum kostbar ist und selbstgezogenes Gemüse geschätzt wird, sollten sie mit Wicken zusammengepflanzt werden. Falls Sie sich für einen dauerhafteren Rahmen aus Holz oder Metall entscheiden, sollten Sie ihn vielleicht mit einer frühjahrsblühenden Clematis (*Clematis macropetala* oder *C. alpina*) bepflanzen, die von April bis Juni für Farbe sorgt, und für den Sommer Wicken, Bohnen oder die einjährige kletternde Kresse (*Tropaeoleum peregrinum*) dazusetzen.

In Powis Castle gibt es eine lange Rabatte, die im Spätsommer ihren farblichen Höhepunkt hat. Im Mittelfeld stehen in Abständen ballonförmige Rahmen, bepflanzt mit herbstblühender Clematis. Peter Healing in Kemerton hatte die gleiche Idee. In beiden Rabatten verbindet sich die Clematis, die für zusätzliche Höhe sorgt und der Rabatte Struktur und Festigkeit verleiht, mit den Stauden zu einem harmonischen Bild.

An der nach Süden ausgerichteten Mauer in Eagle Court (Tintinhull) umfassen die Pflanzen dieser gutgefüllten Rabatte, die in Mauve-, Blau-, Gelb- und Weißtönen gehalten ist, wunderbare Exemplare der Wolfsmilch (*Euphorbia characias wulfenii*), *Ceanothus* 'Cascade', *Clematis montana*, die gelbe Rose 'Helen Knight' und den Geißklee (*Cytisus battandieri*). Ein Sämling des *Abutilon x suntense* im Vordergrund ist mit farblich passenden purpurfarbenen Akeleien unterpflanzt.

Die Clematis 'Etoile Violette' beherrscht sowohl in Höhe als auch in der Farbe Peter Healings lange, schmale Rabatte. Sie hat sich an 2,50 m hohen, mit Bindfäden umwickelten Winkeleisen gerankt. Wenn man die Clematis im Februar bis auf den Boden zurückschneidet, sollte man auch gleichzeitig den Bindfaden erneuern. Rechts von der Clematis erkennt man die zarten Stengel der *Verbena bonariensis* – einer Pflanze, die gerne zwischen Pflastersteinen wächst. Im Vordergrund sieht man den einjährigen Kurzschopf (*Brachyscome* 'Purple Splendour') vor dem mehrjährigen Salbei *Salvia nemorosa*.

Ein großer Baumstamm, dessen Seitenzweige man bis auf 30 cm lange Stümpfe abgeschnitten hat, oder ein mit Maschendraht umwickelter Pfosten bieten sich als Kletterhilfen für Clematis und Winterjasmin (*Jasminum nudiflorum*) an. Der Jasmin, der eine Winterrabatte zum Leuchten bringt, vermag sich im Sommer zwischen hohen, krautigen Pflanzen einzufügen. Efeu ist natürlich die überzeugendste Kletterpflanze für eine schattige Mauer; er eignet sich auch genauso vorzüglich zum Beranken eines häßlichen Pfostens. Zwei Vorteile hat es: Die immergrünen Blätter, die auch im Winter noch wunderbar aussehen, und die Leichtigkeit, mit der er in Form geschnitten werden kann.

Wo eine blühende Kletterpflanze benötigt wird, denkt man natürlich sofort an eine Rose. Einige von ihnen lassen sich am besten an einer Mauer ziehen, andere mögen es lieber, wenn sie ringsherum von der Sonne beschienen werden, so daß man sie besser an einer Säule emporranken läßt. Für Mauern würde ich Ihnen die dunkelrote Teehybride *R.* 'Climbing Etoile de Hollande' und *R.* 'Guinée' empfehlen. *R.* 'Climbing Lady Hillingdon' schmückt sich mit kräftig aprikosengelben Blüten. *R.* 'Paul's Lemon Pillar', eine andere kletternde Teehybride, hat große, cremig gelbe Blüten, die in der Mitte grüngetönt sind. Sie blüht zwar nur einmal, aber eine Clematis wie 'Jackmanii Superba' könnte sie im Juli und August ablösen. Falls Sie eine Rose in einem dunkleren, kräftigeren Gelb bevorzugen, sollten Sie *R.* 'Golden Showers' auswählen. Sie schmückt sich den ganzen Sommer und Herbst über mit halbgefüllten Blüten.

Kletternde Bourbonrosen eignen sich insbesondere für Säulen. *R.* 'Blairii Number 2' ist blaßrosa, während die Rose 'Gloire de Dijon' Blüten in einer reizvollen Farbkombination aus Rosa, Lachs und Gelb trägt. Dann gibt es noch die dunkelrosarote *R.* 'Zéphirine Drouhin', eine dornenlose Rose, die oft im Mai zu blühen beginnt und noch den ganzen Sommer über Blüten trägt.

Die meisten alten Kletterrosen – Noisette-, Bourbon- und kletternde Teerosen – eignen sich besonders gut für Bögen und Bogengänge. Die reinweiße 'Aimée Vibert' (eine Noisette-Rose) trägt den ganzen Sommer über Büschel halbgefüllter Blüten. 'Blush Noisette', die gleichfalls den ganzen Sommer hindurch ein herrliches Blütenkleid trägt, verströmt einen so köstlichen Duft, daß man sie sich möglichst über einen Bogengang ziehen sollte. Eine andere alte beliebte Noisette-Rose ist die weiße 'Madame Alfred Carrière', die wegen ihrer langen Zweige möglichst durch einen Zaun oder über den Rand einer niedrigen Mauer wachsen sollte.

Für eine Pergola existiert eine viel größere Auswahl an Kletterrosen. Die »Ramblers«, die aus ihren bis zu 8 m langen Zweigen ganze Baldachine bilden, benötigen eine kräftige Stütze. Man kann sie auch wunderbar durch einen alten Apfelbaum klettern lassen. Die Schönheit dieser »Ramblers« beruht auf der Biegsamkeit ihrer Zweige. Sie können sie in alle Richtungen biegen, versuchen Sie es aber nur, wenn die Zweige genügend Saft in sich haben. Im Winter, wenn sich der Saft zurückgezogen hat, könnten sie beim Umbiegen durchbrechen. Zu meinen Lieblingen unter den »Ramblers« gehören diejenigen, deren Blütenbüschel sich zu Boden neigen, so als wollten

Die Kletterrose 'Blairii Number 2' hat starkduftende Blüten mit Blütenblättern, die außen blaßrosa und innen in einem dunkleren Rosa getönt sind. Im Juni entfaltet sie eine wunderbare Blütenpracht, der später noch hier und da einige Blüten folgen. Sie erreicht eine Höhe bis zu 4 m. Sie läßt sich schön mit der Clematis 'Lasurstern' kombinieren, die sich auch im Hochsommer mit einem herrlichen Blütenkleid schmückt und uns sogar im Herbst noch mit einer Nachblüte erfreut. Ich liebe die Art und Weise, in der der Fingerhut die unterschiedlichen Rosatöne der Blütenknospen und dunkleren Blütenblätter der Rose wieder aufnimmt.

sie bewundert werden. Beispiele hierfür sind 'Bobby James', eine starkduftende Moschusrose mit halbgefüllten cremeweißen Blüten, 'Félicité Perpétué' mit rosa gefleckten Knospen, die sich weiß öffnen, 'Francis E. Lester' mit weiß-rosa geflammten Blüten, die weiße 'Rambling Rector' und 'Wedding Day' mit gelb gepunkteten Knospen, die sich weiß öffnen.

Ich habe 'The Garland' nicht in meine Auswahl eingeschlosssen, da sie ihre Blütendolden an starren, aufrechten Zweigen trägt, so daß sie oft außer Reichweite sind und hinauf zum Himmel schauen. Auch die andere beliebte Kletterrose *R. filipes* 'Kiftsgate' habe ich nicht aufgenommen, da sie sich aufgrund ihrer Starkwüchsigkeit besser dazu eignet, durch einen hohen Baum zu wachsen, wo sie sich ausbreiten und zur Schau stellen kann, ohne Einschränkungen hinnehmen zu müssen.

Falls Sie sich mehr Farbe wünschen (und dazu noch einen geschützten Garten haben), sollten Sie die Noisette-Rose 'Maréchal Niel' wählen. Diese berühmte, 1864 gezüchtete Rose zeichnet sich durch ihre starkduftenden, zartgelben Blüten aus. (Heutzutage aber, wo so viele Gewächshäuser gebaut werden, würde ich diese Rose noch eher für ein Kalthaus empfehlen.) Falls Gelb in Ihr Farbschema paßt, dürfen Sie auf keinen Fall auf 'Mermaid' verzichten: Sie blüht ohne Unterlaß, hat große, einzelne gelbe Blüten und nahezu immergrünes Laub.

Die schöne Rambler 'François Juranville' schmückt sich mit kräftig lachsrosafarbenen Blüten, die nach Äpfeln duften. Sollten Sie für eine kleine Überraschung unter den weißen, rosafarbenen und gelben Kletterrosen sorgen wollen, pflanzen Sie vielleicht *R.* 'Veilchenblau' in Ihren Garten. Sie wird zwar die »blaue Rambler« genannt, ich würde ihre Farbe aber eher als ein dunkles Magentarot mit einem Hauch Weiß bezeichnen.

Rosen und Clematis sind traditionelle Gefährten. Sie ergänzen sich vorzüglich, wenn sie gemeinsam einen Pfosten oder eine Säule hinaufklettern. Da Sie die Rosen im Februar und März zurückschneiden, wählen Sie am besten auch solche Clematisarten, die gleichzeitig mit den Rosen kräftig zurückgeschnitten werden müssen, auf diese Weise ersparen Sie sich die Mühe, die Clematisranken aus den dornigen Zweigen der Rosen entwirren zu müssen. Dies trifft besonders für die kleinblütigen Varietäten zu, denen auch die liebreizende Viticella-Gruppe mit so faszinierenden Sorten wie 'Etoile Violette', 'Royal Velours' und 'Alba Luxurians' angehört. Besonders mag ich es, wenn diese Clematisarten so in den Garten gesetzt werden, daß man die Sonne durch ihre Kelchblätter scheinen sieht und die

Links: Die Clematis 'Niobe', die jedes Frühjahr kräftig zurückgeschnitten werden muß, wächst hier durch die dornenlose 'Zéphirine Drouhin', eine wunderbare, üppigblühende, süßduftende Rose, die besonders gut neben die Eingangstür Ihres Hauses paßt.

Rechts: *Rosa rugosa* 'Fru Dagmar Hastrup' – keine Kletterrose, aber eine Rose von großer Wirkung – bringt auffallend schöne Hagebutten hervor. Eine selbstausgesäte wilde Clematis hat sich durch ihre Zweige geschlungen. Jeden Herbst und Winter bieten ihre Samenstände einen wunderbaren Anblick, vor allem, wenn die Strahlen der tiefstehenden Abendsonne durch sie hindurchscheinen.

Gegenüber: In dem bemerkenswerten Rosarium des verstorbenen Humphrey Brooke in Claydon (Suffolk) rankt diese dunkelrosafarbene Rose gemeinsam mit dem Geißblatt (*Lonicera periclymenum* 'Serotina') bis zum Fenster des Schlafzimmers im ersten Stock hinauf.

Farben dadurch intensiver und aufregender werden. Die Clematisarten der Texensis-Gruppe haben alle glockenförmige Blüten. Die bekannteste Sorte, 'Gravetye Beauty', hat kräftig rubinrote Blüten, die allmählich ihre Glockenform aufgeben, um sich in Sterne zu verwandeln. Einige der großblütigen Clematisarten, die erst vom Spätsommer an bis in den Herbst hinein blühen, müssen im Februar oder März genauso kräftig zurückgeschnitten werden. Es gibt sie in vielen verschiedenen Farben, so daß Sie auch die zu Ihren Rosen passende finden werden, wie zum Beispiel 'Comtesse de Bouchaud' in gedecktem Rosa, 'Jackmanii Superba' in einem Purpurton oder 'Perle d'Azur' in einem wunderbaren Himmelblau.

Kletterpflanzen kann man wie alle anderen Pflanzen auch so auswählen, daß sie nacheinander ihre Blüten entfalten. Eine Kombination aus verschiedenen Geißblättern könnte man sich vielleicht mit Kombinationen aus Rosen und Clematisarten abwechseln lassen: So würde man das im Mai und Juni blühende Geißblatt (*Lonicera periclymenum* 'Belgica') mit dem vom Juli bis zum September blühenden Holländischen Geißblatt (*L. p.* 'Serotina') kombinieren; es ließe sich auch *L. japonica repens* (*L. j. flexuosa*) mit *L. j.* 'Halliana' zusammenpflanzen, die beide zusammen vom Juni bis in den Oktober hinein blühen. Die unteren Zweige der Geißblätter verlieren mit dem Alter ihre Blätter und werden unansehnlich, so daß man sie hinter nicht allzu hoch wachsenden altmodischen einjährigen Wicken oder unter ausdauernden Funkien (*Hosta* 'Honeybells') verbergen sollte. Wenn die Basis Ihrer Kletterpflanzen auch im Frühjahr einen reizvollen Einblick bieten soll, können Sie als Alternative dicke Horste von *Helleborus orientalis* zusammen mit grauen *Helichrysum italicum* (*H. angustifolium*) und Raute (*Ruta graveolens*) davorsetzen. Alle miteinander bilden einen schönen, immergrünen Teppich.

Eine andere reizvolle Kletterpflanze ist die Glyzine, die aber allein an einer Mauer oder Pergola stehend oder mit kletternden Einjährigen zusammengepflanzt werden sollte, da sich ihre kräftigen Ranken um jede erreichbare Pflanze winden und sie schließlich erdrücken werden. Die Chinesische Stachelbeere oder Kiwipflanze (*Actinidia deliciosa*, *A. chinensis*) schmückt sich mit riesigen Blättern und duftenden, cremeweißen Blüten, auf die eigroße Früchte folgen. Sie ist relativ winterhart, und obgleich sie einen Sommer zum Reifen ihrer Früchte benötigt, lohnt es sich auch, sie nur ihrer Blüten und Blätter wegen zu ziehen. Sie müssen lediglich beachten, daß Sie auf je vier oder fünf weibliche Pflanzen eine männliche benötigen.

Die dekorativen Weinreben *Vitis* 'Brandt' und *V. vinifera* 'Purpurea' eignen sich vorzüglich zum Beranken einer Pergola, von der aus sie ihre schweren Trauben herabhängen lassen können. Beide Reben haben ansehnliche Blätter und gewinnen noch an Schönheit, wenn graue oder goldene Laubpflanzen ihre Füße schmücken und sich die gelbblühende *Clematis tangutica* durch ihre Ranken schlingt. Ich bin immer wieder überrascht, wie winterhart die Passionsblume (*Passiflora caerulea*) ist. Setzen Sie doch einmal im Frühjahr ein Exemplar an Ihre Pergola. Die Passionsblume bevorzugt einen sauren Boden einem kreidigen, kalkhaltigen und entfaltet vom Juni bis zum September ihre reizvollen Blüten, die von dunkelgelben, eßbaren Früchten abgelöst werden. Den Fuß der Pflanzen schützen Sie zur Sicherheit im Winter statt mit den häufig empfohlenen Farnen mit dichten, immergrünen Laubpflanzen wie *Hebe rakaiensis*, Heiligenblumen, Kreuzkraut (*Senecio* 'Sunshine') oder Buchs, den Sie so beschneiden, daß er den Eindruck erweckt, als legte er sich wie ein Mantel rings um die unteren Ranken.

Periploca graeca ist eine Kletterpflanze, die sich wegen ihres starken Wuchses besser für eine Pergola als für eine Mauer eignet. Wie die Glyzine sollte auch sie möglichst allein gezogen werden. Ihre Blüten, außen gelblichgrün und innen rötlichbraun, öffnen sich im Juli und August in lockeren Büscheln. Sie sind üppig und samtig – vielleicht eher interessant als schön, vor allem wegen ihrer Samenkapseln, an deren Enden je ein silbernes Haarbüschel sitzt.

Ein oder auch zwei Sommer, nachdem Sie Ihre Kletterpflanzen gesetzt haben, können Sie einjährige Kletterpflanzen dazupflanzen – zum Beispiel Wicken, Glockenreben (*Cobaea scandens*), Kapuzinerkressen (*Tropaeolum peregrinum*), Schönranken (*Eccremocarpus scaber*) oder Prunkwinden (*Ipomoea*), die die Säulen schmücken, während die ausdauernden Kletterpflanzen sich vor allem selbst darstellen.

Die Regeln für das Einpflanzen sind immer dieselben, ob es sich nun um einen Bogengang, einen Bogen, eine Säule oder eine Pergola handelt. Bereiten Sie den Boden vor der Pflanzung bis in die Tiefe gründlich vor, graben Sie reichlich gut verrotteten organischen Dünger unter und mulchen oder düngen Sie den Boden im Frühjahr. Machen Sie sich außerdem Gedanken darüber, welche Pflanzen Sie an den Fuß Ihrer Kletterpflanzen setzen. In Frage kämen hier Bodendecker wie Steinbrech (*Saxifraga x urbium*), Taubnessel, Katzenminze, Veilchen oder Ehrenpreis (*Veronica cinerea*); aber welche Pflanzen Sie auch immer auswählen, sie sollten nicht von den Kletterpflanzen ablenken, sondern als Begleitschmuck fungieren. Wenn Sie ein formal strenges Aussehen bevorzugen, könnten Sie auch Buchs verwenden, den Sie entweder in eine geometrische Form schneiden oder mit einem sauberen, horizontalen Schnitt zu einer Art Plattform zurechtstutzen.

Pflanzen für Mauern im Schatten oder im Halbschatten

Wenn es sich um die Auswahl von Pflanzen für Säulen oder Pergolen dreht, kommt die Frage nach der jeweiligen Lage gar nicht erst auf. Sollten Sie aber über Mauerbekleidungen nachdenken, müssen Sie das Problem Licht natürlich berücksichtigen. Denken Sie auch immer daran, daß der Regen nicht so leicht bis an den Fuß einer Mauer

vordringen kann, der Boden dort neigt immer ein wenig zur Trockenheit. Viele Sträucher, die im Schatten gedeihen, können hingegen für Nord- und Ostmauern verwendet werden.

Es gibt selbsthaftende Kletterpflanzen wie den Wilden Wein (*Parthenocissus henryana*), der im Herbst einen wunderbaren Rotton annimmt, aber jedes Jahr durch einen kräftigen Schnitt unter Kontrolle gehalten werden muß. Auch Efeuarten – vor allem solche mit goldfarbener Panaschierung auf ihren Blättern – sind gut geeignet. *Hedera helix* 'Goldheart' und *H. h.* 'Buttercup' bringen auch eine dunkle Ecke zum Leuchten; für zusätzlichen Reiz sorgen goldfarbenes Mutterkraut oder die Segge *Carex stricta* 'Bowles Golden', die zusätzlich gepflanzt werden können. Besonders eindrucksvoll sind die beiden Varietäten der Efeuart *H. colchica*: *H. c.* 'Dentata Variegata' und *H. c.* 'Sulphur Heart' (*H. c.* 'Paddy's Pride'). Beide benötigen zur Entfaltung ihrer Wirkung viel Platz. Die erstgenannte Sorte eignet sich vorzüglich zum Pflücken, vor allem wenn sie im Herbst und Frühjahr blüht. Auf Grund ihres Gewichtes benötigt sie allerdings eine Hilfe, um fest an der Mauer haften zu können. 'Paddy's Pride' hält sich ordentlich an der Mauer fest und kann gut mit anderen Pflanzen kombiniert werden – so mit einer purpurfarbenen *Clematis x jackmanii* und der gelben Rose 'Golden Showers'. Zur

Abrundung des Bildes pflanzen Sie vielleicht noch *Phygelius aequalis* 'Yellow Trumpet' mit seinen blaßgelben Trompetenblüten und den niedrigen Steinbrech (*Saxifraga x urbium*) zu Füßen der Kletterpflanzen.

Eine nach Norden ausgerichtete Mauer, die ich immer wieder verzweifelt zu verschönern suchte – der Boden war karg, und die umstehenden Bäume nahmen der Mauer auch noch das wenige natürliche Licht –, veränderte ich schließlich dadurch, daß ich 30 cm von der Mauer entfernt eine Reihe verschiedener panaschierter Efeus in Abständen von 50 cm pflanzte und sie an Drähten hochzog. Diese spannte ich diagonal im Winkel von 45° zum Boden, so daß eine rhombusförmige Gitterwand aus Efeu entstand.

Viele Clematisarten blühen so lange an einer Nordmauer, wie sie nicht von überhängenden Bäumen beschattet oder den Elementen zu stark ausgesetzt werden. Im Frühjahr fühlen sich dort die Varietäten der *Clematis alpina* und *C. macropetala* wohl, vor allem, wenn sie sich durch einen verzweigten Strauch winden können. Von den großblütigen sommerblühenden Varietäten behalten 'Nelly Moser', 'William Kennett' und *x jackmanii* ihre Farben und entfalten einen üppigen Blütenflor. Ich habe auch die himmelblaue 'Perle d'Azur' ausprobiert, aber sie hat sich nicht zu meiner vollen Zufriedenheit entwickelt. Man ist immer wieder bestürzt, wenn man in einem Nachbargarten eine überreich blühende Clematis sieht und an das eigene enttäuschende Exemplar daheim denkt. Im Winter sollte man sich dann notieren, daß die Clematis entweder an einen sonnigen Standort verpflanzt oder eine andere ausgesucht werden sollte. Die *Clematis* 'Comtesse de Bouchaud', deren rosa Blüten mauvefarben angehaucht sind, bietet einen schönen Anblick, wenn man sie durch einen weißen Schmetterlingsstrauch wachsen läßt. Beide passen zudem gut zusammen, da sie im Spätwinter kräftig zurückgeschnitten werden müssen. Auch die *Clematis* 'Hagley Hybrid' mit ihren muschelrosa Blüten muß kräftig zurückgeschnitten werden und läßt sich gut mit dem Schmetterlingsstrauch *Buddleia* 'Lochinch' kombinieren. Ich habe hier nur eine kleine Auswahl an Clematis vorgestellt; in den Katalogen guter Clematisgärtnereien werden natürlich noch viel mehr Arten und Sorten aufgeführt.

Es gibt noch andere echte »Kletterpflanzen« für Nord- oder Ostlagen, unter denen Sie auswählen können. Die Kletterhortensie (*Hydrangea petiolaris*), die keine Kletterhilfe benötigt, tut sich am Anfang ausgesprochen schwer, so daß man ein paar Jahre nichts Großartiges von ihr erwarten kann. Hat sie aber erst einmal richtig Fuß gefaßt, kann man sie in Form halten, indem man ihre Seitenzweige direkt nach der Blüte im Juni und Juli einkürzt. Dennoch wird es ihrem Charakter nicht gerecht, sie in eine allzu strenge Form zu zwängen. Genauso unpassend wäre es, wollte man den Knöterich (*Polygonum baldschuanicum*) in Form schneiden. In anderer Hinsicht sind die beiden Kletterpflanzen aber ganz unterschiedlich. Die Hortensie hat große Blätter und Blüten in flachen Rispen, der Knöterich dagegen hat kleinere Blätter und ist im September und Oktober mit einer wahren Flut weißer, rispenförmiger Blüten bedeckt, die einen rosa Hauch zeigen. Die Hortensie hat ziemlich holzige, steife Zweige, während der Knöterich eine biegsame Schlingpflanze ist. Wir schneiden unseren Knöterich jeden Winter kräftig bis auf den Hauptstamm zurück, und immer wieder macht er seinem Ruf Ehre, in Windeseile klettern zu können. Schon im Laufe des Junis hat er wieder das Regenrohr in sein Blätterkleid gehüllt.

Eine andere, ebenso starkwüchsige Kletterpflanze, die am richtigen Platz, wo sie sich frei entfalten kann, herrlich aussieht, ist der Baumwürger (*Celastrus scandens*). Seine unscheinbaren Blüten verwandeln sich in großartige Früchte, die orangefarben sind und beim Öffnen ihre scharlachroten Samen zur Schau stellen. Beim Einpflanzen meines Baumwürgers habe ich zwei Fehler gemacht: erstens habe ich ihn an einen zu kleinen Baum gepflanzt, den er möglicherweise mit seinen kräftigen Schlingarmen erdrosselt hätte, und zweitens habe ich nur ein Exemplar gepflanzt (statt eines weiblichen und eines männlichen), so daß wir keine Früchte hatten. Infolgedessen mußte der Baumwürger einer *Clematis tangutica* 'Bill Mackenzie' weichen.

Es gibt viele Sträucher, die, obwohl sie meist freistehend wachsen, gut oder oft sogar noch besser im Schutz einer Mauer gedeihen. Sie können an einer Mauer hochgezogen werden oder ihre Zweige ungehindert ausbreiten. Die Zierquitten, vor allem die Varietäten der *Chaenomeles speciosa*, lassen sich schön an einer Mauer ziehen, und nach einem richtigen Sommerschnitt – mit dem man das Wachstum so bremst, daß man im Juni oder Juli erst wieder Knospen hat – sehen sie im Spätwinter und oft noch bis in den Mai hinein wunderbar aus. Überlegen Sie sich, welche Pflanzen zu ihr passen. Die weißblühende Zierquitte *C. s.* 'Nivalis' ließe sich gut mit Schneeglöckchen, Primeln oder Narzissen kombinieren. *C. s.* 'Umbilicata', mit ihren lachsfarbenen Blüten, könnte Elfenblumen, Tellima, die Nieswurzarten *Helleborus foetidus* oder *H. argutifolius* (= *H. corsicus*) zu Ihren Füßen haben, aber auch einige Pflanzen mit kräftigen Blättern – zum Beispiel Funkien, hohe Farne, Brunnera oder Bergenien –, bieten sich als reizvoller grüner Schmuck für die späteren Monate an.

Denkt man an den Frühling, dürfen die Forsythien nicht unerwähnt bleiben. Wären sie eine Rarität, würde man sie noch mehr schätzen. Noch lieber allerdings würde ich es sehen, wenn ihre Blütenfarbe nicht so aufdringlich und ihr Gelb ein zarteres, blasseres Primelgelb wäre. Aber einmal sah ich sie an einem Platz im Conservatory Garden im Central Park von New York, wo sie geradezu berauschend wirkten. Dort hatte man sie auf eine hohe, unbesonnte Stützmauer gepflanzt, von der aus sie ihre üppigen Blütenzweige kaskadenartig hinabhängen lassen konnte – eine sehr geschickte Bepflanzung, die eine dunkle, korridorartige Stelle belebte und zum Leuchten brachte. Farne am Fuß der Mauer rundeten das Bild ab.

Weniger exotisch, aber süß duftend sind die frühen und späten Holländischen Geißblattarten und die bewährte Zwergmispel (*Cotoneaster horizontalis*). Letztere läßt sich gut an einer Mauer ziehen, da sie ihre Zweige fächerartig nach oben ausbreitet. Jede dazugesetzte Pflanze würde übrigens die spitzenartige Wirkung ihres Astwerks verderben. Die Zwergmispel hat zwei besonders glückliche Momente im Jahr: den ersten im Mai, wenn Hunderte von Bienen geschäftig aus ihren weißen Blüten Honig saugen, und den zweiten im Herbst,

Oben links: An einer schattigen Mauer hat sich die Kletterhortensie Hydrangea petiolaris festgeklammert und sie mit ihren kräftig dunkelgrünen Blättern und ihren flachen, weißen Blütenköpfen, die sich jedes Jahr im Juni und Juli öffnen, überreich bedeckt. Schneiden Sie im Frühjahr, falls es notwendig ist, alle ausladenden Zweige zurück, damit die Hortensie ordentlich an der Mauer wächst und nicht zu buschig wird. Funkien und Farne, die sich unter gleichen Bedingungen wohl fühlen, sind ein idealer Schmuck am Fuß der Mauer.

Oben rechts: Die Schatten tolerierende Zierquitte (*Chaenomeles speciosa*) erstrahlt im Glanz ihrer Blütenpracht zusammen mit gleichfarbigen und weißen Hyazinthen, die ihren schweren Duft verströmen.

Rechts: Für einen reizvollen Anblick im Winter sorgt die männliche Form des Becherkätzchens (*Garrya elliptica*), eine der am besten geeigneten Kletterpflanzen für eine nach Norden oder Osten ausgerichtete Mauer. Die seidigen Kätzchen werden im Winter noch länger, und jede Blüte hat ausgeprägte Staubbeutel, die zum Schluß von Pollenstaub ganz gelb sind. Ein freistehendes Becherkätzchen wächst zu einem runden Busch heran, aber vor einer Mauer sollte es zurückgeschnitten und angebunden werden, damit es einen grünen Vorhang bildet.

Eine schattige Mauer im Frühsommer

1 Zierquitte (*Chaenomeles speciosa*)
2 Clematis 'Nelly Moser'
3 Feuerdorn (*Pyracantha atalantioides*)
4 Winterjasmin (*Jasminum nudiflorum*)
5 Kletterhortensie (*Hydrangea petiolaris*)
6 Efeu (*Hedera colchica* 'Sulphur Heart')
7 *Rosa* 'Golden Showers'
8 Geißblatt (*Lonicera x americana*)
9 *Pileostegia viburnoides*
10 Jungfernrebe (*Parthenocissus henryana*)
11 Nieswurz (*Helleborus argutifolius*)
12 Hirschzunge (*Phyllitis scolopendrium*)
13 Lenzrose (*Helleborus orientalis*)
14 *Clematis* 'Jackmanii Superba'
15 Kaffernlilie (*Phygelius aequalis* 'Yellow Trumpet')
16 Stinkende Nieswurz (*Helleborus foetidus*)
17 Nestfarn (*Asplenium nidus*)
18 Venushaar (*Adiantum pedatum*)
19 Wolfsmilch (*Euphorbia amygdaloides robbiae*)

Es ist erstaunlich, wie viele schöne Pflanzen an oder unter einer schattigen Mauer gedeihen können. Für diese ungefährt 20 m lange Nordmauer habe ich eine Mischung aus immergrünen und blühenden Sträuchern und Kletterpflanzen ausgewählt. An ihren Fuß habe ich größtenteils immergrüne Pflanzen gesetzt. Die Farn-, Efeu- und Nieswurzarten gehören zur Standardbepflanzung einer schattigen Mauer, aber sogar unter ihnen gibt es eine Vielfalt an Formen und Farben, unter denen man auswählen kann. Es lohnt sich auch, über die Clematis- und Rosenarten nachzudenken, die in den Katalogen der Fachgärtnereien angeboten werden. Genau wie bei einer gemischten Rabatte, spielt auch bei der Mauerbepflanzung die Winterfarbe eine wichtige Rolle: der Winterjasmin (*Jasminum nudiflorum*), verschiedene Formen von Efeu und der Spindelstrauch (*Euonymus fortunei*) beleben den winterlichen Garten mit gelben Farbtupfen. Für ein reizvolles Bild im Herbst sorgt die Jungfernrebe. Falls Sie gerne Beeren haben möchten, sollten Sie einen Feuerdorn auswählen und ihn jedes Jahr kräftig zurückschneiden; er trägt seine Blüten und Beeren am alten Holz.

wenn Spatzen und Finken ihre roten Beeren verschlingen. Sie breitet sich zügellos in alle Richtungen aus und muß unter Kontrolle gehalten werden. In meinem Garten wächst ein *C. h.* 'Variegatus' an einer nach Nordwesten ausgerichteten Mauer, wo er zwar recht schmuck aussieht, aber nur selten wahrgenommen wird.

Andere kräftige Sträucher, die man am besten allein ziehen sollte, sind die Feuerdornarten. Sie sind immergrün und vielseitig verwendbar; sie sind mit jeder Lage zufrieden und fühlen sich auch auf trokkenem und nährstoffarmem Boden wohl. Zu den schönsten gehören *P. rogersiana* mit roten und *P. r. flava* mit leuchtendgelben Beeren. Beide lassen sich gut an einer Mauer, freistehend oder als Hecke ziehen. *P.* 'Mohave' mit seinen orangeroten Früchten ist ausladender, so daß er gut an eine niedrige Mauer paßt, wo er sich malerisch entfalten kann, indem er seine Beeren über einem Eingangstor zur Schau stellt. *P. atalanioides* ist eine sehr zuverlässige, starkwüchsige Pflanze, die, an einer Hauswand gezogen, die Fenster im ersten Stockwerk erreichen kann. Man muß diesen Feuerdorn aber gut abstützen und festbinden, da seine Zweige unter der Last der Beeren erstaunlich schwer werden.

Sämtliche Pyracantha-Arten machen ihrem Namen »Feuerdorn« alle Ehre. Seien Sie deswegen beim Rückschnitt, der am besten im Spätsommer vorgenommen werden sollte, besonders vorsichtig. Schneiden Sie das neue Holz zurück, damit die reifenden Beeren, die sich am älteren Holz entwickeln, sichtbar werden.

Kamelien gehören zweifellos zu den Aristokraten des Gartens. Deshalb sollte man tunlichst nicht auf sie verzichten. Eine Ostlage können sie allerdings nicht vertragen. Sie sind immergrün, und ihre glänzenden ovalen Blätter sind das ganze Jahr über eine Freude, aber wenn sie mit Blüten bedeckt sind, sind sie erst recht eine wahre Pracht. Die unendlich vielen Varietäten und Sorten sind verwirrend. Vor Jahren habe ich sie nur von weitem bewundert und mich nicht entschließen können, sie im eigenen Garten zu ziehen, da ich einen sehr kalkhaltigen Boden habe und mir erfolgreiche Kultivateure das Gefühl gaben, ich sei zu unkundig, um sie selbst zu besitzen. Nun steht meine einzige Kamelie – ich habe sie vor neun Monaten geschenkt bekommen – in einem mit saurer Erde gefüllten halben Faß an einem Platz, wo niemals die Sonne hinscheint. Sie ist 2 m hoch und im Januar über und über mit dicken, vielversprechenden Knospen bedeckt. Ich lebe immer in der Angst, daß ein schrecklicher Frost hereinbricht, der die Blütenblätter bei ihrer Entfaltung zerstören könnte. Doch ist es ein Prinzip von mir, niemals über eine Pflanze zu schreiben, bevor ich sie nicht selbst gezogen habe oder zumindest die Absicht habe, es zu tun.

Das Becherkätzchen (*Garrya elliptica*) ist wundervoll für den Winter geeignet und ausgesprochen anspruchslos, was Lage und Boden anbetrifft. Seine langen, graugrünen, hängenden Kätzchen (bei männlichen Pflanzen sind sie noch länger und schöner) zeigen sich zuerst im Spätherbst und strecken sich immer weiter, bis sie im Februar eine Länge von 15 bis 25cm erreicht haben. Aus eigener Erfahrung weiß ich, daß bei einem freistehenden Exemplar die Blätter und quastenartigen Blütenstände durch harten Frost und kalten Ostwind verdorren, was jeden Winter wieder geschieht. Ich kenne aber ein Becherkätzchen, das in einem nahe gelegenen Garten windgeschützt an einer Mauer steht, an dem ich niemals Frostschäden bemerkt habe.

Wo auch immer Sie ein Becherkätzchen hinpflanzen, es sollte stets eine Clematis zur Seite haben, die seine mattgrünen Blätter aufhellt. Ich habe für diesen Zweck die Clematis 'Minuet' wegen ihrer kleinen weißen und blaß mauvefarbenen Blüten ausgewählt.

Wenn Sie die gefüllte Form der *Kerria japonica* wählen, wird sie eine nach Norden gerichtete Mauer im Mai mit ihren kräftig gelben Blüten zum Leuchten bringen. Ich mag es am liebsten, wenn sie sich frei entfalten kann, ohne in Form geschnitten werden zu müssen, das heißt, ich schneide nur einige alte Zweige heraus, um Platz für neue Triebe zu schaffen. Das Gelb ihrer Blüten ist so kräftig, daß die Begleitpflanzen, falls sie zur gleichen Zeit blühen, farblich nicht in Wettstreit mit ihr treten, sondern einen Farbkontrast bilden sollten: Lieber weiße Tulpen als gelbe oder vielleicht auch blaue Traubenhyazinthen. Im Spätsommer können Sie die einjährige Kapuzinerkresse (*Tropaeolum peregrinum*) durch ihre Zweige klettern lassen. Als ausdauernde Unterpflanzung wählen Sie vielleicht eine dunkelpurpurne Lenzrose (*Helleborus orientalis*) oder Primeln (*Primula x polyanthus* 'Guinevere').

Leycesteria formosa ist ein Strauch mit kräftigen hohlen grünen Stämmen. Seine Blüten sind weiß, aber seine weinroten Brakteen und seine nachfolgenden rötlich-purpurnen Beeren, die in Rispen herabhängen, machen seinen eigentlichen Reiz aus. Die Vögel lieben die Beeren und sorgen so für die Verbreitung des Strauches im Garten. Daher findet man Sämlinge an ganz ungewöhnlichen Plätzen. Oft sprießen sie am Fuß einer Nordmauer hervor, wo sie sich zu schönen Sträuchern entwickeln.

Ich nehme an, daß es erlaubt ist, einige Pflanzen im Garten besonders zu bevorzugen und manche auch weniger zu mögen. So habe ich zum Beispiel die Escallonien aus meinem Garten verbannt, da sie mir im Wuchs zu unattraktiv und auch ihre Blätter und kleinen Blüten ziemlich reizlos erscheinen. Heute wundere ich mich, warum ich sie überhaupt gepflanzt hatte. So heftig auch solche Abneigungen sein mögen, es gibt immer wieder Ausnahmen. Für mich sind es die beiden Escallonien *Escallonia macrantha* wegen ihrer entzückenden gummiartigen aromatischen Blätter und *E.* 'Iveyi', das einzige, wirklich schöne Mitglied dieser Familie. Ich erinnere mich an einen Septemberabend in einem Garten in Wickwar, wo ich sie in einem Beet mit hohen Strauchrosen stehen sah und mich ihre Schönheit geradezu überwältigte. *E.* 'Iveyi' hat übrigens wundervolle wachsartige weiße Blüten, die sich hübsch gegen ihr glänzendes Laub abheben. Sie ist zweifellos ein Aristokrat unter den Gehölzen, und sie einmal in voller Blüte gesehen zu haben, ist ein großes Glück. Vor einer Mauer steht sie gut geschützt; sie benötigt auch keine Begleitpflanzen.

Zwei recht exotisch anmutende Sträucher, die sich an einer Nordmauer wohl fühlen, aber den zusätzlichen Schutz eines eingefriedeten Gartens, eines Kalthauses oder einer Veranda benötigen, kommen aus Chile. *Berberidopsis corallina* hat blutrote Blüten, die in

Büscheln herunterhängen. Dieser Strauch benötigt einen kalkfreien Boden und eine Stütze, da er sich nicht selbst trägt. Binden Sie ihn möglichst an einer Gitterwand oder an einem Drahtgeflecht fest. Die Chilenische Glockenblume (*Lapageria rosea*) hat steife, ledrige Blätter und lange, glockenförmige Blüten, die entweder karmesinrot oder weiß sind. Sie liebt einen kalkfreien, lehmigen Boden.

Die Bepflanzung meiner Nordwest-Mauer in Barnsley hat mir besonders große Freude gemacht. Die 60 m lange und 3 m hohe Mauer aus Cotwoldsgestein habe ich mit einer Reihe Kletterpflanzen und Sträucher bepflanzt. Vom Mauerende am Tempelgarten beginnend, stehen dort folgende Pflanzen: Feige, Kletterrose 'Lady Hillingdon', Winterjasmin, Schmetterlingsstrauch, *Kerria japonica*, Rose 'Seven Sisters', *Clematis* 'Huldine', Säckelblume (*Ceanothus* 'Gloire de Versailles'), *Clematis* 'Duchess of Edingburgh' und *C.* 'Blue Moth', *Itea ilicifolia*, *Leycesteria formosa*, *Kolkwitzia amabilis*, *Deutzia* 'Mont Rose' und *D. scabra* 'Pride of Rochester', *Rosa gentiliana*, *Rosa* 'Sweetheart' und *R.* 'Dearest', *Clematis* 'Perle d'Azur', Spindelstrauch, Efeu (*Hedera colchica* 'Sulphur Heart', *H. c.* 'Paddy's Pride') und *H. helix* 'Goldheart', *Rosa* 'Veilchenblau', Geißblatt (*Lonicera* 'Dropmore Scarlet'), *Rosa* 'Golden Showers' und *Mahonia* 'Charity'. Am Fuß der Mauer stehen Lenzrosen (*Helleborus orientalis*) in Mengen.

Pflanzen für sonnige Mauern

Eine nach Süden ausgerichtete Mauer hat etwas Aufregendes, und da sie so viele Möglichkeiten bietet, stellt sie zugleich eine Art Herausforderung dar. Pflanzen, die nur sehr bedingt winterhart sind, haben hier eine gute Chance zu überleben. Wie wir in den letzten Jahren festgestellt haben, ist das Wetter im Winter und zu Beginn des Frühjahrs sehr unzuverlässig. Harter Frost und ausdorrender Wind im November und Dezember können Verheerendes mit Sträuchern anrichten, da ihre Äste zu dieser Zeit noch voller Saft sind. Das Wasser in ihren Zweigen dehnt sich mit einsetzendem Frost aus, und die Rinde sowie das Kambium des Astwerks werden zerstört. Nach einem heißen Sommer, wenn das Holz die Gelegenheit hatte voll auszureifen, kann das nicht so leicht geschehen. Daher sind einige Sträucher, wie zum Beispiel *Lagerstroemia indica*, in Amerika vollkommen winterhart, obwohl dort im Winter wesentlich niedrigere Temperaturen herrschen als im nördlichen Europa. Hier können sie aber nicht überleben, da ihr Holz nicht genug Hitze bekommt, um voll ausreifen zu können.

Die Abutilonarten gehören zu den schönsten Sträuchern, was Blüten und Blätter anbetrifft. Sie brauchen unbedingt einen geschützten Standort an einer Mauer, die möglichst nach Süden ausgerichtet sein sollte. Wir hatten in unserem Garten über mehrere Jahre einen weißen *Abutilon vitifolium* 'Veronica Tennant', der eine Höhe von 3,50 m erreicht hatte, bevor er dem extrem kalten Winter von 1976 zum Opfer fiel. Seine großen Blätter, die in der Form Ahornblättern glei-

Gegenüber außen: Hier wurde die Clematis 'Lasurstern' mit dem Nachtschatten (*Solanum crispum* 'Glasnevin'), einer feinen Form des Chilenischen Kartoffelbaums, zusammengepflanzt.

Gegenüber Mitte: Immergrüne Sträucher benötigen oft einen Partner, der sie belebt und ihnen Farbe verleiht. Hier windet sich eine *Clematis macropetala* durch eine Ölweide (*Eleagnus pungens* 'Maculata').

Gegenüber rechts: Die Rebe *Vitis vinifera* 'Purpurea' dient als Stütze für die *Clematis* 'Perle d'Azur' und *C. viticella*.

Rechts: Der Kreuzweg im Küchengarten von Tintinhull wird von vier Exemplaren des Geißblatts *Lonicera japonica* 'Halliana' markiert, die an und durch Metallpfosten emporranken. Die Wege sind mit Katzenminze (*Nepeta* 'Six Hills Giant') eingefaßt.

chen, sind weich und flaumig. *A. x suntense* ist von besonderem Liebreiz. Er hat violettblaue Blüten und graue, filzige Blätter und Zweige. Darunter passen als Bodendecker Nelken, *Verbena* 'Sissinghurst', Binsenlilien (*Sisyrinchium striatum*) und Salbei (*Salvia involucrata* 'Bethellii'), die alle in einer sonnigen Rabatte gedeihen und entweder vor oder nach dem Abutilon blühen. *Diascia vigilis* hat eine lange Blütezeit, und die Abutilonzweige könnten ihre schmächtigen, in alle Richtungen sich neigenden Stengel wunderbar abstützen. Die eng verwandten Sorten des *Abutilon x hybridum* 'Ashford Red', 'Canary Bird' und 'Kentish Belle' lassen sich besser in einem Kalthaus ziehen. Sie blühen länger als die verschiedenen Sorten *Abutilon vitifolium*, an denen wir uns einmal im Jahr berauschen können.

Es gibt einige echte Kletterpflanzen, die Sie an Ihrer sonnigen Mauer ziehen können. Die Nachtschattengewächse gehören zu meinen Lieblingen. Sie haben aber keine Ranken, Luftwurzeln oder sich windende Schößlinge, das heißt, sie müssen abgestützt oder an Drähten oder Gitterwänden festgebunden werden. *Solanum crispum* 'Glasnevin' ist eine starkwüchsige Pflanze mit kräftig violettblauen, gelbäugigen Kartoffelblüten, die vom Juni bis zum Oktober blühen. Wählen Sie als Nachbarpflanze gelbe Rosen, Geißklee (*Cytisus battandieri*), Kronwicke (*Coronilla glauca*) oder *Fremontodendron californicum*, deren gelbe Blüten sich in der gelben Mitte des *Solanums* widerspiegeln.

Im Gegensatz zu dem *Solanum*, das festgebunden werden muß, ist der Sternjasmin (*Trachelospermum*) eine schöne Schlingpflanze, die sich an einer Mauer selbst festhält. Seine röhrenförmigen, jasminartigen Blüten duften intensiv und erscheinen von Juli bis August an den kurzen Seitenzweigen des alten Holzes. Deshalb sollten im Frühjahr die langen, dünnen Enden eingekürzt werden, sobald er neu auszutreiben beginnt. *Trachelospermum asiaticum* hat cremeweiße Blüten mit beigegelber Mitte, die sich allmählich gelb färben. Der weiße Sternjasmin (*T. jasminoides*), der nicht ganz so winterhart ist, muß an einer warmen Mauer oder in einem Gewächshaus stehen, und *T. j.* 'Variegatum' ist eine entzückende Schlingpflanze, die aber nur im Gewächshaus gedeiht.

Das Geißblatt (*Lonicera* 'Dropmore Scarlet') gedeiht gut in voller Sonne und benötigt als Nachbarn eine Pflanze, die genauso kräftig in der Farbe ist und die schütteren unteren Zweige des Geißblatts ausreichend zu bedecken vermag. Was das kräftige Scharlachrot des Geißblatts anbetrifft, so kann sich die Kapstachelbeere (*Phygelius capensis coccineus*) durchaus mit ihm messen. Dagegen hat die purpurblättrige Form der Klebsame (*Pittosporum tenuifolium*) genügend Eigengewicht, um als Kontrast zu dienen. Auch eine in seiner Wuchsform kontrastierende Pflanze, wie der Neuseeländer Flachs (*Phormium* 'Dazzler') mit seinen schmalen, glänzenden, dunkelroten Blättern käme hier in Frage.

Oft habe ich in den Mittelmeerländern neidisch die starkwüchsigen und üppigblühenden Trompetenblumen an sonnigen Mauern betrachtet. Wenn in unseren Breitengraden mehrere Winter hinter einander nicht zu kalt sind, läßt sich auch bei uns, in voller Sonne und

windgeschützt, die Trompetenblume (*Campsis radicans*) ziehen. Sie ist durchaus einen Versuch wert. Diese starkwüchsige Kletterpflanze, die jedes Jahr einige Meter an Höhe zulegt, blüht im August und September am einjährigen Holz, so daß sie jedes Frühjahr kräftig zurückgeschnitten werden kann.

Einer meiner immergrünen Lieblingssträucher, der möglichst im Schutze einer Südmauer stehen sollte, ist *Itea ilicifolia*. er trägt weiche, glänzende, ilexförmige Blätter und schmückt sich im August mit 25 cm langen, schlanken, grünweißen Blütenquasten, die elegant herunterhängen und einen wohlriechenden Duft ausströmen.

Es gibt noch viel mehr Sträucher, unter denen Sie auswählen können; ich hoffe nur, an Ihrer Mauer ist genügend Platz dafür. Sowohl die immergrüne *Carpenteria californica* mit ihren großen, weißen Blüten, als auch der gelbe *Fremontodendron* 'California Glory' (und *F. californicum*) sind aufgrund ihres rundlichen, buschigen Wuchses geeignet, sich vor einer Mauer wolkenartig abzuheben. Auf nährstoffarmem Boden ist der letztgenannte Strauch nicht so starkwüchsig, gedeiht besser, blüht üppiger und lebt auch länger.

Jeder Garten sollte eine Säckelblume (*Ceanothus*) beherbergen, soweit der Boden dafür geeignet ist. Die Säckelblumen gedeihen nicht auf flachem Kreideboden, tolerieren aber einen sauren oder alkalischen Boden. Der immergrüne *Ceanothus* 'Cascade' schmückt seine langen, gebogenen Zweige mit leuchtendblauen Blüten und sieht entzückend vor einer Stein- oder Ziegelmauer aus. Der im Mai blühende *C. dentatus* wächst aufrechter und hat kleinere Blätter. *C.* 'Puget Blue' schmückt sich mit besonders glänzenden Blättern und hat auffallend leuchtendblaue Blüten. Pflanzen Sie diese Säckelblume mit einer farblich übereinstimmenden Glyzine an die Vorderfront Ihres Hauses, die sie beide rasch mit ihren Blüten und Blättern bedecken werden.

Links: An einer sonnigen Mauer im Botanischen Garten von Oxford läßt zwischen einer gelbblühenden *Azara serrata* und einem *Abutilon vitifolium* im Hintergrund eine Glyzine (*Wisteria sinensis*) ihre violetten Blütentrauben herabhängen. Zu ihren Füßen wachsen die weiße *Olearia phloggopappa* (*O. gunniana*) und die rosafarbene Zistrose (*Cistus* 'Silver Pink'). Diese Komposition aus Lilatönen wird durch das Komplementärgelb der Azara aufgelockert und durch ihren intensiven Duft noch bereichert.

Gegenüber: Die leuchtendgelben Blüten des Geißklees (*Cytisus battandieri*) duften stark nach Ananas. Dieser immergrüne, schnellwachsende Strauch ist für eine hohe Mauer gut geeignet. Zu seinen Füßen wachsen Glockenblumen (*Campanula portenschlagiana, C. muralis*) und die großen Kugelköpfe des *Allium christophii*. Auf der rechten Seite genießen die *Carpenteria californica*, eine buschige, immergrüne Pflanze mit weißen Blüten, und die Grasnelke (*Armeria maritima*) am Rand des Wegs ihren Standort in der Sonne und in einem gut durchlässigen Boden. Die Farbzusammenstellung in Gelb und Mauve ist ein weiteres gutes Beispiel für eine gelungene Bepflanzung in Komplementärfarben.

Gemischte Rabatten

Heute bevorzugen viele Leute Rabatten, die sich aus verschiedenen Sträuchern, krautigen Pflanzen, Bodendeckern, Zwiebelgewächsen und Kletterpflanzen zusammensetzen, den reinen Staudenbeeten oder viktorianischen Gehölzpflanzungen. Staudenbeete bieten in nur drei von insgesamt zwölf Monaten einen schönen Anblick und eine reine Strauchbepflanzung, die man zwar gerne zu allen Jahreszeiten durchstreift, ist in sich recht unspektakulär – in einem großen Garten eignet sie sich besser als ein Element unter vielen. Der Vorteil einer gemischten Bepflanzung besteht darin, daß sich ihre Schönheit von einer Saison bis zur nächsten ausdehnt, das heißt, Winter und frühes Frühjahr können fast genauso befriedigend sein wie der Hochsommer.

Für gemischte Rabatten muß man mehr Energie und Aufmerksamkeit aufbringen als für jeden anderen Bereich des Gartens. In diesem Buch habe ich immer wieder betont, wie wichtig eine nach Höhen gestaffelte Bepflanzung ist. Deshalb habe ich Sie ermutigt, Zwiebelpflanzen und Einjährige als Bodendecker zwischen Sträucher zu setzen und Kletterpflanzen über die verschiedenartigsten Stützen ranken zu lassen. Ich habe auch zu zeigen versucht, wie eine Pflanze allmählich die Funktion einer anderen übernehmen kann, damit derselbe Fleck im Garten das ganze Jahr über einen immer anderen, der jeweiligen Jahreszeit entsprechenden reizvollen Anblick bietet. In einer gemischten Rabatte läßt sich mit Hilfe einer solchen Planung die größte Wirkung erzielen.

Über eine in Schichten gestaffelte Bepflanzung haben Sie vielleicht bis jetzt nicht viel nachgedacht, abgesehen davon, daß Sie unter Umständen einen offensichtlich kahlen Fleck unter einem laubabwerfenden Strauch oder Baum mit ein paar Pflanzen gefüllt haben. Eine schichtweise Bepflanzung kann aber zu einem äußerst lohnenden Spiel werden, und eine gemischte Rabatte, die Sie nach dem üblichen Schema mit Sträuchern und krautigen Füllpflanzen konzipiert haben, in ein bis ins kleinste Detail kunstvoll gestaltetes Bild verwandeln, an dem Sie voller Freude vorbeigehen, um es in Ruhe in sich aufzunehmen. Für eine gemischte Bepflanzung gibt es eine so breite Auswahl an Pflanzen – von bodendeckenden Steingartenpflanzen über Ein- und Zweijährige, Kletterpflanzen und kleine Bäume bis hin zu den häufiger verwendeten Sträuchern und krautigen Pflanzen –, daß sich dauerhafte und befriedigende Kombinationen leicht finden lassen.

Die Planung einer solchen Rabatte muß wohlüberlegt sein. Sie müssen sorgfältig erwägen, welche Pflanzentypen Sie verwenden wollen, dann eine Liste aufstellen und entscheiden, wie Sie diese in die Rabatte integrieren wollen. Betrachten Sie die Pflanzen niemals isoliert, das heißt, entwerfen Sie in Ihrer Vorstellung ein Bild mit geeigneten Nachbarn, koordinierenden Farben und harmonierenden Texturen. Sobald Sie in die Betrachtung einer Pflanze die verschiedenen Momente Ihres Lebens einbeziehen, beginnen Sie zu begreifen, welchen Wert sie für Sie und Ihren Garten das ganze Jahr über haben wird. Gleichzeitig müssen Sie darüber nachdenken, wie Sie Ihre Rabatte im Verlauf der wechselnden Jahreszeiten mit Blüten oder Blättern interessant gestalten können. Mittelhohe und höhere Sträucher bilden ihr Rückgrat, das man mit Zwiebelpflanzen, Nieswurzarten, Primeln und anderen Winter- und Frühjahrsblumen einrahmen kann, um in den frühen Monaten des Jahres farbliche Akzente zu setzen. Für ein durchgehendes Farbspiel vom April bis zum Herbst sorgen dann Stauden sowie sommer- und herbstblühende Zwiebelpflanzen.

Jede Pflanze hat ihre eigene charakteristische Farbe, Textur, Gestalt und Blütezeit. Während ein Teil des Rabattenhintergrundes vielleicht im Frühjahr und Herbst die dominierende Rolle spielt, kann ein anderer Teil im Vordergrund im Hochsommer den tragenden Part übernehmen. Ein gelungenes Schema zeichnet sich dadurch aus, daß alle reizvollen Details einer Rabatte gleichgewichtig verteilt sind und sich harmonisch verbinden. Obgleich dieses Ziel unerreichbar scheint, läßt es sich mit einer sorgfältigen Planung realisieren, wobei man immer eine Bepflanzung im Auge haben sollte, bei der eine Pflanze durch eine andere hindurchwächst oder einer anderen sehr nahe ist – zum Beispiel Krokusse, die durch Günsel wachsen, Funkien, die Tulpen ablösen, Fenchel, der das absterbende Laub von Lilienschweif bedeckt, Sträucher, die als Stützen von Clematis fungieren, und Rosen, die dicht mit Veilchen unterpflanzt sind. Denken Sie daran, daß niedrige Pflanzen – Zwiebelpflanzen und Primeln –, die vor laubabwerfenden Sträuchern wachsen, genauso gut wahrgenommen werden können, wenn sie weiter hinten in der Rabatte stehen.

Der in Gold- und Mauvetönen gehaltene Bereich in der Nähe der Fontäne von Barnsley House im späten Mai. Der Hintergrund der Rabatte besteht aus goldblättrigen Bäumen – einer Ulme, einer Gleditschie (*Gleditsia triacanthos*), deren Blätter gerade austreiben, und einer Scheinzypresse (*Chamaecyparis lawsoniana* 'Lane'), einem blaßmauvefarbenen Flieder sowie einem alten Apfelbaum, durch den der Schneeball *Viburnum opulus* 'Roseum' (*V. o.* 'Sterile') wächst. *Angelica archangelica*, Himmelsleitern, *Spiraea* 'Arguta' und ein goldener Liguster mit Funkien bilden einen Teppich an der Vorderfront. Vorne stehen die Kugelköpfe des *Allium aflatunense* in einem kräftigen Kontrast zu den Blütenähren des Knöterichs (*Polygonum bistorta* 'Superbum'), gehen aber mit ihnen eine harmonische Farbverbindung ein.

Ebenso wie mittelhohe und höhere Sträucher die dauerhaften Elemente sind, von denen ausgehend Sie das jahreszeitliche Erscheinungsbild einer Rabatte entwerfen können, so bilden sie auch das zentrale Rückgrat der Rabatte, um das herum Sie die gestaffelten Höhen oder Schichten der Pflanzen planen können. Genau wie Sie über die Stauden und Zwiebelpflanzen nachdenken, die neben oder durch die Sträucher hindurchwachsen, muß Ihre Vorstellung auch Sträucher, Bäume, die Kletterpflanzen dahinter und darüber und die immergrünen, niedrigwachsenden Sträucher und Pflanzen umfassen, die der Vorderfront der Rabatte Form und Gewicht verleihen. Beherzigen Sie also, daß jederzeit andere Pflanzen hinzugefügt werden können, um das Bild abzurunden oder vielleicht um einen Überraschungseffekt zu erzielen. In dieser Hinsicht läßt sich das Gärtnern mit dem Kochen vergleichen: Sie können immer den Rezeptanweisungen eines Experten folgen und ein exzellentes Gericht auf den Tisch bringen; wenn Sie aber nach Ihren eigenen Vorstellungen noch eine andere Zutat hineingeben, bekommt das Gericht eine unverwechselbare, persönliche Note, die Ihre Gäste überraschen und Sie höchst zufrieden stimmen wird.

Während bei einer echten Staudenrabatte die Einplanung der Höhen ausgesprochen wichtig ist, läßt sich in einer gemischten Rabatte eine gute Wirkung leichter erzielen. Hier haben Sie schon von vornherein Lücken zwischen den Sträuchern, die Ihnen die Möglichkeit geben, einige besondere Stauden einzurahmen. Bei einer gemischten Rabatte müssen Sie die üblichen Schemen auch nicht so starr einhalten; schon ein oder zwei höhere Sträucher in der Mitte der Rabatte können ausreichen, daß der individuelle Aspekt Ihres Entwurfs zum Tragen kommt. So wirkt eine Weigelie, Deutzie, Kolkwitzie oder sogar ein Schmetterlingsstrauch keinesfalls deplaziert, vor allem dann nicht, wenn die Sträucher aufsteigende Äste haben und Blätter tragen, die nicht zu schwer und dicht wirken. Ich will damit sagen, daß zum Beispiel die Ölweide (*Eleagnus pungens* 'Maculata') und die Stechpalme (*Ilex x altaclarensis* 'Lawsoniana') durch die leuchtenden, goldfarbenen Markierungen auf ihren Blättern leicht und luftig wirken, während ich die kompakter wirkende immergrüne Orangenblume (*Choisya ternata*) lieber als Akzent an das Ende einer Rabatte setze.

Für die vorderen Reihen einer Rabatte sind nur solche höheren Sträucher geeignet, die aufgrund ihrer kleinen Blätter und ihres eleganten Wuchses leicht und durchscheinend wirken. Gute Beispiele dafür sind die gewöhnliche Tamariske, der Spanische Ginster, der gelbblühende Binsenginster (*Spartium junceum*) und eventuell auch der Spierstrauch (*Spiraea* 'Arguta') mit seinen weißen Blüten. (Den letzteren müssen Sie sorgfältig beschneiden und sein Geäst ausdünnen, damit seine zarten Strukturen besser zur Geltung kommen.)

Denken Sie auch über die Dichte eines Strauches nach. Die Sicheltanne (*Cryptomeria*) ist offensichtlich absolut undurchsichtig, aber trotzdem wirkt sie aufgrund ihres gefiederten Blattwerks leicht. Obwohl die Duftblüte (*Osmanthus*) einheitlich dunkelgrüne Blätter trägt, wirkt sie nicht allzu schwer, da ihre Zweige und Blätter das Licht noch durchscheinen lassen.

Diese Bilder vom gleichen Gartenteil verdeutlichen, wie unterschiedlich die Rabatte in den wechselnden Jahreszeiten vom Frühjahr bis zum Sommer aussehen kann. Sie veranschaulichen das Prinzip einer Bepflanzung, die von einer Saison zur nächsten immer reizvoll ist.

Gegenüber oben: Der Boden ist dicht mit frühblühenden Zwiebelgewächsen bepflanzt. Die Narzissen *Narcissus* 'February Gold' wenden ihre Gesichter der Sonne zu. Scilla ist unter den laubabwerfenden Bäumen verwildert.

Gegenüber Mitte: Anfang Mai hat sich das Bild völlig verändert. In der Mitte dominieren jetzt die violett-rosafarbenen Tulpen 'Dreaming Maid', die durch blaues Vergißmeinnicht wachsen. Das Gelb der Narzissen wird durch die Wolfsmilch *Euphorbia polychroma* ersetzt. Hinter ihr erhebt sich ein Laubhügel des Geißbarts (*Aruncus dioicus*), der im Juli zu blühen beginnt, während die Blätter der *Iris foetidissima* 'Variegata' immergrün sind. Die Schneebeere (*Symphoricarpos orbiculatus* 'Foliis Variegatis') im Vordergrund treibt gerade neue Blätter aus. Das Laub des Wollziests (*Stachys byzantina, S. lanata*), winterharte Storchschnabelarten und das Steinbrech (*Saxifraga umbrosa*) nehmen ein frisches, sommerliches Aussehen an.

Gegenüber unten: Im Hochsommer wirkt dieses Beet wie ein aus leuchtenden Farben gewirkter Teppich, in dem die Farben Rosa, Mauve, Grau und Weiß den Ton angeben und noch durch die verschiedenen Grüntöne herausgearbeitet werden. Im Vordergrund vermischen sich *Asphodeline lutea* und Glockenblumen (*Campanula persicifolia*) mit dem grauen Laub des Wollziests (*Stachys byzantina*) und *Artemisia pedemontana*. Die rosafarbene *Spiraea japonica* 'Little Princess' hat lavendel- und rosafarbenen Lauch als Nachbarn. Dahinter unterbrechen die dekorativen Blütenähren des Salbeis (*Salvia x superba* 'Ostfriesland') und des Bartfadens (*Penstemon* 'Purple Bedder') die Reihe vor einer Gruppe aus weißen Lichtnelken (*Lychnis coronaria*) und dem halbwinterharten *Argyranthemum frutescens*.

Oben: Genau zwei Wochen später – Ende Juli – hat sich das Bild sichtbar verändert. Die Spiräe verblaßt allmählich, und die Feinstrahlaster *Erigeron* 'Four Winds' im Vordergrund steht in voller Blüte. Eine cremigweiße Glockenblume, Bartfaden, Sterndolden und Lichtnelken sind ineinandergewachsen, so daß kein Fleckchen nackte Erde mehr sichtbar ist. *Lavatera olbia* 'Barnsley' bleibt bis zum Frost in Blüte.

Der Wechsel vom Winter zum Frühjahr in zwei verschiedenen Gartenteilen von Barnsley House.

Links oben: Am Ende einer Rabatte ist im Januar der immergrüne Wacholder *Juniperus x media* 'Pfitzeriana' mit Reif bedeckt. Er wird von grauen Heiligenblumen (*Santolina chamaecyparissus*) und Wollziest (*Stachys byzantina*) eingerahmt, während die immergrünen Blätter der *Iris foetidissima* 'Variegata' dem winterlichen Bild noch einen zusätzlichen Reiz verleihen.

Links unten: Im Mai haben die Blütenstengel des Wollziests die Heiligenblumen nahezu verdeckt, die im Frühjahr immer kräftig zurückgeschnitten werden, damit diese grauen Sträucher ihre schöne kompakte Form behalten. Die leuchtend orangeroten Blüten der Wolfsmilch (*Euphorbia griffithii* 'Fireglow') nehmen das Rot der Tulpen wieder auf.

Gegenüber links: Zwischen November, wenn die Beete aufgeräumt sind, und Frühlingsbeginn spielen die beschnittenen Buchskugeln (*Buxus sempervirens* 'Suffruticosa') eine wichtige Rolle und laden zu einem Spaziergang über den mit Ziegeln gepflasterten Weg neben dem Goldregentunnel ein, um nach den ersten Zwiebelpflanzen und aufgeblühten Christrosen Ausschau zu halten. Der Boden auf der rechten Seite ist mit *Waldsteinia ternata* bedeckt, die sich im Frühjahr mit entzückenden gelben Blüten schmückt.

Gegenüber rechts: Im Frühjahr spielt der Buchs nur noch eine untergeordnete Rolle, während die Sommer-Knotenblumen (*Leucojum aestivum*), weiße Silberpfennige (*Lunaria annua*) mit gemusterten Blättern, Primeln, die sich selbst aussäen dürfen, ein paar Farne und Schattenblumen (*Smilacina racemosa*) den Ton angeben.

Immergrüne Sträucher
Am besten ist es, wenn Sie bei der Planung Ihrer gemischten Rabatte in Ihren Entwurf zunächst die immergrünen Sträucher einzeichnen, die das ganze Jahr über kräftige Akzente darstellen. Da es eine riesige Auswahl an immergrünen Sträuchern gibt, sollten Sie sich zuerst eine Tabelle anlegen, in der Sie jeden Strauch nach Form, Farbe und Textur spezifizieren. Mit Hilfe dieser Liste sind Sie in der Lage, die geeigneten Sträucher für Ihren Entwurf zu finden. Können zum Beispiel einige Sträucher beschnitten werden, entwickeln andere eine ganz natürliche Form; manche Sträucher, insbesondere die breitblättrigen immergrünen, können auf die gewünschte Form zurückgeschnitten werden, während andere in ihrem freien Wuchs nicht eingeschränkt werden wollen.

Immergrüne Gehölze sorgen das ganze Jahr über für Farbe. Im Winter bilden sie den Hintergrund für die Samenstände krautiger Pflanzen und für rote, gelbe oder lohfarbene Stämme und Zweige. Oft eignen sie sich auch als Schnittgrün für die Vase. Ihre Höhen und charakteristischen Formen spielen in allen Jahreszeiten eine wichtige Rolle. Denken Sie aber daran, daß die schwertförmigen Blätter des Neuseeländer Flachses und die kompakten Säulen von *Taxus baccata* 'Fastigiata' eine ganz verschiedene Wirkung haben.

Koniferen wie *Juniperus communis* bilden zweigige Säulen. Ich setze diesen Wacholder gerne zwischen kontrastreiches oder ergänzendes Laub mit Blütenähren, die die vertikale Form des Wacholders wieder aufgreifen. Der Knöterich (*Polygonum affine* 'Dimity') ist ein wunderbarer Bodendecker, der nur 15 cm hoch wird und im Spätsommer rosafarbene bis rote Blütenähren trägt. Sie könnten entweder *Allium cernuum*, einen kräftig lilapurpurfarbenen Lauch, oder *A. carinatum pulchellum*, eine andere Lauchart in einem dunkleren, schwärzlicheren Purpur, dazusetzen, die im Juni und Juli durch den Knöterich wachsen. Die runden Blütenköpfe des Lauchs bilden dann einen kräftigen Kontrast zu den aufrechtwachsenden Wacholdern.

Diese Kombination eignet sich für Effekte in Bodennähe; wenn Sie aber in Augenhöhe oder darüber interessante Wirkungen erzielen wollen, verwenden Sie am besten *Juniperus communis* 'Hibernica' (erreicht eine Höhe bis zu 3 m), den sie mit Knöterich (*Polygonum bistorta* 'Superbum', wird oft 90 cm hoch) und mit Lauch (*Allium aflatunense*) einrahmen, der sich ebenfalls mit dunkellilafarbenen Blütenkugeln schmückt. *Allium siculum* (korrekt *Nectaros-cordum s.*) hat ein anderes Aussehen: Jede einzelne Blüte hängt wie eine Glocke herab und, sobald sie reif wird, richtet sie sich auf und wird strohfarben. Anhand dieser Beispiele will ich Sie noch einmal daran erinnern, daß sie Zwiebelpflanzen durch das Laub anderer Pflanzen wachsen lassen können, um auf diese Weise eine Stelle in Ihrem Garten durch zusätzliche Elemente noch abwechslungsreicher zu gestalten.

Eine vergleichbare vertikale Wirkung läßt sich mit mehreren Koniferen erzielen – so mit der silberblauen Scheinzypresse (*Chamaecyparis lawsoniana* 'Pembury Blue'), der goldgelben, zartlaubigen *C. l.* 'Howarth's Gold' und der kräftiggrünen *C. l.* 'Green Pillar'. Ich persönlich bevorzuge eine einfarbige Gruppe in einer Mischung aus Blau, Grau und Grün. Sie können ein reizvolles Bild aus vertikalen, horizontalen und rundlichen Koniferen gestalten, das im Winter dominiert und im Sommer als Hintergrund für krautige Pflanzen mit größeren Blättern fungiert.

Eine andere Wirkung in der Vertikalen läßt sich mit den schwertartigen Blättern des Neuseeländer Flachses (*Phormium tenax*) oder den spitzen Blättern der Yucca erzielen. Das kräftige, steife Laub des Flachses bildet einen vorzüglichen Hintergrund für die rundlichen Blätter der Bergenien. Gemeinsam bieten sie das ganze Jahr hin-

Gegenüber: In Anne Dexters winzigem Garten in Oxford sind die Sträucher entlang den Rabatten in Gelb- und Purpurtönen gehalten. Dazu gehören ein goldfarbener Liguster, eine Goldulme und zwei Berberitzen (*Berberis thunbergii* 'Somerset' und *B. x ottawensis*). Der tiefergelegte Weg vergrößert auf geschickte Weise den Trockenmauerbereich, über den sich die Pflanzen dekorativ ausbreiten können. Dort wachsen Glockenblumen, Reiherschnabel (*Erodium*), Storchschnabel (*Geranium flanaganii*), kleine Gräser und Funkien (*Hosta venusta*). Zwischen den Sträuchern wachsen Eisenhut, Libertien, Phygelius und Felberich (*Lysimachia ephemerum*).

Oben: Im Garten von Mr. und Mrs. Paice in Gloucestershire dürfen sich die Pflanzen über die Kieswege ausbreiten. Die speerförmigen Blätter des Neuseeländer Flachses verleihen der Bepflanzung einen strengen Charakter, und der *Abutilon* 'Canary Bird' mit dem weißen Schmetterlingsstrauch im Hintergrund und *A. x milleri* 'Variegatum' mit *Argyranthemum* 'Jamaica Primrose' im Vordergrund bilden ein Farbspiel in Weiß und blassen Gelbtönen.

durch einen reizvollen Anblick. Der Neuseeländer Flachs bildet einen schönen Kontrast zu den eher sanften, eigentümlichen Blättern der Wolfsmilch. Aber vielleicht sind Sie wählerischer und bevorzugen *P. t. purpureum*, den Sie mit dem graulaubigen Kreuzkraut (*Senecio* 'Sunshine') zusammenpflanzen; ich gehe in meinem Garten in den Cotwolds aber lieber auf Sicherheit und ziehe dort nur die winterhärtesten grünlaubigen Arten.

Gertrude Jekyll kam einst auf die Idee, schwertförmige Blätter als markanten Endpunkt zu verwenden. Sie schreibt in *Wood and Garden*: »Ein Weg kreuzt die Rabatte und verläuft durch einen Torbogen in der Mauer zum Pfingstrosengarten und dem dahinterliegenden Arbeitsgarten. Genau hier, dachte ich, müßte ich die Rabatte ein wenig anheben und mit einer Gruppe Yucca bepflanzen, so daß das ganze Jahr über an dieser Stelle die Abschnitte der Rabatte durch einen schönen Abschluß markiert und der Toreingang hervorgehoben würde. Die beiden äußeren Enden der Rabatte habe ich in gleicher Weise behandelt, indem ich auch dort auf etwas niedrigeren Hügeln Yuccas gepflanzt habe.«

Auch William Robinson hat diese Pflanzen gerne verwendet. In *The English Flower Garden* schreibt er: »Was ihre besondere Wachstumsart und ihr Erscheinungsbild ausmacht, so gibt es keine winterharte Pflanze, die mit ihr konkurrieren könnte. Obgleich sie die steifste aller Gartenpflanzen ist, zeigt sie unter den verschiedensten Bedingungen Würde und Eleganz, vorausgesetzt, daß sie sich hinreichend ausbreiten kann ... Die Wirkung gutentwickelter Yuccas gleicht der einer Treibhauspflanze, die wir nur im Sommer nach draußen zu stellen wagen, während die Yuccas zu allen Jahreszeiten grün und dekorativ sind. Die üppigblühenden Arten *Y. filamentosa* und *Y. flaccida* sollten vielleicht mit edleren herbstblühenden Pflanzen, wie Gladiolen oder großem Strandflieder (*Statice latifolia*), kombiniert werden.«

Eine immergrüne Konifere, die ich gerne verwende, ist die Sicheltanne (*Cryptomeria japonica* 'Elegans'). Man muß ihr aber genug Platz einräumen, da sie bis zu 1,50 m hoch wird und von buschigem Wuchs ist, der durch einen zu kräftigen Schnitt sein luftiges Erscheinungsbild einbüßt. Sein zartes, gefiedertes Laub ist im Sommer

bräunlichgrün und nimmt im Winter einen eher kupfernen Bronzeton an. Diese Farbe hält sich bis zum Frühjahr, wenn die Tage wieder wärmer werden. Als Nachbarn würde ich Pflanzen in warmen Rottönen bis zu Orange oder einem dunklen Gelb aussuchen. (Ein reines Gelb wie das der Nachtkerzen *Oenothera biennis* wäre dagegen ganz ungeeignet.)

Vor dem bronzefarbenen Laub der *Cryptomeria* beginnen im Winter die scharlachroten Zweige der Weide *(Salix alba* 'Britzensis' = *S. a.* 'Chermesina') oder die des Hartriegels (*Cornus alba* 'Elegantissima') zu leuchten. Der Hartriegel mit seinen weiß gerandeten und gefleckten Blättern hebt sich dekorativ gegen die *Cryptomeria* ab. In einer breiten Rabatte, die genügend Tiefe hat, sollte *Cornus controversa* 'Variegata' verwendet werden. Ihr horizontales Astwerk kommt im Winter besonders schön zur Geltung, und im Sommer heben sich ihre panaschierten Blätter gut von der *Cryptomeria* ab.

Ein paar breitblättrige immergrüne Sträucher sind wichtig, um der gemischten Rabatte das ganze Jahr über Struktur und Form zu verleihen.

Gegenüber: Eine Yucca kann in einer Rabatte eine wichtige Funktion übernehmen – entweder als Schlußpunkt an einer Ecke oder als Akzent in der Mitte. Hier bietet die *Yucca flaccida* 'Ivory' in den langen Rabatten der Royal Horticultural Society in Wisley ein imponierendes Schauspiel. Yuccas lieben Sonne und einen gut durchlässigen Boden. Sobald eine Pflanze zwischen ihren Blättern einen Blütenstand hervorbringt, stirbt sie ab; aber immer stehen schon Seitentriebe bereit, neue Blätter und Blüten hervorzubringen. Sie können aus Samen gezogen werden und brauchen mindestens vier Jahre, um Blüten anzusetzen. Sie können auch durch Teilung des Wurzelstockes vermehrt werden.

Oben: Ein Ausblick im Frühling über eine gemischte Rabatte hinweg zum Kräutergarten in Barnsley House. Im Vordergrund taucht das Laub von Türkenmohn und Rittersporn auf. Eine dunkle Form des Silberpfennigs (*Lunaria annua*) gedeiht gut im Schatten; ebenso der immergrüne Seidelbast (*Daphne laureola*), der sich ringsherum selbst aussät. Die nackten langen Stiele gehören einer Pfingstrose (*Paeonia delavayi*), die wir aus Samen vermehren. Über den Baumstamm hat sich der Spindelstrauch *Euonymus fortunei* 'Variegatus' ausgebreitet, der gerne klettert, andernfalls behält er seine runde Form. Er verleiht der Rabatte an der Ecke eine ungewöhnliche Form und dient auch als reizvoller immergrüner Hintergrund.

Stechpalme und Efeu sind vielleicht die Pflanzen, die Ihnen an erster Stelle einfallen werden. Stechpalmen wirken nur so, wie Sie sie in Szene setzen. Sie können einen Teil der Hintergrundbepflanzung bilden, sie können als Träger dienen, um andere Sträucher oder Waldlandpflanzen zur Geltung zu bringen, sie können aber auch als eigenständiges Element fungieren, mit dem Sie deutlich Akzente setzen. Wenn Sie eine Stechpalme beschneiden, bekommt Sie einen völlig neuen Charakter. Falls Sie ein älteres Exemplar in Ihrem Garten haben, sollten Sie es sofort bearbeiten; und seien Sie in einem neuen Garten nicht zimperlich! Sie glauben gar nicht, wie schnell eine junge Stechpalme heranwächst.

Stechpalmen gibt es in vielen verschiedenen Farben und Formen sowie mit Blättern von unterschiedlicher Größe, Form und Stachligkeit. *Ilex x altaclerensis* 'Lawsoniana', den ich besonders schätze, hat wenige Stacheln und ein schönes Blatt in drei verschiedenen Farben – Dunkelgrün, Limettengrün und Gelb. Im Winter spielt er eine besonders wichtige Rolle. Bei mir steht er an dem goldfarbenen Ende unserer langen Rabatte in der Nähe einer Gleditschie und eines alten, gut beschnittenen goldfarbenen Ligusters (*Ligustrum ovalifolium* 'Aureum'), der fast vollständig mit einer frühjahrsblühenden *Clematis macropetala* überdeckt ist. Gelbe Tulpen können zwischen goldfarbenen Sträuchern wie diesen verwendet werden, und später kann ihr Platz mit weißem Silberpfennig (*Lunaria annua alba*) oder sommerblühenden Knotenblumen ausgefüllt werden.

Phantasievoll verwendeter Efeu erweist sich als eine der vielseitigsten Pflanzen im Garten. Wie ich bereits in dem Kapitel über Kletterpflanzen beschrieben habe, kann man mit ihm eine Nordmauer völlig verändern. Man kann auch Säulen und Bögen mit ihm bedecken, ihn als Bodendecker oder in Töpfen im Innenhof verwenden, ihn über eine schwierige Mauer klettern lassen oder wie einen baumartigen Strauch oder Hügel an der Vorderfront der Rabatte ziehen. Seine Blätter sind gekräuselt oder spitzenartig, goldfarben oder gefleckt und spitz oder speerförmig. Es ist kaum zu glauben, wie viele Varietäten es gibt, die man allesamt erwerben und in seinem Garten ziehen kann.

Panaschierte Blätter verleihen einem unauffälligen Strauch oft einen gewissen Glanz und machen ihn erst ansehnlich. So gedeiht der immergrüne Kreuzdorn (*Rhamnus alaternus)* mit seinen dunkelgrünen Blättern in jedem Boden und in jeder Lage – genaugenommen ist er der ideale Strauch für Pflanzungen in Industriegebieten oder an der Küste –, es fehlt ihm aber der besondere Glanz eines *R. a.*, 'Argentovariegata', der sich mit cremefarben gerandeten und marmorierten grünen Blättern schmückt. Er gehört zu meinen Starpflanzen im Winter. Er ist widerstandsfähig, immergrün, läßt sich problemlos schneiden und wirkt nicht so massiv oder so schwer wie etwa Stechpalmen oder Efeu. Vor kurzem habe ich ihn vor eine Berberitze gesetzt, wo ihn die Nachmittagssonne voll zur Geltung bringt. Ich könnte ihn mir auch gut als Kontrast zu einer *Magnolia grandiflora* mit ihren riesigen, glänzenden, ledrigen Blättern an der Vorderfront eines großen Hauses vorstellen.

So gut auch ein Schneeball (*Virburnum tinus*) in eine Buschpflanzung paßt, für Ihre gemischte Rabatte ist er einfach zu langweilig. Verwenden Sie ihn an anderer Stelle im Garten, da er im Januar und Februar mit weißen Blüten bedeckt ist und dann durchaus reizvolle Momente hat. Die panaschierte Form *V. t.* 'Variegatum' mit ihren cremegelb gerandeten Blättern eignet sich gut für eine nach Norden ausgerichtete Mauer, aber noch besser ist eine Variation des Portugiesischen Kirschlorbeers (*Prunus lusitanica* 'Variegata'). Seine unregelmäßig weißgerandeten Blätter nehmen einen rosa Schimmer an, der zu seinen jungen roten Zweigen paßt. Von einigen Sträuchern gibt es sowohl grüne als auch gemusterte Formen – zum Beispiel der Spindelstrauch (*Euonymus*), Seidelbast (*Daphne odora*) oder die Ölweide (*Eleagnus pungens*).

Meine gemischte Rabatte wäre unvollständig ohne die immergrüne *Hebe* 'Mrs. Winder' und die *Hebe rakaiensis*. Die erstere hat reizvolle Blätter, die vor allem an ihren Unterseiten purpurgetönt sind. Da sie erst spät blüht, ist sie ideal für den Garten im Herbst und Winter geeignet, aber ich liebe sie vor allem wegen ihres Laubs und ihrer Pilzform. Sie ist zwar nicht allzu kräftig und hat leicht gezackte

Gegenüber: Die immergrüne *Hebe rakaiensis* bildet an der Ecke einer Rabatte, einen vollendeten Hügel. Dahinter steht eine große Gruppe Sumpfschafgarbe (*Achillea ptarmica* 'Boule de Neige') zusammen mit der ebenso wuchernden Glockenblume (*Campanula glomerata* 'Superba'). Den Hintergrund bilden folgende Sträucher: *Lavatera* 'Barnsley', Deutzie, Hartriegel *Cornus alba* 'Spaethii' und Sommerjasmin (*Philadelphus coronarius* 'Aureus'). Den roten Akzent setzen Indianernesseln (*Monarda* 'Cambridge Scarlet').

Rechts: Die kleinen röhrenförmigen weißen Blüten der Duftblüte *Osmanthus delavayi* erfüllen die Luft mit ihrem intensiven Duft. Da die Duftblüte absolut winterhart ist, eignet sie sich vorzüglich als schmückender Hintergrund für eine gemischte Rabatte.

Umrisse, bildet aber das ganze Jahr hindurch einen reizvollen grünen Flecken. *H. rakaiensis*, die wegen ihrer perfekten rundlichen Wuchsform eine noch wertvollere immergrüne Pflanze darstellt, läßt sich vorzüglich als abschließender Akzent an einer Ecke oder am Ende Ihrer Rabatte einsetzen. Ich mag keine Rabatten, die an ihren Enden einfach auslaufen. Sie können den Raum zwischen der Hebe und dem Rabattenrand mit frühlingsblühenden Zwiebelpflanzen ausfüllen – zum Beispiel mit Mengen im Februar und März blühender *Iris reticulata* und mit im April blühenden Primeln. Während Sie die Iris im Boden lassen sollten, können Sie die Primeln nach der Blüte ausgraben, teilen und an einem schattigen Platz ihres Gartens auspflanzen, um sie dann im Herbst wieder an ihren angestammten Platz zu setzen.

Ich liebe graues Laub als Kontrast zu den dunklen Blättern der Hebe – zum Beispiel Kreuzkraut (*Senecio bicolor cineraria*, *Cineraria maritima*), das sich übrigens sehr leicht aus im April eingesäten Samen ziehen läßt, oder die bläulichgrünblättrige *Echeveria glauca*, falls Sie Platz zum Überwintern der Pflanzen haben. Eine andere hübsche Idee ist es, die Hebe mit ausdauerndem grauen Laub einzurahmen und Zwiebelpflanzen hindurchwachsen zu lassen. Für diesen Zweck wären die folgenden graulaubigen Pflanzen geeignet: Hornkraut (*Cerastium tomentosum*), Ehrenpreis (*Veronica cinerea*), Wollziest (*Stachys byzantina, S. lanata*), *Artemisia splendens* und *A. canescens*. Sie können aber auch eine niedrigwachsende graulaubige Pflanze auswählen, die Ihnen besonders lieb ist. Zur Abwechslung habe ich gelbe Holländische Iris zwischen Wollziest gepflanzt, die sich übrigens gut zum Schnitt eignen. Sobald die Iris zu blühen aufhört, können Sie das Laub bis zum Boden abschneiden, damit es das graue Bild nicht mehr beeinträchtigt. Sie können ein besonderes Bild komponieren, indem Sie Kreuzkraut (*Senecio* 'Sunshine') oder Brandkraut (*Phlomis fruticosa*) mit *Hebe rakaiensis* zusammenpflanzen und gefüllte weiße Tulpen (*Tulipa* 'Mount Tacoma') rundherum gruppieren. Zwischen die Tulpen pflanzen Sie weißen Bartfaden (*Penstemon* 'Snow Storm'), der den ganzen Sommer über blüht.

Ein Strauch, der in keinem Garten fehlen sollte, ist die Duftblüte (*Osmanthus x burkwoodii*). In einer gemischten Rabatte kann sie prachtvoll wirken. Ihre Zweige tragen herrlich glänzende Blätter und kleine weiße, röhrenförmige Blüten, die einen unglaublich intensiven, süßen, aber niemals penetranten Duft ausströmen. Im April sind sie ein schöner Schmuck im Haus. Dieser auffällige, kleinblättrige Strauch kann mit blasserem Laub kombiniert werden. Auf der einen Seite unserer Duftblüte steht eine *Myrrhis odorata*. Nach der Blüte im Juni schneiden wir sie sehr bald bis zum Boden zurück, und wie durch ein Wunder erscheinen schon fast am nächsten Tag wieder frische Triebe. Auf der anderen Seite steht die im September blühende Gelenkblume (*Physostegia* 'Rose Bouquet') und eine der winterharten, herbstblühenden Chrysanthemen. Wenn Sie nicht soviel Platz im Garten haben, sollten Sie statt der oben genannten die kleinere, allerdings weniger winterharte Duftblüte *O. delavayi* wählen. Es gibt keinen Moment im Jahr, an dem sie nicht schön aussieht; darüber hinaus kann man den Strauch in die gewünschte Größe und Form schneiden, und seine intensiv duftenden Blütenzweige lassen sich gut für die Vase schneiden. Um seine Gestalt im Ganzen sehen zu können, würde ich ihn mit krautigen Pflanzen, die sich im Winter ganz zurückziehen, einrahmen – zum Beispiel mit Acanthus wegen seiner großen Blätter und seiner kontrastierenden Textur, oder mit der Artischocke (*Cynara cardunculus*), die sich mit ihren silbrig grauen Blättern dekorativ gegen die Duftblüte abhebt. Die tief eingeschnittenen Blätter beider Pflanzen bilden in der Form einen feinen Kontrast. Setzen Sie noch gleichzeitig blühende weiße Narzissen oder weiße Tulpen ringsherum. Diesen Pflanzenkombinationen können Sie dann noch andere Stauden in den verschiedensten Farben hinzufügen.

Die Orangenblume (*Choisya ternata*) hat dunkelgrüne, glänzende Blätter, die einen würzigen Duft ausströmen, sobald man sie zwischen den Fingern zerdrückt. Geben Sie ihr genug Raum, damit sie sich voll entfalten kann. Sie hat eine rundliche Form, die eine Breite und Höhe von 2 m erreicht. Im ersten Winter ist sie vielleicht aufgrund ihres schnellen Wuchses etwas frostempfindlich. Dann kann es geschehen, daß ihre weichen Stengel abfrieren. Deshalb empfehle ich Ihnen, eine ausgewachsene Pflanze zu kaufen, die altes und neues Holz hat, und sie im ersten Jahr zum Schutz vor Frost und ausdörrenden Winden mit Netzen oder Sacktuch zu umwickeln. Ihre weißen Blüten öffnen sich größtenteils im Mai und Juni, aber auch noch spä-

Links oben und unten: Eine Rabatte in Barnsley House im April und später im Juni.
Die vorherrschenden Farben sind Gelb, Mauve und natürlich auch Grün. Die Stinkende Nieswurz (*Helleborus foetidus*), die seit Januar blüht, muß bald abgeschnitten werden. Die Wolfsmilch (*Euphorbia polychroma*) im Vordergrund auf der linken Seite ist völlig problemlos und breitet sich nicht über Gebühr aus. Dahinter blühen blaue Traubenhyazinthen, und den Abschluß bilden die Tulpen 'Prinses Irene'. In der Mitte der Rabatte blüht Schöterich (*Erysimum* 'Bowles' Mauve') dicht neben dem Fingerkraut (*Potentilla* 'Elizabeth'), um von ihm etwas Schutz zu bekommen. Im Juni hat sich das Farbbild verändert, und immer mehr Rosa- und Mauvetöne tauchen auf. Der Storchschnabel (*Geranium endressii*) bedeckt nun alle absterbenden Narzissenblätter und beschützt den benachbarten winterharten Agapanthus, der durch graue *Artemisia ludoviciana* wächst. Die höheren Pflanzen in der Mitte sind Brandkraut (*Phlomis russeliana*) mit dekorativen Blättern und kräftigen Blütenstielen, die hübsche gelbe Blütenquirle tragen, und Eisenhut (*Aconitum* 'Ivorine'). Dieser Eisenhut zeichnet sich durch sein reizvolles Laub und seine elfenbeinweißen, helmartig geformten Blüten aus. Auf der rechten Seite entdeckt man die Köpfe des Lauchs *Allium fistulosum* 'Viviparum'.

Gegenüber: Eine der prallgefüllten Rabatten auf den Terrassen in Powis Castle. Die üppigen, frei wachsenden Pflanzengruppen werden von einer makellos beschnittenen Buchshecke im Zaum gehalten. Die Bepflanzung stammt ursprünglich von Graham Thomas. Jetzt hat sich Jimmy Hancock ihrer angenommen. Viele empfindliche Pflanzen werden im Haus überwintert, aber die hohen Mauern bieten einen wunderbaren Schutz. Wenn auch der Garten im Spätsommer seinen Höhepunkt erreicht, so ist doch ein Besuch zu jeder Jahreszeit voller Anregungen.

ter im Jahr bringt sie noch Blüten hervor. Ich rahme sie gerne mit Pflanzen ein, die zur gleichen Zeit blühen – zum Beispiel mit Tränendem Herz (*Dicentra spectabilis* 'Alba'), Schleifenblumen (*Iberis* 'Snowflake') oder auch mit Schaumblüten (*Tiarella cordifolia*). Die Blätter nehmen im Winter einen Bronzeton an und bilden einen schönen Kontrast zu dem glänzenden, dunkelgrünen Laub der Orangenblume. Sie können aber auch die Orangenblume mit einem Teppich weißer Narzissen oder Tulpen umgeben, die Sie durch Hundskamille (*Anthemis punctata cupaniana*) wachsen lassen.

Pflanzen mit spitzen Blättern bilden einen schönen Kontrast zu der runden Form der Orangenblume. Wählen Sie aber nur solche aus, die sie nicht verdecken oder ihrer Wirkung berauben, zum Beispiel *Iris foetidissima* 'Variegata' oder die Binsenlilie (*Sisyrinchium striatum*), die beide 50 cm hoch werden, oder probieren Sie es mit einem Saum aus niedrigem Gras wie Blauschwingel (*Festuca glauca*, 25 cm), Flattergras (*Milium effusum*), Pfeifengras (*Molinia caerulea* 'Variegata', 45 cm) oder grauem Blaustrahlhafer (*Helictotrichon sempervirens*, 75 cm) – die Höhenangaben beziehen sich auf die Bläter und nicht etwa auf die Blütenähren.

Auch die Familie der Seidelbaste läßt sich vorzüglich in eine Rabatte einfügen, und da sie so süß duften, sollten sie möglichst einen Platz in der vordersten Reihe einnehmen. Ich mag lieber die weiße als die purpurrote Form des Seidelbastes (*Daphne mezereum*). Da sie im Februar und März blüht, sollte das Weiß ihrer Blüten von großen Gruppen großblütiger Holländischer Krokusse oder einer Spezies wie *Crocus chrysanthus* 'Snowbunting' wieder aufgenommen werden.

Sollten Sie diese Stelle (rings um den Seidelbast) nur mit weißen Blumen füllen wollen, können Sie entweder weiße einjährige Sommerblumen – Petunien (*Lavatera* 'Mont Blanc') oder Ziertabak (*Nicotiana affinis*) – dazwischensetzen, oder Sie können auch Stauden pflanzen, die den Seidelbast nicht so sehr erdrücken. Ich empfehle Ihnen Schleierkraut (*Gypsophila paniculata* 'Bristol Fairy') oder *Aster divaricatus* (syn. *A. corymbosus*), die beide im Halbschatten gedeihen. Binden Sie die Aster nicht fest, sondern lassen Sie sie ruhig herunterhängen, wie es auch Gertrude Jekyll empfiehlt. Sie beschreibt sie als eine Pflanze, mit der sich Randplätze ausfüllen lassen, die nach einer schönen Fassung verlangen. Genau diese Einfassungen sind es nämlich, die aus dem Garten nicht einfach etwas Schönes, sondern vielmehr etwas Besonderes machen, ihm Charakter verleihen. *Daphne x burkwoodii* 'Somerset' ist ein kuppelförmiger Strauch, der in der Regel nicht höher als 1 m wird. Seine zarten, mauve-rosafarbenen Blüten, die sich im Mai und Juni öffnen, würde ich mit Nelken, Katzenminze (*Nepeta mussinii*), *Phlox* 'Chattahoochee' oder der gefüllten Form des Wiesenschaumkrauts (*Cardamine pratensis*) einrahmen.

Zu Beginn des Frühjahrs bieten die chartreusegrünen Blüten der Stinkenden Nieswurz (*Helleborus foetidus*), die rings um die dunkelgrüne Duftblüte (*Osmanthus delavayi*) wächst, und die *Mahonia x media* 'Charity' mit ihren zarten blaßgelben Blüten einen faszinierenden Anblick.

Es gibt eine breite Auswahl an immergrünen Sträuchern, die nicht höher als 1 m werden und mit Sicherheit einen Platz in der Rabatte verdienen. So sind viele Zistrosen ausgezeichnete Rabattenpflanzen. Die salbeigrünen Blätter der Zistrose (*Cistus x corbariensis*) harmonieren vortrefflich mit dem Laub in dunkleren Grün- oder Grautönen. Ihre Blütenblätter sehen beim Aufblühen ganz zerknittert aus, was aber gerade ihren Liebreiz ausmacht. Ich liebe *C.* 'Silver Pink' wegen ihrer graugrünen Blätter und rosafarbenen Blüten mit gelben Staubgefäßen. Neben *Heuchera* 'Palace Purple' und einen Ahorn (*Acer palmatum* 'Dissectum') gepflanzt, bilden die verschiedenen Blätter der drei Pflanzen einen schönen Kontrast im Herbst, wenn die Ahornblätter einen Farbton von Bronze bis hin zu Karmesinrot annehmen.

Auch viele kleine immergrüne Pflanzen sind wertvoll in den Rabatten. *Hebe x franciscana* 'Blue Gem' hat den ganzen Sommer über leuchtendblaue Blüten, während sich *H.* 'Midsummer Beauty' mit lavendel-purpurfarbenen Blüten und besonders reizvollen, glänzend grünen Blättern mit rötlicher Unterseite schmückt. *Rhododendron impeditum*, einer der niedrigsten Sträucher dieser Familie, hat graugrüne, duftende und im Winter bronzegetönte Blätter sowie blaue Blüten; er gibt auf saurem Boden eine gute Frontseite ab. *Sarcococca humilis* bilden einen dichten, immergrünen Busch von 60 cm Höhe. Ihre erstaunlich intensiv duftenden Blüten im Februar verleihen ihr noch zusätzlichen Reiz. Setzen Sie Lenzrosen (*Helleborus orientalis*) dazu.

Ganz links: Der Schneeball *Viburnum farreri* (*V. fragrans*) ist ein beliebter alter Strauch, der ab November den Winter hindurch an blattlosen Zweigen blüht. Die blaßrosafarbenen Knospen entfalten sich zu duftenden weißen Blüten. Unbeschnitten erreicht er eine Höhe von 2,50 m. Seine Blätter sind am Anfang bronzefarben.

Links: Der Schneeball *Viburnum carlesii* 'Diana', eine der duftenden Schneeballarten, bildet einen kompakten und rundlicheren Busch als *V. farreri*. Seine Blüten und Blätter erscheinen gleichzeitig im April und Mai. Seine Knospenbüschel sind rot, und wenn sie sich öffnen, zeigen die Blütenblätter ihre rosafarbenen Innenseiten.

Gegenüber: Der Sommerjasmin (*Philadelphus* 'Belle Etoile') ist eine kräftige Wirtspflanze für die mauvefarbene *Clematis* 'Prince Charles', die auch Ende Juni ihre Blüten öffnet. Er erreicht eine Höhe und Breite von 1,75 m. Seine einzelnen weißen, intensiv duftenden Blüten tragen einen rosafarbenen Fleck an der Basis jedes einzelnen gefransten Blütenblattes.

Laubabwerfende Sträucher

Laubabwerfende Sträucher tragen ungefähr sechs Monate im Jahr keine Blätter. Deshalb müssen Sie bei der Auswahl von Sträuchern nicht nur die Sommerblüten oder die Herbstbeeren berücksichtigen, sondern auch darauf achten, ob die Zweige und die gesamte Gestalt auch im Winter reizvoll aussehen. Der Boden unter laubabwerfenden Sträuchern – sogar im Hintergrund einer Rabatte – ist sichtbar, bis die Blätter auszutreiben beginnen. Aus diesem Grund ist hier der ideale Platz für die frühesten Zwiebelpflanzen. Darüber habe ich schon im Kapitel über Zwiebelgewächse gesprochen, ich werde später noch einmal darauf zurückkommen.

Wählen Sie Ihre Sträucher sorgfältig aus, indem Sie zunächst solche mit reizvollem Astwerk wie den Spierstrauch (*Spiraea x vanhouttei*) berücksichtigen, dessen Zweige einen mahagoniähnlichen Ton annehmen, der im Sonnenlicht aufleuchtet. Dieser 2 m hoch wachsende Strauch ist gut für den Hintergrund der Rabatte geeignet, da sich seine Zweige unter der Last seines Laubs und seiner glitzernden weißen Frühlingsblüten elegant vornüberneigen. Rings um seinen Fuß können Winterlinge (*Eranthis hyemalis*) gepflanzt werden.

Es gibt viele hohe oder mittelhohe Sträucher, die sich für denselben Zweck eignen. Falls Sie einen sauren Boden haben sollten, eignen sich Japanische Ahorne besonders gut. *Acer palmatum* 'Senkaki', mit seinen leuchtend korallenroten Zweigen, wird oft als Solitärstrauch auf einer Wiese oder in einem wildwachsenden Bereich verwendet. Doch im Hintergrund einer tiefen Rabatte sieht er genauso prächtig aus, wo er mit Scilla oder Schneeglöckchen als Kontrast zu seinen korallenroten Zweigen unterpflanzt werden kann. Damit die Rinde eines einstämmigen Baumes gut zur Geltung kommt, sollten Sie die unteren Zweige des Baumes in jungen Jahren wegnehmen; dann erst tritt die volle Schönheit des Stammes zutage.

Hartriegel werden wegen der Farben ihres winterlichen Geästs gezogen, die sich vom Scharlachrot von *Cornus alba* 'Sibirica' bis hin zu dem Buttergelb von *C. stolonifera* 'Flaviramea' erstrecken. Sie werden oft in Gruppen und an ein Wasser gepflanzt, aber in einem kleinen Garten in den Hintergrund, die Mitte oder die Vorderfront einer Rabatte gesetzt. Dort lassen sie sich wunderbar mit frühen Zwiebelpflanzen und krautigen Pflanzen kombinieren, die das Rot oder das Gelb ihrer Zweige wieder aufnehmen. Pflanzen Sie goldgelbe Krokusse, frühe Narzissen, rote Anemonen (*Anemone x fulgens*) oder frühblühende rote oder gelbe Tulpen, die alle blühen sollten, bevor die Hartriegel ihre Blätter austreiben. Ein Teppich aus Winterlingen (*Eranthis hyemalis*) erblüht im Februar und die Blätter verschwinden im Mai.

Als Ergänzung zu den Zwiebelpflanzen könnten Sie unter folgenden krautigen Pflanzen auswählen: zu Beginn des Frühlings blühende Gemswurz (*Doronicum*), Wolfsmilch (*Euphorbia griffithii* 'Fireglow'), die im April eindrucksvolle Akzente setzt, und Montbretien oder einjährige Nachtkerzen, die im späteren Sommer für Farbe im Garten sorgen. Sie säen sich gerne selbst aus und strecken ihre Stengel durch die Zweige des Hartriegels. Auch Sträucher lassen sich gut mit Hartriegel kombinieren – zum Beispiel *Ilex x altaclerensis* 'Golden King' neben dem gelbstämmigen Hartriegel und eine der wenigen laubabwerfenden Stechpalmen *I. verticillata* 'Winter Red' neben die rotstämmige Varietät.

Die Hartriegel lassen sich auch schön mit Farnen verbinden, die im Sommer gerne im Schatten stehen wollen. Der Königsfarn (*Osmunda regalis*, 1,20 m hoch), dessen Wedel sich im Herbst wunderbar färben, wäre zum Beispiel hervorragend geeignet. Der Becherfarn (*Matteuccia struthiopteris*), der gleichfalls einen schattigen, aber nicht allzu trockenen Standort liebt, sieht im Frühjahr entzückend aus, wenn sich seine Wedel langsam entrollen. Einer meiner Lieblingsfarne, *Polystichum setiferum divisilobum*, behält seine Wedel den ganzen Winter über; sie müssen nur zurückgeschnitten werden, sobald sich neue zeigen.

In jeder Woche des Jahres sollte irgendein Strauch in Ihrem Garten blühen. Einige Sträucher, die im Winter und zu Beginn des Frühlings blühen, gewinnen dadurch noch an Reiz, daß zu ihrer Schönheit zusätzlich der Duft tritt. Die Winterblüte (*Chimonanthus praecox*) verdient einen Platz in der Rabatte, da sie, wie ihr Name sagt, ihre verzweigten Äste mit intensiv duftenden Blüten schmückt, bevor sie Blätter austreibt. Unglücklicherweise sieht sie im Sommer reizlos aus. Dieser Eindruck läßt sich aber kaschieren, indem Sie eine einjährige Kletterpflanze, oder noch besser eine mehrjährige Kletterpflanze, hineinwachsen lassen, die Sie jeden Winter kräftig zurückschneiden müssen, um auf diese Weise den Strauch von ihren Ranken zu befreien.

Laubabwerfenden Magnolien können Sie ein noch schöneres Aussehen verleihen, indem Sie sie zu Beginn des Frühlings mit Zwiebelpflanzen kombinieren. *Magnolia x soulangeana* und die kleinere, schneller wachsende *Magnolia stellata*, die beide kalkige Böden vertragen, können Schneeglöckchen, Traubenhyazinthen, Schneeglanz oder die zarten Hundszahnarten *Erythronium* 'Pagoda' und *E.* 'White Beauty' zu Füßen haben.

Ein anderer laubabwerfender Strauch, den ich besonders schätze, ist die Blutjohannisbeere (*Ribes sanguineum* 'Brocklebankii') mit ihren gelben Blättern und blaßrosafarbenen Blüten. Sie können eine Clematis hindurchwachsen lassen und sie mit frühen, frühlingsblühenden Zwiebelgewächsen unterpflanzen – zum Beispiel mit *Iris reticulata, Chionodoxa, Scilla* oder Traubenhyazinthen. Sie können alle sich selbst überlassen; im Mai ist ihr Laub dann abgestorben.

Für beinahe jeden Monat des Jahres gibt es eine wertvolle Schneeballart, und viele davon eignen sich als Rabattensträucher. Sie erreichen eine Höhe von 1,50 bis 2,00 m und sind alle ganz unterschiedlich im Charakter. Ebenso wie bei den immergrünen Varietäten finden Sie sicherlich auch bei den laubabwerfenden Arten ein oder zwei Büsche, die in das Schema Ihrer gemischten Rabatte passen. *Viburnum farreri* (*V. fragrans*), einer meiner Lieblinge, beschert Ihnen einige Blüten für Ihren Weihnachtsstrauß und blüht dann weiter bis zum März. Genauso verhält sich auch *V. x bodnantense*. Für das Frühjahr würde ich *V.* 'Anne Russell' nehmen, dessen rosafarbene Knospen sich zu intensiv duftenden weißen Blüten entfalten. *V. carlesii* und *V. x carlcephalum* sind ebenfalls weiß und duftend. Ich sehe sie gerne mit gleichzeitig blühenden weißen Narzissen oder mit blauen Scilla unterpflanzt.

Bei Schneebällen denke ich sofort an ihren Duft, aber die Varietäten des in England heimischen Gemeinen Schneeballs (*V. opulus*) zeichnen sich noch durch ein anderes Attribut aus – ihre Büschel durchscheinender Herbstbeeren, die den weißen Juniblüten folgen. Für einen kleinen Garten empfehle ich *V. o.* 'Compactum'. Er wird nur 90 cm hoch, hat einen reizvollen dichten Wuchs und trägt rote Früchte (er läßt sich gut als niedrige Hecke ziehen). Wegen seiner gelben Früchte ist *V. o.* 'Fructu-Luteo', ein höherer und massiverer Strauch, besonders reizvoll.

Sommerjasmin (oder Pfeifenstrauch) ist nicht unbedingt zu jeder Jahreszeit eine besondere Augenweide – sein eigentlicher Reiz beruht auf seinen Blüten. Für den Blütenflor im Juni wählen Sie *Philadelphus* 'Manteau d'Hermine', der schöne gefüllte weiße Blüten trägt, aber nicht so stark duftet wie die höheren Varietäten. Umgeben Sie ihn mit weißem Silberpfennig oder niedrigwachsendem Schöterich (*Erysimum* 'Bowles' Mauve'), Dreimasterblumen (*Tradescantia*) oder der schneeweißen gefüllten Rose 'Snow Carpet', die nur 50 cm hoch wird. Bei *Philadelphus coronarius* 'Aureus' sind die leuchtendgelben Blätter das eigentlich Reizvolle. Bei mir wächst ein Exemplar an der Ecke eines Weges als Pendant zu einer Weigelie (*Weigela* 'Looymansii Aurea') auf der anderen Seite. Jedes Frühjahr ist der Boden unter den beiden Büschen über und über mit Schlüsselblumen bedeckt, die von jährlich wechselnden Sommerblumen abgelöst werden. Dieses Jahr haben wir *Verbena peruviana* 'Alba' gepflanzt.

Die großblütigen Flieder haben Blätter, die viel zu reizlos sind, als daß sie einen Platz in der Rabatte beanspruchen könnten. Sie sollten besser in einer Strauchbepflanzung stehen, wo sie Fingerhut und Nachtviolen (*Hesperis matronalis*) einrahmen könnten. Wildformen des Flieders sind anders. Sie tragen in der Regel kleinere Blätter, werden nicht so hoch und blühen zweimal im Jahr, nämlich im Mai und dann wieder im September.

Die üppigen Staudenpäonien gehören zu den Aristokraten einer Juni-Juli-Rabatte. Sie sind aber nur kurzbeständig und sollten deshalb in einer gesonderten Rabatte mit speziellen Nachbarpflanzen stehen. Die Hybriden der Baumpäonie (*Paeonia delavayi*) sind dagegen etwas ganz anderes. Ihre karmesinroten bis marmeladefarbigen Blüten sind klein, aber wohlriechend. Sie halten zwar nur ein oder zwei Wochen, doch ihre tiefeingeschnittenen Blätter sind von großartiger Wirkung. Schneiden Sie die Samenstände nicht ab, da sie, sobald sie sich öffnen, wunderbare ebenholzschwarze, glänzende Samen offenbaren. Die Blätter sollten entfernt werden, sobald sie braun werden, damit die lohfarbenen Zweige richtig zur Geltung kommen. Baumpäonien können passende Nachbarpflanzen für alle

Entwicklung und Wandel einer gemischten Rabatte in Barnsley House vom April bis zum Juli. (Ansichten dieser Rabatte im Winter und im Mai aus entgegengesetzter Richtung auf S. 92.)

Gegenüber oben: Das dauerhafte und vorherrschende Element ist der Wacholder (*Juniperus x media* 'Pfitzeriana'), dessen untere Seitentriebe wir abgeschnitten haben. Auf diese Weise wird die Möglichkeit geschaffen, schattenliebende Pflanzen darunter zu setzen.
Rechts im Vordergrund sind die chartreusegelben Blüten der Wolfsmilch (*Euphorbia amygdaloides* 'Superba') Nachbarn einer reizvollen Mischung aus verschiedenen Blättern. Die große, glänzende, ledrige Bergenie wird von Blättern des Storchschnabels (*Geranium pratense*), des Rittersporns und von dem etwas höheren Laub des Türkenmohns eingerahmt. Dahinter bieten die unterschiedlichen Formen – die schwertförmigen Irisblätter, zartes, gefiedertes Fenchelkraut und ein paar Tulpen – ein abwechslungsreiches Bild. Ein anderes kräftiges Element auf der rechten Seite der Rabatte stellen die Baumpäonien (*Paeonia delavayi*) dar.

Gegenüber unten: Ende Mai warten die vielen Blütenknospen des Türkenmohns darauf, endlich ihre zerknitterten roten und schwarzen Blütenblätter auffalten zu dürfen. Seine Blütenpracht hält nur zwei bis drei Wochen an, dennoch sollte er in unserem Garten nicht fehlen.

Unten: Auch Storchschnabel wird heruntergeschnitten, damit seine neuen Blätter eine passende Stütze für den Bartfaden (*Penstemon* 'Alice Hindley') bilden. Im August stellen die stattlichen Blütenstengel des *Acanthus spinosus* ein zentrales Element dar. Langsam erreichen auch die Fetthennen *Sedum* 'Autumn Joy' ihr Maximum. Dann breiten sie ihre schönen, flachen Blütenköpfe aus, die die Schmetterlinge anlocken.

1–1,20 m hohen später blühenden, krautigen Pflanzen sein. Ihre Blätter geben Volumen und einen grünen Hintergrund für Rittersporn, Lupinen, Phlox und Türkenmohn.

Wenn Sie mit den spitzen Dornen der Berberitze leben können – ich weiß, daß es einige Leute gibt, die dazu nicht in der Lage sind –, dann gibt es für Sie in dieser Familie mehrere immergrüne und laubabwerfende Arten, die in Ihrem Garten einen wertvollen Besitz darstellen. Ihre Blüten und oft auch die Beeren sind ein weiterer Vorzug. *Berberis thunbergii* 'Atropurpurea' ist eine ausgezeichnete Heckenpflanze, und *B. t.* 'Atropurpurea Nana' kann entweder als Teppich um einen goldlaubigen Strauch oder, was noch besser sein mag, rings um graue *Artemisia* 'Powis Castle' oder Kreuzkraut (*Senecio monroi*) verwendet werden. Ich mag besonders gerne *B. t.* 'Rose Glow' – ihre jungen Blätter sind silbern, rosafarben und leuchtend rosarot gefärbt, das Laub ist panaschiert. *Berberis x ottawensis purpurea* hat dunkelkastanienrote Blätter. Umgeben von rosafarbenen Tulpen, frühblühenden gefüllten Tulpen (*Tulipa* 'Peach Blossom') oder lilienblütigen Tulpen (*T.* 'China Pink') bilden sie im Frühjahr, sobald sich ihre Blüten öffnen, einen wunderbaren Anblick. Diese Berberitze und andere höhere Formen eignen sich vorzüglich als Stützen für herbstblühende Clematis, wie *Clematis texensis* 'Duchess of Albany', *Clematis viticella* 'Alba luxurians' und ausdauernde Wicken.

In der Nähe der Berberitze steht bei uns die durchgehend vom Juni bis zum Frost blühende *Lavatera olbia* 'Barnsley' zusammen mit dunkelblauem Eisenhut (*Aconitum carmichaelii* 'Arendsii'), der 1,20 m

Links: Anne Dexter hat ihren kleinen Gartens in Oxford aufs vortrefflichste ausgenutzt. Sie hat eine *Clematis* 'Madame Julia Correvon' und die im Hochsommer blühende *C.* 'Victoria' hinter Sträucher gepflanzt und sie in der Weise gezogen, daß sie an ihnen empor- und über sie hinwegklettern.

Oben: Die herrliche Rose 'Madame Hardy' bildet einen wunderbaren Kontrast zu den langspornigen Akeleien *Aquilegia* 'McKana Hybrids'.

Gegenüber: In dieser trägt der kompakte Busch einer rotlaubigen Berberitze einen farblich passenden Rock aus tanzenden Blütenkerzen des Knöterichs (*Polygonum affine*).

hoch wird und im Spätsommer blüht. Zur Fortsetzung des Farbspiels pflanzen Sie den gleich hohen, lavendel-violetten *A. carmichaelii* 'Kelmscott', der bis in den Oktober hinein blüht. (Ich halte es für wichtig, reichlich Herbstblumen dazuzusetzen.) Diese Art Pflanzengemeinschaft, bei der sich die zarten, blaß rosafarbenen Blüten wirkungsvoll gegen die kräftigeren Farben des Eisenhuts und die dunklen Blätter der Berberitze abheben, trägt zur besonderen Note Ihres Gartens bei.

Die grün- und purpurblättrigen Formen des Perückenstrauches (*Cotinus coggygria*) sehen im Hintergrund einer Rabatte herrlich aus. Durch einfühlsames Beschneiden können Sie sie für verschiedene Positionen in dieser verwenden – als hohe (2,50 m oder mehr) im Hintergrund, als mittelhohe davor oder als niedrige Sträucher, die in den Vordergrund der Rabatte passen. Wir haben unseren hohen purpurblättrigen Perückenstrauch so beschnitten, daß seine schon am Fuß sich verzweigenden Stämme bis auf eine Höhe von ungefähr 1,50 m kahl sind und seine Blätter auf dieser Höhe ein herrliches Dach bilden. Eine dunkelpurpurfarbene herbstblühende Clematis windet sich durch seine Zweige, und zusammen bilden sie ein eindrucksvolles Element zwischen David Austins modernen Strauchrosen 'Pretty Jessica', 'Wife of Bath' und 'Saint Cecilia'. An dieser Stelle ist noch genügend Platz für zwei weitere herbstblühende Clematis, und ich würde in diesem Fall solche mit blasseren Blüten aussuchen, wie zum Beispiel *Clematis viticella* 'Alba Luxurians' oder *Clematis texensis* 'Duchess of Albany' mit rosafarbenen, glockenförmigen Blüten. Diese beiden, und die schon vorhandene Clematis, müssen im Frühjahr kräftig zurückgeschnitten werden. (Kombinieren Sie niemals frühjahrs- und herbstblühende Clematis, da Sie sonst beim Beschneiden große Schwierigkeiten bekommen.) Unseren mittelhohen, grünblättrigen Perückenstrauch haben wir so beschnitten, daß er sein Laubdach knapp 80 cm über dem Boden ausbreitet. Die grünen Blätter dieses Strauchs, der sich jeden Sommer mit herrlichen Blütenrispen schmückt, nehmen im Herbst einen reizvollen Gelbton an. Auf beiden Seiten wird er von einer *Lavatera* 'Barnsley' eingerahmt, und an seiner Vorderseite wachsen Funkien und Lauch (*Allium siculum*, korrekte Bezeichnung *Nectaroscordum s.*); im Frühjahr sorgen Scilla und Primeln für Farbe.

Vor ungefähr acht Jahren habe ich im Frühling einen Steckling des purpurblättrigen Perückenstrauchs, der Wurzeln geschlagen hatte, ganz nach vorne in die Rabatte gepflanzt. Jeden März schneiden wir nun diesen gut herangewachsenen Perückenstrauch bis auf 30 cm zurück, und jedes Mal sorge ich mich danach, ob ich nicht zu drastisch vorgegangen bin; aber bis jetzt hat er es mir nicht übelgenommen und mich immer mit neuen großen, üppigen, purpurfarbenen Blättern belohnt. Seine Nachbarn sind die immergrüne *Hebe* 'Mrs. Winder' und eine immergrüne Zistrose, die ich aus in Korfu gesammelten Samen gezogen habe. Sie ähnelt sehr der Zistrose *Cistus* 'Silver Pink', hat aber noch graueres Laub, das gut zu den Unterseiten der Perückenstrauchblätter paßt. Dahinter steht ein 1,20 m hoher Japanischer Ahorn. Als ich ihn geschenkt bekam, glaubte ich insgeheim, er würde sich in unserem kalkhaltigen Boden unwohl fühlen und eingehen. Erstaunlicherweise hat er aber überlebt und bildet nun schon über sieben Jahre hinweg eine wunderbare herbstliche Kombination mit dem purpurfarbenen Perückenstrauch. Auch die dunkelroten Zweige der *Hebe* 'Mrs. Winder' fügen sich gut in das Bild ein.

Die beiden ziemlich großen, laubabwerfenden Sträucher Kolkwitzie und Deutzie, die beide im Mai und Juni blühen, können ebenfalls einen Platz in der Rabatte beanspruchen. *Kolkwitzia amabilis* hat elegante, aber recht verzweigte Äste, die sich über und über mit rosafarbenen Blüten mit gelbem Schlund bedecken und im Juli ein ganz anderes Aussehen annehmen, dann kommen nämlich ihre zierlichen Samenstände zum Vorschein. Das Rosa kann man noch unterstreichen, indem man eine hochwachsende rosafarbene Strauchrose – zum Beispiel 'Fantin-Latour' oder 'Mme Isaac Pereire' – danebenpflanzt oder eine nicht zu starkwüchsige Kletterrose wie *R.* 'Zéphirine Drouhin', 'Climbing Cécile Brunner' oder 'Souvenir de la Malmaison' in der kletternden Form dazugestellt. Die kräftigen Zweige der Kolkwitzie bieten sich dann als Stütze für die Kletterrose an.

Ein anderes, vorwiegend in Rosatönen gehaltenes Sommerbild ließe sich aus einer *Kolkwitzia amabilis*, Glockenblumen (*Campanula lactiflora* 'Loddon Anne') und blaßblauem Rittersporn zusammenstellen. Vor diese Gruppe aus hochwachsenden Pflanzen, die alle ihren Höhepunkt im Juni und Juli erreichen, könnte man *Artemisia lactiflora* (1 m) mit ihren zarten, cremefarbenen Blüten setzen, die die Rolle im August und September übernehmen. Mit Sommerastern (*Aster amellus* 'Pink Zenith', 60 cm) sowie höheren, kräftigen Herbstastern (*A. novae- angliae* 'Harrington's Pink', 1 m) ließe sich das Bild noch abrunden. Ein paar weiße Lilien, die man zwischen die Kolkwitzie und die Artemisien pflanzt, machen das Bild vollkommen. Da die Kolkwitzie am neuen Holz blüht, müssen Sie jedes Jahr nach der Blüte einige Zweige zurückschneiden, damit sie im nächsten Jahr wieder blühen kann.

Die beiden Deutzien, die ich am liebsten mag, sind *Deutzia scabra* 'Pride of Rochester' mit gefüllten, weißen Blüten und *D. x hybrida*

'Magicien', deren rosafarbene Blütenblätter purpurfarben gestreift und weißgerandet sind, was sie besonders reizvoll macht. Es zahlt sich aus, wenn man die Deutzien direkt nach der Blüte zurückschneidet, da sie dann genügend Zeit haben, neue Triebe für den Blütenflor im nächsten Jahr auszubilden. Die Kolkwitzie und die beiden Deutzien haben eine reizvolle, sich abschälende Winterrinde. Als Abwechslung zu den frühlingsblühenden Zwiebelpflanzen unterpflanzen Sie die Sträucher mit einem Kreis aus Stinkender Nieswurz (*Helleborus foetidus*) oder Wolfsmilch (*Euphorbia amygdaloides robbiae*). Im Sommer, wenn ihre beste Zeit vorüber ist, können Sie Stauden davorsetzen, die im Juli und August blühen: Sterndolden, Silberkerzen, Edeldisteln, Rudbeckien oder Salbei (*Salvia uliginosa*).

Der Ginster (*Genista aetnensis*) kann als Hochstamm gezogen werden, der eine Höhe von ungefähr 3 m erreicht. Verwenden Sie den Ginster als Höhenelement im Hintergrund der gemischten Rabatte, oder setzen Sie ihn nur 2 m nach hinten in einer tiefen Rabatte, wo er noch dekorativer wirkt. Sein lichtes Laub wirft nur wenig Schatten, und seine gelben Blütenrispen wirken im Juli wie sprühende Funken eines Feuerwerks. Wenn Sie den Ginster wie oben beschrieben pflanzen und ihn nicht mit zu vielen kompakt wirkenden Sträuchern umstellen, können Sie seinen Stamm mit später blühenden Alstroemerien, Japanischen Anemonen oder Montbretien (*Crocosmia* 'Solfaterre') einrahmen. Die letzteren haben aprikosengelbe Blüten und reizvolle bronze-grüne Blätter, die majestätisch aufragen.

Der Färberginster (*Genista tinctoria*) wirkt im Vergleich zum oben genannten Ginster nicht so großartig. Er ist kleiner (80 cm – 1 m) und läßt sich nur schwer so abstützen, daß er dabei auch noch ordentlich aussieht. Am besten gestattet man ihm, durch einen anderen Strauch zu wachsen, vielleicht eine *Garrya elliptica* oder einen goldfarbenen Liguster. Seine gelben Blütenzweige wirken dekorativer, wenn sie aus dem Laub einer Garrya oder eines Ligusters herausschauen.

Mit der panaschierten Schneebeere (*Symphoricarpos orbiculatus* 'Foliis Variegatis') und dem Fingerkraut *Potentilla* 'Elizabeth' läßt sich ein weiteres eindrucksvolles Bild in Gelbtönen für eine gemischte Rabatte gestalten. Für das Frühjahr pflanzen Sie gelbe und weiße Narzissen sowie weiße Krokusse dazu. Vergessen Sie auf keinen Fall Schlüsselblumen und Wolfsmilch (*Euphorbia polychroma*). Im Sommer können Sie das gelbe Farbschema mit Brandkraut (*Phlomis russeliana*), Mädchenauge (*Coreopsis verticillata*) und Wolfs-Eisenhut (*Aconitum lycoctonum*) fortsetzen. Der Eisenhut zeichnet sich übrigens durch auffallend schöne elfenbeinweiße Blüten aus. In Barnsley wächst zwischen der Schneebeere und dem Fingerkraut die *Clematis* 'Madame Edouard André', so daß vom Juni bis zum September dekorative dunkelrote Blüten durch ihr Laub schauen. Die Idee, Clematis in dieser Weise in einer Rabatte zu verwenden, ist eine Variation der Methode, Clematis über Heidekraut kriechen zu lassen. Für diesen Zweck müssen Sie Clematis-Varietäten auswählen, die ihre Gesichter nach oben richten, da Sie sonst von ihrer Schönheit nichts haben.

Ein nützlicher kleiner Baum für die gemischte Rabatte ist die Gleditschie (*Gleditsia triacanthos* 'Sunburst'). Ihre spitzenartigen Blätter sind leuchtendgelb, solange sie noch jung sind. Ich bevorzuge aber die Robinie (*Robinia pseudoacacia* 'Frisia'); sie ist eleganter, hat ein feineres Blatt, und ihre Farbe ist nicht so aggressiv wie die der Gleditschie. Die Robinie produziert neue Triebe aus dem alten Holz, so daß Sie die Zweige im Frühjahr, bevor der Saft aufsteigt, zurückschneiden können und auf diese Weise ihre Krone klein halten, damit sie nicht zuviel Schatten werfen kann. Im Garten eines Freundes habe ich vier Gleditschien reihenförmig in eine Rabatte von nur 1,50 m gepflanzt und ihre Kronen auf den 1,50 m hohen Stämmen zu Kugeln geschnitten.

In meinem eigenen Garten steht am goldfarbenen Ende der langen Rabatte als Einzelexemplar eine Gleditschie, die wir so beschnitten haben, daß sie ganz schmal ist und ihre übereinandergeschichteten Zweige deutlich hervortreten. Im Frühjahr rahmen sie goldfarbene Tulpen, gelbe Narzissen und Nieswurz (*Helleborus foetidus*) ein. Ich habe versucht, für das ganze Jahr ein harmonisches Farbschema zu finden, indem ich die verschiedenen Gelbtöne mit Komplementär- oder Kontrastfarben des Farbspektrums kombiniert habe – Violett/Blau als Kontrast zu den Gelbtönen und Orange als Kontrast zu Blau. Der Spierstrauch (*Spiraea japonica* 'Goldflame'), der am schönsten im Spätfrühling aussieht, paßt farblich wunderbar zu Chartreusegrün – ein Farbton, den die jungen Brakteen der Wolfsmilch (*Euphorbia cyparissias*) aufweisen. Dieser Wolfsmilchart wird nachgesagt, sie breite sich schnell aus und sei unkontrollierbar, was ich nicht bestätigen kann. Ich mag jedenfalls wegen ihrer nagelartigen Blätter nicht auf sie verzichten. Neben der Wolfsmilch stehen gelbe Stiefmütterchen und weiße Hornveilchen (*Viola cornuta*), die es geschafft haben, den Spierstrauch hinaufzuklettern und sich durch ihn hindurchzuwinden. Wo immer wir einen Platz zwischen Sträuchern, Stauden und Zwiebelpflanzen finden, setzen wir gerne ein paar Schlüsselblumen.

Auch Rosen passen meiner Ansicht nach gut in eine gemischte Rabatte. Die von David Austin gezüchteten und eingeführten neuen Englischen Rosen, die in der Höhe zwischen 1 und 2 m variieren, sind geradezu ideal. Sie vereinen in sich mehrere hervorragende Eigenschaften: Häufigkeit der Blüte, eine breite Farbpalette wie bei den modernen Rosen und die charakteristische Blütenform mit dem Charme alter Rosen. Wegen ihres natürlichen buschigen Wuchses und der Blütenfülle benötigen sie viel Platz um sich herum, damit sie voll zur Geltung kommen können. Deshalb sollten Sie möglichst von relativ niedrigen oder zarten Pflanzen wie Akelei, Wollziest (*Stachys byzantina*, *S. lanata*), Diascien, Skabiosen, niedrigen winterharten Storchschnabelarten, Lavendel oder Strohblumen (*Helichrysum italicum*, *H. angustifolium*) eingerahmt werden. In einer kleinen Rabatte sieht eine einzige Rose entzückend aus, aber zwei oder drei nebeneinandergesetzte und ineinander verwobene Rosen wirken noch eindrucksvoller. Und für jede Situation gibt es natürlich die passende Farbe.

Als wir Sträucher für den Spätherbst aussuchten, haben mein Mann und ich noch einmal einen Artikel gelesen, den Vita Sackville-West am 24. Juli 1949 geschrieben hatte. Ihr anhaltender Einfluß auf unsere Gärten hat sich zum ersten Mal in der Zeit ausgewirkt – vielleicht ganz unbewußt –, als sie regelmäßig Artikel für die Sonntagsausgabe des »Observer« schrieb. Wir erholten uns damals ganz allmählich von den Auswirkungen des Krieges und von dem bedrückenden Wort »Nützlichkeit«; das Ziehen von Gemüse und das Gärtnern für den Sieg gehörten mehr und mehr der Vergangenheit an. Vita machte uns Mut anzupacken und unsere Gärten mit neuem Leben und neuen Pflanzen zu füllen. Wir schnitten mehrere ihrer Artikel aus (inzwischen sind sie in einem Buch zusammengefaßt), von denen der eine von dem »unangenehmen Moment zwischen Juni und September (handelt) . . . wenn der Garten häufig leer und farblos ist . . . Dann wenden wir uns unseren zuverlässigen Freunden, den blühenden Sträuchern zu und finden auch da nur sehr wenige. Immerhin gibt es aber einige.«

Die drei Sträucher, über die sie geschrieben hat und an die ich mich immer wieder erinnere, sind das Trio für »eine blaue und silberne Ecke«. *Perovskia atriplicifolia* wirkt wie eine zarte, blaue Wolke im August und September. Ihre geheimnisvolle Wirkung geht verloren, wenn in der Umgebung zu kräftige Farben dominieren – zum Beispiel Orange und Feuerrot –, aber sobald sie neben blaßrosafarbenen oder nahezu weißen Pflanzen steht, ziehen ihre tief eingeschnittenen grauen Blätter und ihre blauen Blüten die Blicke auf sich. Sie eignet sich gut als Akzent zu beiden Seiten einer Steintreppe und läßt sich hervorragend mit fast weißen Fuchsien kombinieren. Sie könnten im Herbst Samen von der Jungfer im Grünen (*Nigella spec.*) zwischen die Perovskia säen, die dann nach dem Frühjahrsschnitt zwischen ihr austreiben und sich im Mai mit zarten Blüten

Oben links: ***Perovskia*** **'Blue Spire' ist ein Sonnenkind mit graugrünen, aromatischen, tief eingeschnittenen Blättern. In einem gut durchlässigen Boden breitet sie sich im Spätsommer wie eine blaue Wolke aus. Hier wird sie von einem Tuff blaßblauer Hornveilchen (*****Viola cornuta*****) ergänzt, deren Farbton sich in den blaßgrauen Blütenstielen der** ***Perovskia*** **widerspiegeln.**

Oben rechts: Die niedrigen gebogenen Zweige der Bartblume (***Caryopteris x clandonensis*****) bilden einen ordentlichen runden Busch mit duftenden, graugrünen Blättern. Vor allem wegen seiner späten Blütezeit im September und Oktober ist sie ein wichtiger Strauch für die Rabatte. Die hier abgebildete Sorte** ***C. x c.*** **'Kew Blue' hat ein dunkleres Blau.** ***C. x c.*** **'Heavenly Blue' hat dunklere Blüten und einen kompakteren Wuchs.**

Rechts: Die Bleiwurz (***Ceratostigma willmottianum*****) ist ein wertvoller, prächtiger und zuverlässiger Strauch für die Herbstrabatte. Seine drahtigen Stiele sterben bis zum Boden ab, außer in sehr milden Klimaten. Pflanzen Sie neben die Bleiwurz grauen Heiligenblumen oder** ***Artemisia*** **'Powis Castle' oder kombinieren Sie sie, falls Sie eine besondere Herbstrabatte haben, mit winterharten Fuchsien. Die Rabatte kann dann im Frühjahr viele Zwiebelpflanzen enthalten.**

schmücken. Der zweite von Vita empfohlene Strauch ist die Bartblume (*Caryopteris x clandonensis*), ein graulaubiger Strauch mit blauen Blüten, der jedes Frühjahr kräftig zurückgeschnitten werden muß. Setzen Sie ihn an eine Ecke Ihrer Rabatte und umgeben Sie ihn mit der einjährigen Winde (*Convolvulus minor*), die von Juni bis Juli blüht. Der dritte Strauch war die Bleiwurz (*Ceratostigma willmottianum*), eine wunderschöne Pflanze, die sich mehrere Wochen lang im Herbst mit einer Fülle echt preußischblauer Blüten schmückt. Im Spätherbst nehmen dann die Blätter ein leuchtendes Karmesinrot an. Wir haben die Bleiwurz unter eine Berberitze (*Berberis dictophylla*) gepflanzt, die eine Höhe von 2 m erreicht und Blätter mit grauen Unterseiten trägt. Diese färben sich dunkelrot, bevor sie abfallen, so daß sie mit der Bleiwurz im Herbst Schritt halten. Mittlerweile hat die ausdauernde Platterbse (*Lathyrus latifolius*), die wir durch die Berberitze haben wachsen lassen, zu blühen aufgehört.

Immergrüne und graue Pflanzen für die Vorderfront der Rabatte

Sowohl für den Sommer als auch für den Winter ist es wichtig, an die Vorderfront der Rabatte eine unterbrochene Reihe aus immergrünen oder grauen Pflanzen zu setzen, ebenso wie ein geeigneter Rahmen aus Bäumen und Sträuchern im Hintergrund und in der Mitte einer Rabatte unerläßlich ist. Neben den niedrigwachsenden, immergrünen »Einfassungs-Sträuchern« wie Heben oder Sonnenröschen liebe ich Pflanzen mit auffallenden Blättern wie Elfenblumen, Wolfsmilch und Bergenien.

Zu meinen absoluten Lieblingen für das Frühjahr gehören die verschiedenen Arten und Sorten des Lungenkrauts (*Pulmonaria spec.*), die oft schon früh im Jahr blühen. Da sie im Sommer gerne im Schatten stehen, passen sie am besten an den Rand eines Waldlandbereichs, aber nichtsdestoweniger liebe ich sie in meinen Rabatten. Sie können ganz für sich allein stehen und sollten möglichst an den Rand gepflanzt werden, damit man ihre entzückenden Blüten genießen kann. Am schönsten ist das Lungenkraut *Pulmonaria angustifolia azurea* mit seinem wunderbar leuchtenden Blau. Es gibt viele verschiedene Varietäten: *P. vallarsae* 'Margery Fish' hat grün-silbern geflecktes Laub und rosafarbene und blaue Blüten; *P. saccharata argentea* hat außergewöhnliche silberne Blätter.

Auch die Blätter der Elfenblumen sind wichtig. Damit die volle Schönheit ihrer Blätter und Blüten zur Geltung kommen kann, müssen Sie ihre alten Blätter im Februar zurückschneiden, und zwar schon bevor die Blütenstengel zum Vorschein kommen. Falls Sie das versäumen, werden die Blüten unter dem alten Laub verborgen bleiben, und auch die jungen Blätter werden von dem ältlichen Laub des Vorjahres erdrückt werden. Jedes einzelne herzförmige Blatt ist hübsch gemustert mit blaßgrünen Adern auf rostrotem Untergrund. Die Blüten variieren in Farbtönen von Gelb über Zartorange und Rosarot bis hin zu Rot, aber meiner Ansicht nach gedeiht die gelbblütige Elfenblume (*Epimedium perralderianum*) am besten, obwohl sie etwas Schatten und einen nährstoffreichen Boden benötigt.

In meinem Garten stehen Elfenblumen (*Epimedium x versicolor* 'Sulphureum'), die ihre grünen und bronzefarbenen Blätter an drahtigen Stielen tragen, neben einer dunkelgrünen, am Boden niedergestreckten Fichte (*Picea abies* 'Nidiformis'), die von *Dicentra formosa* 'Stuart Boothman' eingerahmt wird. Es gibt keinen Tag im Jahr, an dem diese völlig problemlose Kombination nicht schön aussieht.

Nach einem milden Winter sieht die Wolfsmilch (*Euphorbia amygdaloides* 'Superba'), eine immergrüne krautige Pflanze, die mir die große Pflanzenkennerin und -liebhaberin Nancy Lindsay vor zwanzig Jahren geschenkt hat, in einer Rabatte wunderbar aus, wenn sie ihre limettengrünen Blüten an 50 cm langen Stielen geöffnet hat. Sie beginnt zu wuchern, sobald das Winterwetter dafür günstige Bedingungen schafft, aber bei hartem und anhaltendem Frost leidet sie unter der Kälte. In meinem Garten steht sie neben einer sehr feinen Form des Silberpfennigs (*Lunaria annua*), die außergewöhnliche, dunkelpurpurfarbene Blüten trägt. Diese beiden Farben – Chartreusegelb und dunkles Purpur – sehen zusammen großartig aus; darüber hinaus passen auch noch die Blüten der Wolfsmilch ausgezeichnet zu dem klaren Blaßgrün der aufgehenden Blätter der Lindenbäume.

Graues Laub läßt sich mit den meisten Farben gut kombinieren, und die grauen Blätter der Heiligenblume, des Lavendels und des grauen Salbeis variieren schon in sich, was Blattgröße, Farbe, Textur und Form anbetrifft. Im Frühjahr und den ganzen Sommer über bilden die graue Heiligenblume *Santolina chamaecyparissus* (*S. incana*), *Santolina pinnata neapolitana* und die grüne *Santolina rosmarinifolia* (*S. virens*) einen schönen Kontrast zu den Zwiebelgewächsen und den nachfolgenden Blütenähren der krautigen Pflanzen. Sie sollten kräftig zurückgeschnitten werden, damit man den ganzen Winter über Freude an ihren dekorativen Formen und Blättern hat.

Heiligenblumen sind vielseitig verwendbar. Drei, fünf oder neun Exemplare in eine Reihe gepflanzt – die Zahl hängt von der Größe Ihrer Rabatte ab – bilden zusammen ein dekoratives Element, das sich wie ein Haufen kleiner Brotlaibchen ausnimmt. Sie können aber auch die Heiligenblumen abwechselnd mit niedrigen Sträuchern oder krautigen Pflanzen zu einem Band zusammenfassen, das der Rabatte durch die Wiederholung des Pflanzschemas einen gewissen Rhythmus verleiht.

Die jeweiligen Farben hängen ganz von Ihrem Grundschema ab. Entweder ergänzen die Grautöne blasse Gelb-, Gold-, Purpur- und Blautöne, oder aber sie bilden einen Übergang zu Weiß, Rosatönen und mit Rosa harmonierenden Farbschattierungen. Der wichtigste Punkt ist aber die Wiederholung der Grundfarben.

Es gibt Blumen, die meiner Ansicht nach unbedingt ein graues Element zur Dämpfung benötigen, und, falls notwendig, müssen Sie selbst graues Laub dazufügen. Die sehr lebhafte *Aster novae-angliae* 'Andenken an Alma Pötschke' muß unbedingt den richtigen Nachbarn an ihrer Seite haben. Ihre Farbe ist so aufregend, daß eine gleichzeitig blühende Blume von gleicher Intensität fast unerträglich wäre.

Das Problem läßt sich meiner Ansicht nach nur so lösen, daß man diese sehr lebhafte Farbe mit einem grauen »Rock« umgeben oder ihr zumindest eine graue Vorderfront verpassen sollte. Für diesen Zweck wären Sträucher wie Santolinen oder *Artemisia* 'Powis Castle' gut geeignet. Beide müssen im Frühjahr kräftig zurückgeschnitten werden, damit sie ihre Form behalten. Falls Sie lieber bei krautigen Pflanzen bleiben wollen, würde ich Ihnen *Artemisia ludoviciana* empfehlen. Sie hat zartgraue Blätter und unscheinbare Blüten, die möglichst schon in der Knospe abgeschnitten werden sollten. Für welche Pflanze Sie sich auch immer entscheiden, sie muß mindestens eine Höhe von 50 cm erreichen, damit sie die unordentlichen Blütenstengel der Astern verbergen kann. (Besonders unangenehm ist es mir nämlich, wenn ich die mit verwelkten Blättern bedeckten Stengel hoher Stauden inmitten meiner Beete sehen kann.)

Es gibt mehrere Heben mit grauen Blättern. Zu meinen Favoriten zählt die *Hebe topiaria*, die mit ihrem wunderbar rundlichen Wuchs, der wie beschnitten wirkt, zur Akzentuierung einer Kurve oder einer Ecke hervorragend geeignet ist. Da ihre grauen Blätter ganz dicht beieinanderstehen, wirkt sie wie eine kompakte Kugel. Sie wird nicht höher als 30 cm und eignet sich vorzüglich als Randbepflanzung. Pflanzen Sie sie in Reihen als Einrahmung zu beiden Seiten einer Ecke oder bilden Sie einen Kreis aus sieben Exemplaren, wobei Sie eine Pflanze in die Mitte setzen und die anderen sechs in gleichmäßigen Abständen ringsherum pflanzen. Aufgrund ihres ordentlichen Wuchses ziehen wir sie der *Hebe pinguifolia* 'Pagei' vor, die eine lokkere und ausladende Gestalt hat, die sich aber auch für besondere Zwecke eignet: Drei oder fünf Exemplare in ein Dreieck gepflanzt, ergeben einen niedrigen, grauen Block am Rand einer Rabatte; oder alleine in einem schmalen, bandförmigen Beet gruppiert, wirken sie wie eine ruhige, graue Insel. Mit Grau kombiniere ich gerne Primelgelb und zartes Zitronengelb, zum Beispiel die Schafgarbe *Achillea* 'Moonshine' – sie hat sowieso schon silbernes Laub –, die Fackellilie *Kniphofia* 'Sunningdale Yellow' und die Nachtkerze *Oenothera biennis*.

Die rundlichen immergrünen, Horste, die die Sonnenröschen bilden, eignen sich ebenfalls gut für die Vorderfront einer Rabatte.

Gegenüber: Die nach Süden ausgerichtete Mauer in Tintinhull House trägt Kletterrosen, Clematis und eine Säckelblume (*Ceanothus* 'Cascade'). Davor wächst ein schönes Exemplar der Wolfsmilch (*Euphorbia characias wulfenii*) neben *Piptanthus nepalensis*. *Iris pallida* steht in voller Blüte. Die niedrigen Sträucher umfassen *Hebe pinguifolia* 'Pagei', *Viola labradorica purpurea* und *Phlox* 'Chattahoochee'.

Unten: Diese Rabatte im Gemüsegarten des House of Pitmuies bei Forfar ist mit einjährigen Bartnelken, Leberbalsam, Kosmeen, Bartfaden, *Artemisia* 'Powis Castle' und *Hebe* 'Great Orme' bepflanzt. Das Bild wurde Anfang Juli aufgenommen, nachdem Frühlingsblumen wie Goldlack, Primeln, Vergißmeinnicht und Narzissen bereits verblüht waren.

Einige bilden dichtere Horste als andere. Zu unseren Lieblingen gehört das Sonnenröschen (*Helianthemum* 'Cherry Red'), dessen Blüten zwar nicht aufsehenerregend sind, das aber wie ein dichtbestecktes Nadelkissen aussieht, sobald es mit Blüten übersät ist. Die Farbpalette der Sonnenröschen erstreckt sich von Weiß über Creme und Primelgelb bis hin zu Orange und Rot. Nur in Blau- und Mauvetönen gibt es sie nicht. Ihre gefüllten Blüten (die zu voll sind, um sich schließen zu können) haben den Vorteil, die Nacht über geöffnet zu bleiben. Wir haben die gelben und rosafarbenen Formen, und ich bin der Überzeugung, daß sie keine Nachbarpflanzen benötigen. Allein sehen sie einfach am schönsten aus. Diese Erfahrung habe ich bereits vor Jahren gemacht, als ich sie in Mengen pflanzte und alle zu einer Zeit erblühten, in der der Garten sonst karg an Farben ist.

Hügelformen können auch mit niedrigen Spiersträuchern erzielt werden. Sie sind nicht immergrün, aber ihre dichten, drahtigen Stiele vermitteln einen kompakten Eindruck. Ich habe eine *Spiraea japonica* 'Little Princess' (50 cm) im Garten, die im Juni ihre rosa-karmesinroten Blüten öffnet. Sie wird von Lauch (*Allium cernuum*) eingerahmt, der sich jetzt ausbreitet und immer zuverlässig ist. Ganz in der Nähe steht der Spierstrauch (*Spiraea nipponica* 'Snowmound'), dessen reinweiße Blüten eine harmonische Gemeinschaft mit den nachbarlichen Feinstrahlastern (*Erigeron* 'Four Winds') bilden. Die Feinstrahlastern werden nur 20 cm hoch und breiten im Mai einen durchgehenden Teppich aus sternartigen mauvefarbenen Blüten aus.

Für Spiersträucher lassen sich leicht passende Nachbarpflanzen finden. Wir haben Salbei (*Salvia nemorosa* 'Ostfriesland') gepflanzt, der im Juni und Juli seine kräftig violett-purpurfarbenen Blütenähren öffnet. Wenn die Blüten abfallen, bleiben die blasseren, eher papierartigen Brakteen stehen. Eine Massenpflanzung aus dunkellaubigem Bartfaden (*Penstemon* 'Rich Ruby') bildet einen geeigneten Hintergrund für die Spiersträucher, die von Juli an blühen. Damit die dunklen Farben nicht zu düster wirken, haben wir sie mit grauen *Artemisia canescens*, blaßblütigen Sterndolden und mit weißen Einjährigen aufgehellt.

Für eine Rabatte in Gelb-, Orange- und Rottönen sollten Sie die beliebte *Spiraea japonica* 'Goldflame' auswählen. Ihre aufsehenerregenden Blätter in Gold, Grün und Rot wirken im Frühjahr am frischesten. Später im Jahr wirkt der Strauch zwar nicht müde, aber doch weniger eindrucksvoll. Vielleicht sollte man aber nicht zu anspruchsvoll sein und zuviel von einem Strauch über mehrere Monate hinweg verlangen; statt dessen sollte man lieber die eigene Phantasie anstrengen, um die guten Eigenschaften der Pflanze auch später besser zur Geltung zu bringen. Dieser Spierstrauch liebt Sonne und sieht im Frühjahr wunderbar in Gesellschaft mit Schlüsselblumen, gelben und blauen Veilchen sowie dem Zitronengelb der Wolfsmilcharten *Euphoribia cyparrissias* und *E. polychroma* aus. Im August bringt er allmählich karmesinrote Blüten hervor, die Sie abschneiden sollten, sofern sie Ihnen in Kombination mit den gelbgrünen Blättern mißfallen. Falls Sie sie aber mögen, sollten Sie dazu eine Blume in einer vergleichbaren Farbe auswählen, um einen kräftigen Akzent zu setzen: die Indianernessel *Monarda* 'Cambridge Scarlet' oder *Phlox* 'July Glow' blühen beide zur gleichen Zeit; ebenfalls die Fetthenne *Sedum* 'Sunset Cloud'. Die feinen, fleischigen, purpurgetönten Blätter der Fetthenne passen in Farbe und Größe gut zu dem Spierstrauch und bilden einen schönen Kontrast. Alle Spiersträucher haben zudem den Vorteil, daß sie den Boden gut bedecken. Abgesehen davon, daß sie einmal im Jahr beschnitten werden müssen, kann man den Platz, den sie einnehmen, sich selbst überlassen, das heißt, Unkrautjäten ist nicht notwendig.

Viele niedrige Sträucher eignen sich am ehesten zur Einfassung einer Rabatte. Gamander (*Teucrium chamaedrys*), als schmales Band gepflanzt, sieht das ganze Jahr über prächtig aus, vor allem, wenn er im August seine purpurfarbenen Blüten öffnet. Zwei Wochen lang ist er dann der Anziehungspunkt für die Bienenvölker der Gegend. Pflanzt man ihn in Blöcken oder lockeren Gruppen in eine Rabatte, sollte man Zwiebelpflanzen (mindestens 30 cm hoch) dazwischensetzen, damit er auch noch zu anderen Jahreszeiten an Reiz gewinnt. Wie so oft bei kleinen Sträuchern, beginnt er zu schießen und verliert seine Form, wenn er im Frühjahr nicht zurückgeschnitten wird.

Stauden als Rabattenfüller

In der gemischten Rabatte haben Stauden die wichtige Funktion, ausgewählte Sträucher miteinander zu verbinden und Lücken dazwischen auszufüllen. Einige Sträucher blühen im Winter und im Frühling, aber die Stauden blühen größtenteils im Sommer und Herbst, so daß das ganze Jahr über Ihr Garten ein abwechslungsreiches und farbenprächtiges Bild bietet. Sie finden noch andere Vorschläge in dem Kapitel über Staudenrabatten, und Sie können solche auswählen, die mit dem Farbschema Ihrer gemischten Rabatte harmonieren. Im folgenden finden Sie eine Auswahl meiner eigenen Kombinationen.

Bartfaden, der über mehrere Wochen blüht, eignet sich vorzüglich zum Ausfüllen von Lücken. Setzen Sie zum Beispiel Bartfaden *Penstemon* 'Sour Grapes' neben den zwergwüchsigen Lavendel (*Lavandula* 'Munstead'). Ihre Blütenfarben mischen sich vortrefflich, und im Winter bietet der Lavendel dem Bartfaden einen leichten Schutz. Zu den schönsten *Penstemon*-Arten gehört *P.* 'Garnet' mit seinen weinroten Blüten, die sich wunderbar mit der im Juni blühenden Bartiris verbinden lassen. Der Bartfaden blüht nach der Iris, deren riemenartige Blätter in der Textur einen schönen Kontrast zu dem feineren Laub des Bartfadens bilden. Ein anderer Blickfang ist *P.* 'Alice Hindley', die eine ideale Umgebung für immergrünen, mehrjährigen Schöterich *Erysimum* 'Bowles' Mauve' bildet und sich schön mit ihm verbindet. Wir haben Trichterschwertel (*Dierama pulcherrimum*) hindurchwachsen lassen, da seine Wurzeln nicht gestört werden wollen. (Er sollte auf keinen Fall bewegt und seine Blätter auch nicht zurückgeschnitten werden.) In unserem Garten neigt er seine Blütenzweige elegant über Schöterich und über zwei Exemplare der *Hebe rakaiensis*, die ganz in seiner Nähe stehen. Sie sind alle immergrün, obwohl wir den Bartfaden im Frühjahr bis zu den untersten Trieben zurückschneiden.

Bartfaden blüht an geraden, aufrechten Stielen, so daß man mit einer rundlichen Pflanze einen schönen Kontrast zu seiner vertikalen

Eine gemischte Rabatte im Sommer

1 Gleditschie (*Gleditsia triacanthos* 'Sunburst')
2 Spierstrauch (*Spiraea x vanhouttei*)
3 *Lavatera olbia* 'Barnsley'
4 Salbei (*Salvia uliginosa*)
5 Deutzie (*Deutzia scabra*)
6 Akanthus (*Acanthus mollis*)
7 Taglilie (*Hemerocallis* 'Pink Damask')
8 *Hebe rakaiensis*
9 Malve (*Malva alcea*)

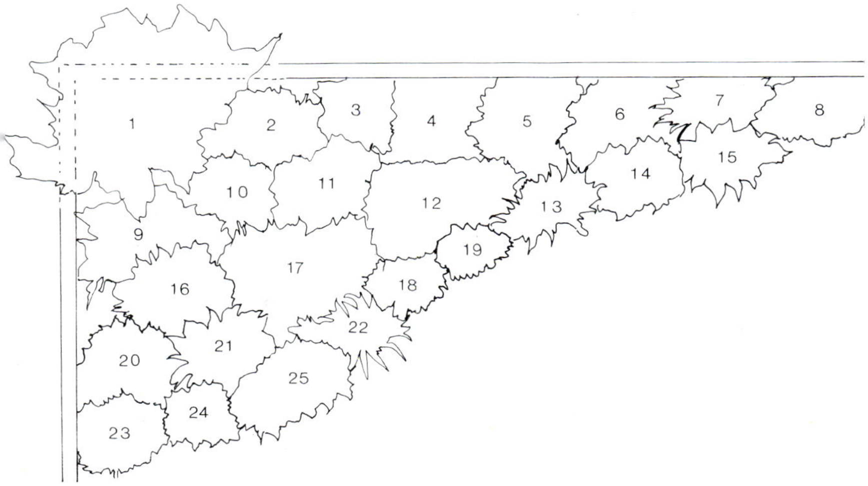

10 Wiesenraute (*Thalictrum aquilegiifolium*)
11 Indianernessel (*Monarda* 'Cambridge Scarlet')
12 Gelenkblume (*Physostegia* 'Rose Bouquet')
13 *Nectaroscordum siculum*
14 Spierstrauch (*Spiraea nipponica* 'Snowmound')
15 Funkie (*Hosta* 'Gold Standard')
16 *Hebe* 'Mrs. Winder'
17 *Artemisia ludoviciana*
18 *Phlox* 'Chattahoochee'
19 Feinstrahlaster (*Erigeron* 'Four Winds')
20 *Perovskia atriplicifolia*
21 Funkie (*Hosta sieboldiana* 'Elegans')
22 *Iris foetidissima*
23 Rosmarin (*Rosmarinus officinalis*)
24 Storchschnabel (*Geranium endressii*)
25 Frauenmantel (*Alchemilla mollis*)

Bei der Planung einer gemischten Rabatte sollten Sie zuallererst den Standort der Sträucher und möglicherweise auch den eines Baumes festlegen. Entscheiden Sie sich für ein Farbschema – im Frühjahr kann es vielleicht goldene und blaue, im Sommer graue, rosa und blaue Farbtöne und im Herbst wärmere Farbschattierungen in Rot und Bronze haben. Berücksichtigen Sie auch die Wirkung von immergrünen, insbesondere breitblättrigen Varietäten, die Ihrer Rabatte im Winter Substanz verleihen. Es ist eine gute Idee, die Rabatte mit niedrigen Pflanzen einzufassen, einschließlich solcher, die ihr Laub im Winter behalten – zum Beispiel *Hebe topiaria* und *Parahebe lyallii* oder die Steinbrecharten, insbesondere *Saxifraga x urbium*.

Struktur herstellen kann – einerseits Elfenblumen und Funkien wegen der Blätter und andererseits *Spiraea* 'Little Princess' wegen der Blüten. Die rein rosafarbenen Blüten der Flockenblume (*Centaurea hypoleuca* 'John Coutts') wären auch geeignet, den ziemlich schmalblättrigen Bartfaden *P.* 'Evelyn' und den höher wachsenden *P.* 'Pennington Gem' zu ergänzen.

Die immergrünen, mehrjährigen Schötericharten haben im Frühjahr eine lange Blütezeit; nur nach einem überaus kalten Winter können sie versagen. Meine Lieblingssorte ist der Schöterich *Erysimum* 'Bowles' Mauve', der im zweiten oder dritten Jahr eine Höhe und Breite von 60 cm erreicht. Er hat eine schöne Form, und seine graugrünen Blätter und mauvefarbenen Blüten passen gut zu den meisten frühjahrsblühenden Zwiebelpflanzen; nur scharlachrote Tulpen sollte man von ihm fernhalten. Später müssen die Farben der Nachbarpflanzen durch Stauden ersetzt werden, die die Blätter des Schöterichs ergänzen und in voller Sonne gedeihen. Für diesen Zweck empfehle ich Agapanthus, Trichterschwertel, winterharte Fuchsien, Anemone-Hybriden oder vielleicht eine Auswahl an Funkien mit grauen Blättern.

Da der Schöterich mitunter zu schießen beginnt und auch vor Wind und Frost geschützt werden möchte, könnte ihm ein 60–90 cm hoher Strauch auf der Windseite eventuell Schutz gewähren. Ich denke dabei an Gamander (*Teucrium chamaedrys*), *Hebe rakaiensis*, Zistrosen, Skimmien oder Schneeball (*Viburnum opulus* 'Compactum'). Als Nachbarpflanze würde ich Ihnen zu der etwas höher wachsenden *Dicentra formosa* 'Alba' raten. Nach Aussage des Spezialisten John Coke ist sie insgesamt eine einfachere Pflanze als *D. spectabilis* 'Alba', blüht länger und bildet einen üppigen, sich ausbreitenden Horst aus leuchtend apfelgrünen Blättern.

Akelei hat wie Dicentra den Vorteil, zu einer Zeit zu blühen, in der die Zwiebelgewächse und Frühjahrspflanzen verblüht sind und auch sonst nur wenig in Blüte steht. Von Akeleien kann man niemals zuviel haben. Sie haben schöne Blätter und Blüten und bilden entzückende dreiblättrige Rosetten am Fuß ihrer 60 cm hohen Blütenstengel. Sie säen sich selbst aus, und ihre Farben passen immer in ein Farbspektrum aus Blau- und Mauvetönen, so daß man sich niemals sorgen muß, ob ihre Gegenwart störend wirken könnte. Man sollte ihre Samen sammeln und sie, sobald sie reif sind, entweder in Reihen in einem Saatbeet aussäen, oder die Samen bis zum Frühjahr aufbewahren und im Haus in einer Saatschale aussäen.

Es lohnt sich, nach der Geißraute (*Galega officinalis*) und insbesondere nach der Zuchtform *G. x hartlandii* Ausschau zu halten. Früher gehörte sie zu den Hauptstützen der Staudenrabatte, während sie heute nur noch selten in Gärten zu finden ist. Ich bin immer wieder

Gegenüber: Ein Teil des Terrassengartens in East Lambrook Manor. Der Hartriegel (*Cornus controversa* 'Variegata') wurde so gezogen, daß er ein großes Laubdach bildet. Die Scheinzypresse (*Chamaecyparis lawsoniana* 'Fletcheri') wurde kuppelförmig beschnitten, und der Spindelstrauch (*Euonymus fortunei* 'Silver Queen') sieht im Winter äußerst reizvoll aus. Akeleien haben sich ringsherum reichlich ausgesät, und hier und dort findet man die Storchschnabelarten *Geranium x oxonianum* und *G. robustum*, Wolfsmilch (*Euphorbia characias*), Hebe und Wiesenraute. Die Rabattenränder sind mit Nelken, Veilchen, Frauenmantel und Glockenblumen (*Campanula poscharskyana*) bepflanzt.

Rechts: In Chilcombe House in der Nähe von Bridport lassen die Farben dieser gemischten Bepflanzung das künstlerisch geschulte Auge des Besitzers erkennen. Von dem Sitzplatz vor einer Hecke, die sich wie ein Wandteppich ausnimmt, kann man seinen Blick auf Salbei (*Salvia x superba* 'Superba'), Backenklee (*Dorycnium hirsutum*), Dreimasterblumen, dunklem Fingerkraut und Glockenblumen (*Campanula persicifolia* 'Hampstead White') ruhen lassen. Im Vordergrund blühen Bartfaden (*Penstemon* 'Charles Rudd') und *Artemisia abrotanum*.

erstaunt, wie oft Leute nach ihrem Namen fragen (wenn sie das Namensschildchen nicht finden können). Diese Staude besitzt nämlich erstaunlich viele gute Eigenschaften. Sie ist eine buschige Pflanze mit schönen graugrünen Blättern und Massen kleiner Erbsenblüten, die in weißen und blauen bis purpurfarbenen Trauben zusammengefaßt sind (*G. x h.* 'Lady Wilson' trägt Blüten in einem Mauve-Rosa). Wenn sie verblüht sind, färben sich die Samenköpfe grün bis dunkelbraun.

Vor eine Geißraute lassen sich hübsch Wiesenrauten (*Thalictrum aquilegifolium*, 1,20 m) und Indianernesseln (*Monarda* 'Prärienacht', 90 cm) setzen, die den ganzen August über für Farbe sorgen. Eine große Gruppe Sterndolden, gleich welcher Varietät, würde das Bild noch abrunden. Wenn genügend Platz hinter der Gruppe vorhanden ist, würde ich den Geißbart *Aruncus dioicus* 'Glasnevin' wegen seiner federartigen Blütenrispen und seines schöngefiederten Laubs dahintersetzen. Ein anderer Vorteil besteht darin, daß der Geißbart niemals abgestützt werden muß.

Es gibt einige Pflanzen, nach denen meine Gartenbesucher in der Gärtnerei immer wieder verlangen, vor allem nach der Wolfsmilch *Euphorbia griffithii* 'Fireglow'. Ihre lockeren Blütenköpfe, die sich aus kleinen Blütchen zusammensetzen, sind unscheinbar gegenüber ihren leuchtend orangeroten Brakteen. Wegen ihrer intensiven Farbe muß man die passenden Pflanzennachbarn mit Bedacht aussuchen. Die dunkelorangefarbenen Blüten des Sonnenröschens (*Helianthemum* 'Henfield Brilliant'), die sich im Juni öffnen, könnten das leuchtende Orange der Wolfsmilch widerspiegeln, wenn man sie in einem Halbkreis vor sie setzen würde. Hinter die Wolfsmilch gruppierte Kokardenblumen (*Gaillardia* 'Mandarin') würden mit ihren flammend orangefarbenen Blüten die gleiche Wirkung haben. Wenn auch die Wolfsmilchbrakteen im Juli allmählich verblassen, so behalten doch die Mittelrispen der Blätter etwas Farbe. Später im Sommer könnten ihre unmittelbaren Nachbarn ein paar Sorten Staudenphlox sein, die im Juli zu blühen beginnen: *Phlox paniculata* 'Prince of Orange' hat fast die gleiche Farbe wie die Wolfsmilch; ich würde auch *P. p.* 'White Admiral' verwenden, eine meiner Erfahrung nach sehr zuverlässige und langlebige Varietät. *Artemisia splendens* und *A. stelleriana*, die beide dichte Sommerteppiche bilden, würden sich gut als Vorpflanzung für diese Pflanzenkombination eignen, zumal Grau eine wundervolle Begleitfarbe ist und auch als Hintergrund für jedwede Farbe verwendet werden kann.

Im Spätfrühjahr stoßen die Spitzen der Funkienblätter durch den Boden und beginnen sich auszubreiten. Wie die Akeleien bedecken sie dort den Boden, wo Zwiebelpflanzen zuvor ihre Frühjahrsblüte beendet haben.

Die Schönheit ihrer Blätter beruht zum größten Teil auf ihrer perfekten Art, sich selbst mit ihren gewellten Rändern und gerippten oder gefältelten Oberflächen zu präsentieren. In Gruppen sehen sie imponierend aus, aber wenn Sie den Versuch unternehmen, eine gemischte Gruppe aus verschiedenen Arten zusammenzustellen, werden Sie enttäuscht sein. Dekorative Blätter müssen einfach in dekorativen Gruppen stehen. Wenn Sie so viele Varietäten wie möglich pflanzen wollen, sollten Sie sie in Ihrer Rabatte auseinander setzen und höchstens drei verschiedene Varietäten zu einer Gruppe zusam-

Eine Gruppe niedrigwachsender Pflanzen im Frühsommer

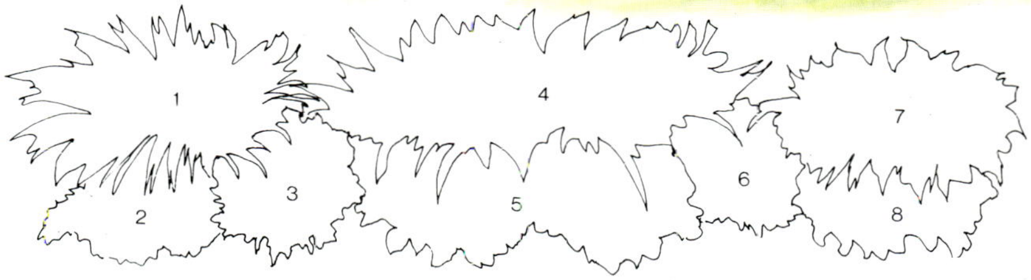

1 ***Uncinia clavata***
2 Storchschnabel (*Geranium sessiliflorum novae-zelandiae nigricans*)
3 Hundskamille (*Anthemis marschalliana*)
4 Flattergras (*Milium effusum* 'Aureum')
5 Steinbrech (*Saxifraga x urbium*)
6 Gänsekresse (*Arabis ferdinandi-coburgii*)
7 Schlangenbart (*Ophiopogon planiscapus nigrescens*)
8 Günsel (*Ajuga reptans* 'Burgundy Glow')

Selbst wenn Sie über kein gesondertes Steingartenbeet verfügen, können Sie viele niedrigwachsende Stauden in die Vorderfront Ihrer gemischten Rabatte integrieren. Ordnen Sie die Pflanzen so an, daß sie nicht von höheren, starkwachsenden Stauden erdrückt werden, und achten Sie darauf, daß sie einen gut durchlässigen Boden haben.

menfassen. Und mischen Sie auf keinen Fall verschiedenartig panaschierte Blätter oder blaugraue Blätter mit reingrünen. Grün- und gelbblättrige Funkien lassen sich am besten mit goldgemusterten Formen kombinieren, und graulaubige Funkien verbinden sich harmonisch mit silberpanaschierten Blättern. Da Funkien Schatten lieben, ist ihr natürlicher Standort unter laubabwerfenden Bäumen, deren Laubdächer so licht sind, daß Regen und Sonnenschein hindurchdringen können.

Funkien und Farne sind gute Pflanzennachbarn: Dunkelgrüner Hirschzungenfarn verbindet sich in Farbe, Form und Textur mit graulaubigen Funkien, und die filigranen, spitzenartig anmutenden Wedel des Schildfarns (*Polystichum setiferum*) bilden einen schönen Kontrast zu der Funkie *Hosta ventricosa* 'Aureo-marginata'. Auch die 60 cm hohen, aufrechten, leuchtendgrünen Wedel des Becherfarns (*Matteuccia struthiopteris*) eignen sich gut als Kontrast zu der Funkie *H.* 'Honeybells'.

Bodendeckende und Horste bildende Pflanzen

Unter den vielen Steinbrechgewächsen sind diejenigen mit den großen Blattrosetten – zum Beispiel *Saxifraga x urbium* und *S. x u.* 'Aureopunctata' – besonders gut für die Vorderfront einer Rabatte geeignet. Im Sommer bemerken Sie plötzlich, daß sich über ihren ledrigen Blattrosetten zarte rosafarbene bis weiße Blüten öffnen. Beide Varietäten bilden einen herrlichen, undurchdringlichen Teppich und bedecken den Boden unter einer höheren Pflanze. Ich habe versucht, Krokusse dazwischenzusetzen. Aber auch sie hatten Schwierigkeiten, den dichten Teppich zu durchstoßen.

Um bei den immergrünen Pflanzen zu bleiben, nehmen wir eine Gänsekresse (*Arabis ferdinandi-coburgii* 'Variegata') auf der einen Seite des Steinbrechs und einen Flecken Hundskamille (*Anthemis marschalliana, A. rudolphiana*) auf der anderen. Die Gänsekresse hat weiße Frühlingsblüten, und ihre Blätter nehmen im Winter Purpurtöne an, was ihren besonderen Charme ausmacht. Die Hundskamille hat fein eingeschnittene graue Blätter und leuchtendgelbe »Astern«blütchen. Versuchen Sie doch einmal, einen Flecken Günsel (*Ajuga reptans* 'Burgundy Glow') neben die Gänsekresse zu setzen. Er hat Blätter mit auffallend cremefarbenen Rändern, die in der Mitte rosarot und magentarot gefleckt sind. Darüber erheben sich ungefähr 20 cm hohe blaue Blütenähren. Eine kleine Pflanze, die sich auch schön gegen das graue filigrane Laub der Hundskamille abhebt, ist der ungewöhnliche Storchschnabel *Geranium sessiliflorum* 'novae-zelandiae nigricans' mit seinen kleinen, runden, braunen Blättern (manchmal findet man eine Pflanze mit leuchtend orangefarbenen Blättern).

Ich pflanze gerne ein paar kräftige Horste niedriges Gras hinter oder zwischen diese immergrünen Pflanzen. Mit ihren Blättern und Linien bilden sie einen schönen Kontrast. *Uncinia clavata* ist ein Gras aus Neuseeland mit gelben Blättern und fast schwarzen Blüten, die den Storchschnabel passend ergänzen. Das Flattergras (*Milium effusum* 'Aureum') könnte schön hinter dem Steinbrech aussehen, und

Niedrigwachsende Pflanzen für den Vordergrund einer Rabatte.

Links: Das panaschierte Honiggras (*Holcus mollis* 'Albovariegatus') hat hier den Günselteppich in Denmans durchstoßen. Die blauen Blüten bilden im Mai einen kräftigen Farbkontrast zu den glänzenden neuen Blättern des Grases. Beide Pflanzen tolerieren eine schattige Lage.

Rechts: Der winterharte Storchschnabel (*Geranium sanguineum striatum* oder *G. s. lancastrense*) wächst hier gemeinsam mit Glockenblumen (*Campanula portenschlagiana*).

der Schlangenbart (*Ophiopogon planiscapus nigrescens*) wäre ein passender Hintergrund für den Günsel.

Vernachlässigen Sie auch auf keinen Fall die verschiedenen niedrigen Schötericharten. *Erysimum* 'Moonlight', der nur 25 cm hoch wird, blüht im Mai und Juni in einem reizenden zarten Gelbton. Der 30 cm hoch werdende Schöterich *E.* 'Wenlock Beauty' schmückt sich mit Blüten in einer wunderbaren Kombination aus Gelb und Bronze. Der farblich noch abwechslungsreichere Schöterich *E.* 'Constant Cheer' schließt noch Violett-Mauve und einen Hauch von Bernstein ein.

Die verschiedenen Varietäten des Steingartenphloxes bilden großenteils Matten, blühen ausgesprochen üppig, sind problemlos und langlebig. *Phlox douglasii* wird nur 10 cm hoch, und *P. subulata* wird nicht höher als 15 cm. Sie eignen sich besonders gut für den Steingarten, wo sie sich in der Sonne und in einem gut durchlässigen Boden prächtig entfalten können. Falls Sie aber keinen Steingarten haben, setzen Sie sie am besten an den Rand Ihrer gemischten Rabatte, wo sich die weißen, rosafarbenen, purpurfarbenen oder karmesinroten Blüten wunderbar mit Ihrem ausgewählten Farbschema verbinden. Sie blühen zwei Monate lang, und da der *Phlox subulata* im April und der *P. douglasii* im Mai zu blühen beginnt, können Sie sich über drei ganze Monate an ihrem herrlichen Farbspiel erfreuen. Weniger spektakulär, aber trotzdem lieblich anzuschauen ist der *Phlox* 'Chattahoochee', dessen Blüten, die er an 30 cm hohen Stielen trägt, zarte blaue Wolken bilden.

Die Glockenblume (*Campanula carpatica*), eine andere zwergwüchsige mattenbildende Pflanze, schmückt sich mit großen, schalenförmigen Blüten, die uns den ganzen Sommer über erfreuen. Kombinieren Sie sie mit dem Steingartenphlox und setzen Sie Gruppen des niedrigwachsenden Schöterichs *Erysimum* 'Constant Cheer' dazwischen, dessen auffallende pflaumen-purpurfarbene und braune Blüten gut mit den Farben des Phloxes harmonieren. Falls Ihre Rabatte so lang ist, daß sie den Rand mit sehr niedrigen alpinen Pflanzen noch fortsetzen können, fügen Sie vielleicht noch weiße Weidenröschen (*Epilobium glabellum*) dazu. Wenn Sie die Blütenstiele stehenlassen, wird im Laufe des Oktobers die ganze Pflanze – Samenstände, Stengel und Blätter – ihre Farbe verändern und ihr Grün und Weiß in ein kräftiges Bronzerot verwandeln. Im Gegensatz zu dem mit ihm verwandten wilden Weidenröschen sät es sich nicht selbst aus und beginnt auch nicht zu wuchern.

Auch Knöterich bildet Teppiche, und die besten niedrigen Varietäten sind *Polygonum affine* 'Darjeeling Red' (25 cm) mit dunkelrosenfarbenen Blütenähren, und *P. a.* 'Dimity' (15 cm) mit Blütenkerzen in einem blasseren Rosa. Die Blätter beider Varietäten nehmen im Herbst ein schönes Karmesinrot an.

In die gleiche Kategorie bodendeckender Pflanzen gehören auch Braunellen und der Günsel. Sie gedeihen beide gut im Schatten, so daß Sie sie direkt neben und unter Sträucher wie Heben, Kreuzkraut (*Senecio*, jetzt *Brachyglottis* 'Sunshine'), Spiräen und Fingerkraut setzen können. Die Braunellen öffnen ihre 20–30 cm langen Blütenähren im Frühsommer. *Prunella webbiana*, die es in den Farben Weiß, Blaßviolett und Rosa gibt, blüht bis zum September. Die Blätter des Günsels (*Ajuga reptans*) in seinen drei Formen 'Atropurpurea', 'Multicolour' ('Rainbow') und 'Variegata' sind sogar auch ohne Blüten schön. Sie können durch alle diese Pflanzen *Iris reticulata* wachsen lassen, damit sie im Februar zusätzlich an Reiz gewinnt.

Ich liebe die Familie der winterharten Storchschnabelgewächse wegen ihrer langen Blütezeit und ihren oft reizvollen Blättern. Es gibt mehrere Arten für die Vorderfront einer Rabatte, so zum Beispiel den Storchschnabel (*Geranium renardii*, 30 cm), der mit seinen liebreizenden Blüten und Blättern zu meinen Favoriten zählt. Gegen die salbeigrünen, tief eingeschnittenen, muschelförmigen und samtigen Blätter heben sich die weißen Mai- und Juniblüten mit ihren purpurfarbenen Augen und grauen Adern besonders schön ab. Der Blut-

Links: Diese schmale sonnige Herbstrabatte in Castle Ashby ist in den sanften Farbtönen von Fetthennen (*Sedum* 'Ruby Glow'), einjährigen Spinnenblumen (*Cleome hassleriana*), Verbenen und Heliotrop gehalten. Die Rebe *Vitis vinifera* 'Purpurea' rankt die Südwestmauer hinauf.

Rechts: Glühende Farben beherrschen diese Terrassenrabatte in Powis Castle. Die Rose *Rosa x highdownensis* schmückt sich mit einer Fülle herunterhängender länglicher Hagebutten, die genau zur Farbe der Montbretien (*Crocosmia* 'Carmin Brillant') passen. Wenn Sie den roten Hagebutten Blau hinzufügen, haben Sie genau die Blütenfarbe der *Clematis viticella* 'Purpurea Plena Elegans', die an der Mauer im Hintergrund emporklettert. Grün ist genauso wichtig wie die Rottöne, und der Kontrast beider hält das ganze Bild zusammen.

rote Storchschnabel (*G. sanguineum*, 25 cm) ist eine andere, wertvolle winterharte Pflanze. Seine tief eingeschnittenen Blätter, die den ganzen Sommer über grün bleiben, nehmen eindrucksvolle Herbsttöne an. Er bildet breite und kompakte Hügel und ist sein Geld wert, denn jede ausgewachsene Pflanze bedeckt eine Fläche von ca. 60 cm Durchmesser und trägt auffallend magentarote Blüten. Er blüht nicht so überreich wie der Steingartenphlox, blüht dafür aber den ganzen Sommer über und bildet Samenstände mit steifen Spitzen, denen die Pflanze ihren Namen Storchschnabel verdankt. Meine ursprüngliche Bepflanzung bestand aus *G. s.* 'Glenluce' mit rein rosafarbenen Blüten und *G. s. striatum* (*G. s. lancastriense*) mit hellrosa Blüten und karmesinroten Adern. In ihrer Nähe haben sich unzählige Sämlinge angesiedelt, die alle im Charakter und in der Farbe etwas unterschiedlich, aber ausgesprochen reizend sind.

Mit ein paar kleinen Sträuchern könnte man dieser etwas eintönigen Bepflanzung aus mattenbildenden Stauden mit ausdauernden höheren Pflanzen einen gewissen Rhythmus verleihen. Hierzu eignen sich vorzüglich *Hebe topiaria* und auch der Spindelstrauch *Euonymus japonicus*, der seine ordentliche und kompakte Form behält, wenn man ihn etwas beschneidet. Diese zwergwüchsigen Sträucher erreichen im Winter ihren Höhepunkt, wenn Sie sich über die grünen Laubmatten der alpinen Stauden erheben und dem Rabattenrand Reiz und Struktur geben.

Eine Rabatte verändert sich das ganze Jahr über: Zwiebelpflanzen erscheinen und verschwinden innerhalb von ein paar Wochen; Stauden wachsen und erreichen manchmal sogar eine Höhe von 2 m, um dann zwischen dem Frühjahr und Herbst wieder abzusterben; sogar die Sträucher, die einen dauerhaften Rahmen bilden, verändern ihre Gestalt. Ich habe eine Reihe von Vorschlägen gemacht, wie Sie von einer Saison zur anderen Pflanzen in einer Rabatte kombinieren können. In den folgenden Kapiteln zeige ich Ihnen noch andere Kombinationsmöglichkeiten, vor allem im Hinblick auf die Farbe, aber letzten Endes wird Ihre Rabatte das Ergebnis Ihrer eigenen Ideen, Ihrer Bodenverhältnisse, Ihres Klimas und Ihres persönlichen Geschmacks sein.

Bodendecker und pflegeleichte Pflanzen

Spazieren Sie doch einmal durch Ihren Garten und achten Sie auf all die Plätze, denen Sie bisher wenig Zeit gewidmet haben. Dort wachsen vielleicht Bodendecker oder pflegeleichte Pflanzen. Immergrüne, niedrige Pflanzen wie Günsel und Taubnessel sind vielleicht in flachen Bändern oder als Flecken am Rande der Rabatte, unter Sträuchern und Bäumen, unter einer überhängenden Hecke oder am Fuß einer Mauer verwendet worden. Oder es gibt in Ihrem Garten Pflanzen wie Heidekraut oder kriechenden Wacholder, die beide wenig Aufmerksamkeit beanspruchen. Sowohl Bodendecker als auch pflegeleichte Pflanzen sind umfangreiche Themen. Bis zu einem gewissen Grad überschneiden sie sich, aber dennoch gibt es feine Unterschiede zwischen beiden: Bodendeckende Pflanzen sind insoweit pflegeleicht, als der Bodenbereich, den sie bedecken, wenig Pflege benötigt, während eine pflegeleichte Pflanze selbst wenig Aufmerksamkeit beansprucht.

Der Ausdruck »Bodendecker« läßt Sie wahrscheinlich an Pflanzen wie Immergrün und einfarbiges Efeu denken, die nur dem Zweck dienen, große Flächen das ganze Jahr über grün zu halten; aber es gibt eine reiche Auswahl an wesentlich aufregenderen Pflanzen, die zum Teil Blüten und auch reizvolle Blätter tragen. Auch höhere Sträucher und Bäume, deren Zweige sich über den Boden legen, können als Bodendecker fungieren.

Bei pflegeleichten Pflanzen denke ich mehr an Individuen wie Christrosen oder Stauden, die nicht geteilt werden müssen, lange leben und den ihnen zugewiesenen Platz in der Rabatte viele Jahre lang einnehmen. Dazu gehören Staudenpäonien, Funkien, Japanische Anemonen, Taglilien, Schlangenbart, Liriopen, Astilben, Montbretien, Fetthennen, Akanthus und Diptamstauden – alles Pflanzen, denen jede Störung unwillkommen ist. Sie brauchen Zeit, bis sie sich an ihrem Standort richtig angesiedelt haben, werden größer und breiten sich allmählich aus, ohne daß ihnen dabei große Aufmerksamkeit geschenkt würde. Sie sind zusammen zu verwenden oder über Ihre ganze Rabatte zu verteilen. Dazwischen können sie kurzlebige Pflanzen setzen, aber auch Pflanzen wie Herbstastern oder Indianernesseln, die mindestens jedes zweite Jahr geteilt werden sollten. Nach welchem System ich auch immer bei der Planung meiner Bepflanzung vorgehe, ich versuche stets, ausreichend Zwiebelpflanzen wie Tulpen, Narzissen und Krokusse zu verwenden, mit deren Hilfe ich die Lücken zwischen den krautigen Pflanzen ausfüllen kann.

Bodendecker

Der große Vorzug der Bodendeckender besteht darin, daß man sie sich über viele Jahre selbst überlassen kann, ohne den Boden bearbeiten und die Pflanzen teilen zu müssen. Wenn sie von Anfang an in einen gut vorbereiteten Boden gepflanzt werden, sollte das Unkrautjäten überflüssig werden, da sich die starkwüchsigen Bodendecker so schnell ausbreiten, daß sich keine Unkräuter mehr aussäen können.

Gras ist natürlich der Bodendecker schlechthin; er ist aber einer, der sehr viel Arbeit macht. Eine entscheidende Frage ist es, ob man überhaupt einen Rasen haben will oder nicht, und wenn nein, dann bleibt immer noch die Frage, durch was man ihn vernünftigerweise ersetzen könnte.

Einigen bodendeckenden Pflanzen fehlt es am gärtnerischen Reiz, und wenn diese Pflanzen ohne Phantasie verwendet werden, sieht es aus, als hätte der Eigentümer jemanden beauftragt, die Pflanzung für ihn zu machen. Sobald man sie aber mit Geschick und Einfühlungsvermögen verwendet, können sie genauso vielseitig und eindrucksvoll sein wie jeder Strauch oder jede Staude, und es gibt immer Pflanzen, die sich mit ihnen kombinieren lassen und die in den verschiedenen Jahreszeiten noch zur Schönheit der Stelle beitragen. Günsel und Taubnessel zum Beispiel behalten den ganzen Winter über ihre Hauptblattrosetten und bilden dann im Frühjahr und im Sommer längere Arme und Blütentriebe aus. Frühblühende Zwiebelpflanzen lassen sich gut mit ihnen kombinieren: Schneestolz, Scilla, *Iris reticulata*, *Anemone nemorosa* und Puschkinien, die alle von Februar an bis zum April zum Vorschein kommen. Mit etwas Zurückhaltung verwendet, können Taubnesseln nützliche und anpassungsfähige Gartenpflanzen sein. Ihre Blätter sind klein und hübsch anzuschauen, und ihre Blüten variieren von Weiß bis zu Dunkelrosa. Sie lassen sich gut unter Kontrolle halten, wenn Sie sie einmal im Jahr nach der Blüte zurückschneiden.

Die augenfälligsten Plätze für Bodendecker sind schwierige Bereiche – trocken und ohne Sonne, unter Bäumen oder am Fuß einer Nordmauer. Eine Böschung, die nach Norden ausgerichtet ist und fast den ganzen Tag über im Schatten liegt, kann genauso trocken sein wie eine, die nach Süden ausgerichtet ist und stark von der Sonne beschienen wird.

In ihrem Garten in Winslow nutzt Mrs. Tonge jede freie Ecke geschickt aus. Sie hat verschiedene Efeusorten und Taubnesseln zwischen die Steinstufen gepflanzt und andere Pflanzen sich selbst aussäen lassen. Auf diese Weise hat sie den nackten Treppenstufen einen umschmeichelnden, üppigen Pflanzenschmuck verpaßt, der nur gelegentlich beschnitten werden muß – insbesondere die Taubnesseln –, damit die Stufen einigermaßen frei und trittsicher bleiben. In Hidcote hat man nach der gleichen Methode zwischen den einzelnen Stufen Cotoneaster gezogen, der natürlich immer kurzgehalten werden muß. Ich habe auch schon gesehen, daß man mit Buchs in der gleichen Weise verfahren kann.

Bei jedem Besuch in Powis Castle habe ich Aufnahmen von schönen Bepflanzungen gemacht. Bei einem meiner ersten Besuche kam ich auf die Idee, Baumstämme zu unterpflanzen. Apfelbäume, die dort im Rasen stehen, werden von großzügigen Beeten eingerahmt, die alle ihr eigenes Farbthema haben. Dort wachsen Raute, goldfarbener Majoran, Taubnessel, Schlangenbart (*Ophiopogon planiscapus nigrescens*) und Wollziest (*Stachys byzantina*, *S. lanata*).

Der Boden unter einer nach Norden ausgerichteten Mauer oder Hecke kann extrem trocken und schattig sein, so daß man eine sorgfältige Pflanzenauswahl treffen muß. Wenn es um eine Hecke geht, dürfen Sie nur solche Pflanzen auswählen, die mit denjenigen Heckenwurzeln konkurrieren können, die ihnen einen großen Teil der Feuchtigkeit wegnehmen. Achten Sie darauf, daß sich der Bodendekker nicht über den ihm zugewiesenen Platz ausbreitet und in die Hecke hineinwächst. Ein dezenter Effekt ist immer am wirkungsvollsten, und deshalb würde ich entlang der Hecke ein einfaches Band aus gleichen Pflanzen in kontrastierenden Farben ziehen. Versuchen Sie es vielleicht unter einer dunkelgrünen Hecke aus *Thuja plicata* oder unter Eiben mit einem gold- oder graugezeichneten Efeu – zum Beispiel *Hedera helix* 'Goldheart' oder *H. h.* 'Adam'. Obgleich der graue Efeu nicht annähernd so stark leuchtet wie der goldene, behält er im Schatten seine Farbe besser bei. Die einzige Arbeit, die man mit ihm hat, besteht darin, ihn gelegentlich mit der Baumschere zu beschneiden (und damit gleichzeitig tote Blätter zu entfernen). Einmal, im Frühjahr, benötigt er einen kräftigen Schnitt mit der Heckenschere, damit er einen dichten Teppich bildet.

Vor Jahren habe ich 25 Knollen des Alpenveilchens *Cyclamen hederifolium* in einem Abstand von 30 cm unter meine nach Nordwesten ausgerichtete Eibenhecke gepflanzt. Sie sind nun von August bis Anfang Oktober eine wahre Freude, da sie vor dem Austrieb ihrer Blätter ihre entzückenden duftenden, Blüten entfalten. Sie streuen ihren Samen ringsherum großzügig aus, und jedes Frühjahr halten wir nun nach den jungen Sämlingen Ausschau, die rings um die Mutterpflanzen und in dem angrenzenden Rasen in einer Entfernung von bis zu drei Metern zum Vorschein kommen. Wir graben diese Säm-

Links oben: In Crathes Castle in Schottland bedeckt der goldfarbene Efeu (*Hedera helix* 'Buttercup') den Boden rings um eine Zierkirsche (*Prunus serrula*) und wächst an ihr empor. Die Efeublätter und die Rinde der Zierkirsche bilden einen kräftigen Farbkontrast. Diese Pflanzenkombination bildet das ganze Jahr über einen schönen Anblick, da das Efeu natürlich immergrün ist und die glänzende Rinde der Kirsche im Winter prächtig aussieht.

Links unten: In dem alten Gemüsegarten in Powis Castle wurden die ehrwürdigen Apfelbäume, die noch immer schön in Form geschnitten werden, mit Bodendeckern eingerahmt, die die Blicke auf sich ziehen. Die Obstbäume stehen am Rand eines zentralen Kiesweges. Ein Teppich aus *Origanum vulgare* 'Aureum' bildet den Rahmen für diesen Apfelbaum, wobei seine Äpfel wunderbar mit dem Farbton der Blätter des Oregano übereinstimmen. Die anderen Apfelbäume haben grauen Wollziest oder silberne Taubnesseln zu ihren Füßen.

linge behutsam aus, verteilen sie in Samenschalen und stellen sie an einen schattigen Platz. Die Blätter sterben in den Samenschalen ab, es hat sich aber bis zum Spätherbst neues Laub gebildet, und die Knollen sind dann so groß geworden, daß sie an ihren endgültigen Standort ausgepflanzt werden können.

Für eine Hecke oder Mauer, wo die Pflanzen den größten Teil des Tages in der Sonne stehen, wo aber der Boden – wenn er nicht gewässert wird – extrem trocken ist, müssen Sie zähe Pflanzen aussuchen, die unter diesen trockenen Verhältnissen gedeihen können. Frauenmantel (*Alchemilla mollis*), Waldmeister (*Galium odoratum*, *Asperula odorata*), Immergrün (*Vinca minor*), Glockenblumen (*Campanula poscharskyana* und *C. portenschlagiana* = *C. muralis*) erfüllen diesen Zweck; sie bedecken den Boden mit ihrem reizvollen Laub und ihren Blüten, die zu verschiedenen Jahreszeiten blühen.

In dieser sonnigen Lage können Sie Pflanzen mit goldfarbenem Laub pflanzen, die im Schatten oft wieder grün werden. Eine gute Wahl wäre Ingwerminze (*Mentha x gentilis* 'Aurea'), eine stark wuchernde Pflanze, deren Wurzeln aber von einer Hecke unter Kontrolle gehalten werden. Eine andere Pflanze, die ebenfalls Sonne braucht, um die Farbe ihrer Blätter zu behalten, ist goldfarbenes Mutterkraut. Es ist eine kurzlebige Pflanze, die sich samenecht vermehren läßt und länger lebt, wenn man ihre Stiele abschneidet sobald ihre weißen Blüten zu verwelken beginnen. Lassen Sie aber genügend Blütenstiele stehen, damit sie Samen ansetzen können.

Vernachlässigen Sie niemals die Familie der Wolfsmilcharten. Sie sind schöne Bodendecker, beanspruchen wenig Pflege und für die meisten Situationen gibt es eine geeignete Art. Für einen schattigen Standort wählen Sie am besten *Euphorbia amygdaloides rubra*, deren wunderbare junge Triebe wie Rote Bete gefärbt sind; später nehmen sie ein Kastanienbraun an und tragen erstaunliche chartreusegrüne Blüten. Für mich sind sie am herrlichsten im Mai, sie lassen sich dann zu einem hübschen kleinen Strauß mit Traubenhyazinthen, blauen Stiefmütterchen und purpurfarbenem Silberpfennig binden.

E. amygdaloides robbiae ist zwar weniger spektakulär, aber ausgesprochen nützlich, vor allem dort, wo sie sich zwischen Bäumen und

Rechts oben: Wolfsmilch (*Euphorbia amygdaloides*) und Narzissen bilden einen Frühlingsteppich unter der großen weißen Zierkirsche *Prunus* 'Tai-haku' in diesem Garten in Sussex. Die Wolfsmilch ist ausgesprochen dankbar; wenn man sie vor kalten Winterwinden schützt, gedeiht sie nahezu überall. Schneidet man sie am Ende des Sommers zurück, wird man mit neuen immergrünen Trieben im Winter und mit noch mehr Blüten im nächsten Frühjahr belohnt.

Rechts unten: Hundszahn *Erythronium* 'Pagoda', dessen gelbe Blüten demütig über den eigenen dunklen, glänzenden Blättern zu Boden schauen, kommen Ende April zur Blüte, wenn sich auch die Blüten der Trauerkirsche öffnen. Diese Kirsche *Prunus x yedoensis* 'Shidare-yoshino' (syn. *P. x y.* 'Perpendens') entfaltet im Frühjahr einen zarten Blütenschleier und im Sommer einen Vorhang aus Blättern, die im Herbst einen kräftigen Farbton annehmen. Der Hundszahn wächst gerne im Schatten.

Büschen ungestört ausbreiten kann. Sie wächst nahezu überall – in der Sonne oder im Schatten, bevorzugt aber einen Platz, wo sie vor kalten Winden und hartem Frost geschützt steht. Ein Platz vor einer Mauer wäre zum Beispiel ideal. Im Frühjahr entfaltet sie ihre gelbgrünen, in lockeren Köpfen zusammengesetzten Blüten. Die Spitzen ihrer 60 cm langen, straffen Stengel sind mit immergrünen Rosetten aus dunkelgrünem, glänzendem Laub bedeckt. Sobald sich die Brakteen im Juli oder August braun verfärben, schneiden Sie die Stiele bis zum Boden ab, damit sich neue Triebe bilden und im nächsten Frühjahr wieder neue Blüten ansetzen können.

An einem trockenen, unbesonnten Platz ziehen wir *Omphalodes cappadocica*; diese Pflanze steht ungefähr zehn Jahre an der gleichen Stelle, hält Unkräuter fern und bringt im Mai und Juni leuchtendblaue Blüten hervor, die an Vergißmeinnicht erinnern. Das im April blühende Gedenkemein (*Omphalodes verna*) ist ein genauso erfreulicher Anblick. Keine der beiden Pflanzen ist auffallend genug, um an einen markanten Platz gesetzt zu werden, beide bilden aber eine anspruchslose Bodendecke mit leuchtendblauen Blüten, die drei bis vier Wochen lang beständig ist. *O. cappadocica* ist eine niedrigere, aber starkwüchsige Pflanze, die sich auch in tiefstem Schatten wohl fühlt.

Eine eher vernachlässigte bodendeckende Pflanze ist *Hacquetia epipactis*, die einen kompakten Horst mit gelbgrünen, von apfelgrünen Brakteen umgebenen Blüten bildet. Sie ist keine auffällige Pflanze, läßt sich aber gut für schattige und trockene Standorte verwenden. Falls Sie einen sauren Boden haben, sollten Sie es mit *Galax urceolata* (syn. *G. aphylla*) versuchen. Sie hat glänzend immergrüne, runde Blätter, die im Herbst und Winter einen Bronzeton annehmen. Da sie Horste bildet, können Sie sie leicht vermehren und sie bandartig unter Ihrer Hecke anpflanzen. Im Spätfrühling sind ihre 20 cm langen Blütenähren dicht mit weißen Blüten bedeckt. Eine andere Möglichkeit wäre *Waldsteinia ternata*, die nach einem Jahr einen Teppich aus sich gegenseitig überlappenden Blättern gebildet hat und spät im Frühling ihre kleinen gelben Blüten hervorbringt, die stark an Butterblumen erinnern.

Da es sich an einer Böschung besonders schwer arbeiten läßt, sollte man hier notwendige Pflegemaßnahmen möglichst auf ein Minimum reduzieren. Falls der Hang steil ist und das Mähen dadurch erschwert wird, sind bodendeckende Pflanzen eine passende Lösung. Sobald der Boden von Unkraut befreit ist, rate ich Ihnen, flache Steine an strategisch günstigen Stellen anzubringen und sie so horizontal wie möglich einzubetten, damit sie als Treppenstufen beim Pflanzen und Säubern des Hangs benutzt werden können. Sie können aber auch einen nicht zu steilen, angenehm begehbaren Weg quer über die Böschung anlegen, von dem aus Sie einen leichteren Zugang zu den Pflanzen haben.

Eine nach Süden gelegene Böschung trocknet leicht aus, so daß für diese Lage nur eine begrenzte Auswahl an Pflanzen tauglich ist. Am besten läßt man die Böschung mit einer einzigen Bodendeckerart zuwachsen und setzt zur Belebung des etwas eintönigen Bildes ein paar Zwiebelpflanzen dazwischen. Heidekraut würde sich zum Beispiel als Grundbepflanzung eignen. Alle Calluna- und Erikaarten sind immergrün, so daß sie den ganzen Winter über schön aussehen. Nur die im Winter und zu Beginn des Frühlings blühenden Arten

Gegenüber links: Eine nach Süden ausgerichtete Böschung mit einem gut durchlässigen Boden bietet in John und Caryl Hubbards Garten einen großartigen Anblick. Die mit verschiedenen Thymianarten bewachsene Böschung endet in einem schmalen, aber gutgefüllten Beet, in dem sich Pflanzen in Purpur-, Rosa- und Silbertönen miteinander vermischen – eine wahre Fundgrube für Bienen, sobald die Blüte beginnt. Im Vordergrund bilden Bartfaden (*Penstemon* 'Garnet' und *P.* 'Purple Bedder') mit *Verbena* 'Sissinghurst' und *V.* 'Silver Anne' neben der dekorativen, graulaubigen Winde (*Convolvulus cneorum*) eine prachtvolle Gemeinschaft.

Gegenüber rechts: Nelken *Dianthus* 'Scops in Wine', deren einzelne Blütenblätter wie mit einem weißen Fingerabdruck und einem weißen Rand versehen sind, wachsen hier durch einen gemusterten Thymian. Zusammen bilden sie ein würzig duftendes Kissen auf einem Steinweg in Westwell Manor in Oxfordshire.

Rechts: Eine dichte Bodendecke bilden in Denmans ganze Hügel von blühenden immergrünen Pflanzen, die so geschickt arrangiert wurden, daß sie von dem Seidelbast (*Daphne pontica*) im Hintergrund über Heiden in Rosaschattierungen in dem dünnen Streifen Günsel (*Ajuga reptans*) im Vordergrund enden. Der Seidelbast und der purpurfarbene Salbei auf der rechten Seite erfreuen uns darüber hinaus noch mit ihrem würzigen, betörenden Duft.

können auf kalkigem Boden gedeihen: *Erica carnea*, *E. x darleyensis* und *E. erigena* (*E. hibernica*). Wenn Sie eine sorgfältige Auswahl zwischen den Sorten dieser Arten treffen, können Sie Blüten vom November bis zum April haben. Ihre Farbpalette erstreckt sich von Weiß (*E. x darleyensis* 'Silberschmelze' und *E. carnea* 'Springwood White') über Rosa (*E. c.* 'Springwood Pink') bis hin zu einem kräftigen Karmesinrot (*E. c.* 'King George').

Für einen sauren Boden steht Ihnen die ganze Palette an Heidekraut zur Verfügung, mit Blütezeiten, die fast das ganze Jahr andauern. Darunter sind auch *Calluna vulgaris* 'Beoley Gold', *C. v.* 'Gold Haze' und andere Sorten mit schönen, goldfarbenen Blättern.

Pflanzen Sie zwischen Ihre Heide eine einzige Narzissenart – ich mag besonders gern 'Treviathan', eine im April blühende, liebreizende zitronengelbe Jonquille oder die schneeweiße duftende Narzisse 'Thalia'. Die höher duftende weiße Narzisse *N. poeticus recurvus* blüht zu einem späteren Zeitpunkt. Alle vermehren sich über die Jahre und machen keine Arbeit.

Auch ein Teppich aus Wolfsmilch (*Euphorbia cyparissias*) würde sich gut auf einer Böschung ausnehmen, wo sie nicht auf andere Pflanzen übergreifen und diese erdrücken kann. Sie bildet Massen von unterirdischen Ausläufern, mit denen sie ihre Nachbarn ausbootet. Denken Sie daran, daß sie im Herbst verschwindet und erst wieder im März neu austreibt. Im Winter sieht die Böschung dann traurig aus, deshalb würde ich sie nur an Stellen verwenden, die nicht vom Haus aus einzusehen sind. Im März und im April trägt sie an ihren mit graugrünen farnigen Blättern bedeckten Stengeln entzückende, limettengrüne Blütenköpfe, die für die Wolfsmilcharten so typisch sind. Sie bildet eine harmonische Gemeinschaft zusammen mit weißen oder blauen Blumen wie Mertensien, Hasenglöckchen (*Hyacinthoides*, 'non-scripta'), Erikaarten, Steinsamen (*Lithodora diffusa* = *Lithospermum diffusum* 'Heavenly Blue'), Omphalodes oder dem zwergwüchsigen Rhododendron 'Blue Diamond'. Ich pflanze gerne *Acanthus spinosus* dazwischen, der der Wolfsmilch in Starkwüchsigkeit und Zähigkeit ebenbürtig ist. Der Kontrast zwischen Dunkelgrün und Graugrün ist besonders reizvoll. Sie können die Wolfsmilch aber auch mit einer Fläche Ginster (*Genista aetnensis*) kombinieren, der sich aufgrund seiner schmalen Blätter und seines spärlichen Wuchses ausgesprochen gut gegen Wind behaupten kann.

Lavendel, Sonnenröschen und Heiligenblumen bilden eine Bodendecke, die leichter und duftiger wirkt. Sie alle lieben einen sonnigen Standort mit einem gut durchlässigen Boden, müssen aber jährlich zurückgeschnitten werden – der Lavendel und die Sonnenröschen nach der Blüte und die Heiligenblumen zu Beginn des Frühlings. Diese Pflanzen können auf einer Böschung in der Nähe des Hauses als Erweiterung des Blumengartens verwendet werden oder auch neben einem Schwimmbecken, wenn Sie einen Eindruck von Sonnenschein und Wärme schaffen wollen.

Der Storchschnabel (*Geranium procurrens*) ist ein wertvoller sommerlicher Bodendecker. Wie jede Staude verschwindet auch er ganz im Winter, bringt aber jedes Jahr meterlange neue Triebe hervor, die zusätzliche Wurzeln ausbilden. Er kann in den oberen Bereich einer Böschung oder auch in die Mitte gepflanzt werden, da er seiner Natur entsprechend lieber nach unten als nach oben wächst. Sie könnten noch frühlingsblühende Zwiebelpflanzen dazwischensetzen,

Oben: Sonnenröschen (*Helianthemum*) in vielen verschiedenen Farben bilden den Rahmen für diesen gepflasterten Weg in Barnsley House. Sie formen einen lebhaften Teppich, wenn sie im Mai zu blühen beginnen, und bleiben einen ganzen Monat in voller Pracht erhalten. Nach der Blüte werden sie kräftig zurückgeschnitten.

Gegenüber links: *Vinca major* 'Variegata' gehört zu den besten Bodendeckern. Es läßt sich am besten unter Kontrolle halten, wenn man es im Winter kräftig zurückschneidet. Hier wächst es unter goldfarbenem Hopfen (*Humulus lupulus* 'Aureus'), einer starkwüchsigen, ausdauernden Kletterpflanze, die eine Laube vollständig überwachsen kann.

Gegenüber rechts: Eine im Schatten gelegene Rabatte in Gwen Beaumonts Garten. Die grünen Funkien, flankiert von gelbgescheckten Sumpfschwertlilien (*Iris pseudacorus* 'Variegata'), bilden ein dekoratives Element. Dieses Prinzip, abgerundete Formen mit spitzzulaufenden abzuwechseln, wurde in der ganzen Rabatte verwirklicht, die so dicht bepflanzt ist, daß sie keiner Pflege mehr bedarf. Die alte Pumpe arbeitet noch, so daß die Sumpfschwertlilien und die Funkien problemlos mit Wasser versorgt werden können.

die den Boden bedecken, bis der Storchschnabel sie ablöst und sich vom Juli bis zum ersten Frost mit immer neuen schwarzäugigen, purpurfarbenen Blüten schmückt.

Ein anderer, ganz ähnlicher Gedanke wäre es, den goldblättrigen Hopfen (*Humulus lupulus* 'Aureus') in den unteren Bereich einer Böschung zu pflanzen. Er wächst seiner Natur entsprechend nach oben und bildet dabei auch noch Wurzeln aus. An einem warmen Platz bringt er Hopfendolden hervor, die man gut pflücken und im Haus als Herbstschmuck verwenden kann. Zupfen Sie seine Blätter ab und lassen Sie die Dolden trocknen. Da er eine krautige Pflanze ist und im Herbst ganz verschwindet, könnten Sie für ein schönes Frühjahrsbild Narzissen dazwischensetzen und sich dort ausbreiten lassen.

Beachtet man die Wuchsform der Pflanzen, so entdeckt man noch andere Kletterpflanzen, die sich der Situation anpassen und eine Böschung hinauf- oder hinunterklettern würden. *Rosa* 'Paulii' und *R.* 'Paulii Rosea' sind zwei starkwüchsige Kettersträucher mit weißen oder silberrosafarbenen Blüten (die weiße ist stärkerwüchsig als die rosafarbene). Mit ihren kräftigen dornigen Zweigen bilden sie eine absolut dichte Bodendecke, wobei sich jede Pflanze bis zu 3,50 m nach oben ausbreitet. Ich würde Ihnen empfehlen, sie in die Mitte einer Böschung zu pflanzen.

Eine ideale bodendeckende Clematis ist die *Clematis x jouiniana*, ein kleiner, kriechender Strauch, der problemlos von einer mindestens 3,50 m^2 großen Fläche Besitz ergreift. Er trägt etwas grobere Blätter, aber seine kleinen Blüten haben einen wunderbaren Duft. Schneiden Sie ihn bis auf einen halben Meter vom Boden zurück, und setzen Sie frühblühende Zwiebelgewächse dazwischen. Für den März haben wir Narzissen 'Tête-à-Tête' hineingepflanzt, die 15 cm hoch werden und sich jedes Jahr vermehren. Für den April haben wir 'Schneestolz' ausgewählt. Auch später blühende Narzissen wären geeignet – zum Beispiel *N.* 'Baby Moon' oder *N.* 'Tittle Tattle', die sich wie viele andere Narzissen von Jahr zu Jahr vermehren.

So sehr ich auch die ausdauernde Platterbse *Lathyrus latifolius* liebe, so schwierig ist es, für sie den richtigen Standort zu finden, da sie sich mit ihren Wurzeln, die sogar unter Wege kriechen, wüst ausbreitet und aus ihren reichlich verstreuten Samen überall neue Pflanzen aufgehen. Der geeignete Platz wäre für sie eine sonnige Böschung, wo sie sich nach Lust und Laune ausbreiten könnte. Ich erinnere mich, daß ich sie einmal in Frankreich auf einer Böschung und durch eine Hecke entlang einem Weg habe wachsen sehen.

Wahrscheinlich werden Sie denken, daß eine sehr sonnige Böschung leichter zu bepflanzen ist als eine, die mehr nach Norden ausgerichtet ist. Genau das Gegenteil ist der Fall! Die meisten kletternden Pflanzen mögen es nämlich, von Schatten geschützt zu werden, damit ihre Wurzeln kühl bleiben und ihre Blätter frisch aussehen. Natürlich können immer die drei naheliegenden Bodendecker Johanniskraut (*Hypericum calycinum*), Taubnessel (*Lamium galeobdolon*) und die grünen Formen von Immergrün (*Vinca minor* und *V. major*) verwendet werden, und es geschieht auch oft genug! Aber es ist eine Sünde, hier träge zu sein und eine eintönige Bepflanzung vorzuziehen, anstatt weiterzudenken und seiner Phantasie freien Lauf zu lassen!

Bei bodendeckenden Pflanzen können wir zwischen solchen unterscheiden, die sich ausbreiten und möglicherweise von einer ganzen Fläche Besitz ergreifen, und anderen, die große Horste bilden. Beinwell (*Symphytum grandiflorum*) bildet einen Teppich, der sich nur schwer ausrotten läßt; er leistet aber gute Arbeit, da er jedes Unkraut erdrückt und sich im Frühjahr mit Trauben röhrenförmiger cremefarbener Blüten schmückt, die jeweils einen schmalen roten Rand tragen. Er muß nur einmal im Winter geputzt werden. *Tellima grandiflora* ist nicht so grob im Wuchs, muß aber im Winter geteilt werden, damit sie sich ausbreiten kann. Sie kann im Laufe der Zeit einen dikken Teppich aus reizvollen muschelförmigen Blättern bilden, die im Winter Bronze- und Purpurtöne annehmen. Auch *Pachyphragma macrophyllum* vermehrt sich am besten, wenn es im Herbst geteilt wird. Ich bin immer wieder überrascht, wie selten diese Pflanze verwendet wird. Sie bietet immer einen hübschen Anblick zu Beginn des Frühjahrs – zur Krokuszeit –, wenn sie ihre weißen, kresseartigen Blüten öffnet.

Pflegeleichte Pflanzen

Während bodendeckende Pflanzen gerne ausgedehnte und schwierige Flächen ausfüllen und in der Regel immergrün sind, können pflegeleichte Pflanzen in jedem Gartenteil stehen, inbegriffen der gemischten Rabatten und Beete mit ausschließlich krautigen Pflanzen. Bei der Planung dieser Rabatten sollten Sie auch an die Zukunft denken, damit Sie nicht größere Erdarbeiten vornehmen müssen, was mitunter jeden Herbst aufs neue notwendig werden könnte. Allein schon aus diesem Grund sind pflegeleichte Pflanzen nützlich. Während einige relativ kurzlebig sind, werden andere im Laufe der Jahre immer schöner, vorausgesetzt, daß sie nicht geteilt werden. Aber ich will ihnen keinesfalls dazu raten, Pflanzen wie Rittersporn und Astern, die sorgsam gepflegt werden wollen, nicht zu verwenden, da sie zu den schönsten Stauden gehören und ganz wesentliche Elemente der Sommerrabatten darstellen.

Staudenpäonien – kennen wir sie nicht alle, und möchten wir sie nicht am liebsten alle im Garten haben? – möchten möglichst in Ruhe gelassen werden. Nach dem Verpflanzen brauchen sie nämlich gut zwei Jahre, bis sie Wurzeln geschlagen haben und wieder zu blühen beginnen; deshalb sollten Sie ihren Standort und ihre Nachbarn sorgfältig auswählen. Wenn sie erst einmal gepflanzt sind, sollten sie jedes Jahr im Herbst mit organischem Dünger oder Blättern gemulcht und im Frühjahr mit Knochenmehl gedüngt werden. Ihre wundervollen gefüllten Blüten benötigen eine Stütze, da sie vom Regen naß und schwer werden, und hin und wieder sollten Sie ihre Blätter, die sich oft im Herbst kräftig bronzefarben und karmesinrot färben, kontrollieren, damit sie stets einen schönen Anblick bieten. Wenn ihre jungen Triebe den Boden durchstoßen, leuchten sie in einem Karmesinrot, das in den Schattierungen dem samtigen Rot der Primeln 'Barnhaven Courichan' gleicht und deshalb eine perfekte

Ergänzung zu ihnen bildet. Wenn Sie die Primeln im Boden lassen, schützt sie das Laub der Päonien im Sommer vor der Sonne. Vor dieser Pflanzengemeinschaft können Sie einen Teppich aus *Ipheion uniflorum* 'Wisley Blue' pflanzen, eine reizende Pflanze, die im März und April an nur 15 cm langen Stielen sternförmige Blüten hervorbringt.

Ideal für dieses pflegeleichte Beet sind die Madonnenlilien (*Lilium candidum*) und auch Königslilien (*Lilium regale*). Beide lieben Schatten rings um ihre Füße, so daß Sie sie neben hohen blauen Rittersporn oder Eisenhut pflanzen sollten. Ab Ende August haben Sie nun noch keine Farben in Ihrem pflegeleichten Beet. Setzen Sie deshalb ein paar Horste hoher Stauden in den Hintergrund, so zum Beispiel Herbstastern (*Aster novae-angliae* 'September Ruby'). Jetzt haben Sie also eine Mischung aus Pflanzen, die ein Minimum an Pflege benötigen – Päonien, Primeln und Ipheion –, Astern, die geteilt werden müssen und Lilien, die man mulchen und im Frühjahr von Schnecken freihalten muß.

Eine andere Kombination aus pflegeleichten Pflanzen besteht aus einer Hortensie (*Hydrangea sargentiana*, 2 m), die den Hintergrund für *Acanthus spinosus* (1,20 m), *Anemone hupehensis japonica* 'September Charm' (45 cm) oder *A. x hybrida* 'Queen Charlotte' bildet. Sie blühen zusammen im August oder September, so daß sie noch im Hochsommer blühende Pflanzen davorsetzen sollten – zum Beispiel Glockenblumen (*Campanula lactiflora* 'Pouffe', 25 cm) mit lavendelblauen Blüten im Juni bis Juli und einen Flecken *Heuchera* 'Palace Purple', die das Bild abrunden.

Die winterharten Storchschnabelgewächse sind eine wunderbare Familie. Sie machen überhaupt keine Arbeit und müssen nur einmal im Winter, nachdem ihr Laub ganz verschwunden ist, geputzt werden, damit sie im nächsten Frühjahr wieder kräftig austreiben. *Geranium sanguineum* und seine Varietäten bilden Teppiche mit einer Höhe von nur 30 cm. Sie können Frühlingskrokusse und Puschkinien (*Puschkinia scilloides*, *P. libanotica*) ganz in die Nähe jeder einzelnen Pflanze setzen. Storchschnabel blüht nahezu den ganzen Sommer über, und im Herbst nehmen die Blätter eine herrliche Farbmischung aus Grün, Bronze und Karmesinrot an, die einen schönen Kontrast zu den im Spätwinter blühenden Wildkrokussen bildet. *G. endressii* 'Wargrave Pink' (40 cm) hat reinrosafarbene Blüten und zartere, größere Blätter als *G. sanguineum*.

Ich verwende *G. pratense* 'Mrs. Kendall Clark' (60 cm), die schönste Form des Wiesenstorchschnabels, in großen Gruppen in meinen Rabatten. Wir haben Tulpen dazwischengepflanzt. Wenn sie verblüht sind und auch der Wiesenstorchschnabel seine Blütezeit beendet hat, schneiden wir sie bis dicht über dem Boden ab und fügen Bartfaden oder Ziertabak dazu. Der Storchschnabel bildet dann mit seinem neuen, frischen Laub einen entzückenden Rahmen für beide Pflanzen.

Für eine andere pflegeleichte Pflanzengemeinschaft können Sie Taglilien (*Hemerocallis* 'Bonanza') mit orangefarbenen Blüten nebst braunem Schlund verwenden und blaßgelbe Stockrosen (meine Samen stammen aus dem Garten des Malers Monet aus Giverny in Frankreich) sowie bronzefarbenen und grünen Fenchel dazwischenpflanzen. Sie haben alle einen aufrechten Wuchs, aber diese Wirkung wird durch das duftige Fenchellaub abgemildert. Für Farbe im September sorgen Kokardenblumen (*Gaillardia* 'Mandarin') mit ihren orangefarbenen Blüten mit mahagonifarbener Mitte. Der Fenchel ist eine problemlose Pflanze, die sich selbst aussät. Die Stockrosen sind langlebig, wenn sie sich einmal angesiedelt haben, aber die Kokardenblumen und die Taglilien müssen jeden Herbst heruntergeschnitten werden.

Funkien und Elfenblumen bilden mit ihrem harmonisierenden Laub eine geeignete Kombination; außerdem tolerieren beide Pflanzen einen trockenen, schattigen Standort. Auf die andere Seite der Funkien könnten Sie immergrüne winterharte Farne pflanzen – zum Beispiel Filigranfarn (*Polystichum setiferum divisilobum*) oder Frauenfarn (*Athyrium filix-femina*). Die Farnwedel müssen im März bis zum Boden zurückgeschnitten werden, damit sich frische Wedel ausbilden, sobald neue Funkienblätter erscheinen.

Farne sind von Natur aus problemlos. Sie können ihre Horste über Jahre wachsen lassen, aber sie lassen sich auch, falls gewünscht, leicht ausgraben und teilen. Es sind faszinierende Pflanzen; sobald Sie sie zu sammeln beginnen, können Sie nicht genug davon bekommen, um sie für die Vase oder als Gartenschmuck zu verwenden.

Funkien und graulaubige Pflanzen können für so viele Kombinationen verwendet werden, daß man mit ihnen kaum etwas falsch

Gegenüber links: In dem ummauerten Garten in Ablington Manor (Gloucestershire) hat Robert Cooper eine Eichenpergola errichtet und jede Säule mit einer Kletterrose und einer Clematis bepflanzt. Das Bild zeigt, wie die jungen Triebe der Päonien durch den Boden stoßen und genau mit dem Burgunderrot der Primeln 'Barnhaven Courichan' übereinstimmen.

Gegenüber rechts: Im Mai stehen die Päonien in voller Blüte. Später tauchen Rittersporn und eine Menge Lilien zwischen den Paeonienblättern auf. Das ist ein vorzügliches Beispiel dafür, wie man Beete auf geschickte Weise über mehrere Jahreszeiten hinweg interessant gestalten kann.

Oben: In Tintinhull werden im August große Mengen von Japanischen Anemonen zusammen mit Lilien (*Lilium* 'Golden Clarion') von immergrünen Bergenien und Astern (*Aster divaricatus*) eingerahmt, die zu ihren Füßen wachsen.

Rechts: Für eine schattige, nach Norden ausgerichtete Rabatte hat Jill Parker neben ihrem Haus in Minster Lovell Funkien, u.a. die Sorte 'Thomas Hogg', nebst einer Vielfalt an Farnen ausgewählt, die sich mit Nieswurzarten, Elfenblumen und Frauenmantel zu einer pflegeleichten, harmonischen Gemeinschaft zusammenschließen.

Gegenüber: In Tintinhull breiten sich Rosen (*Rosa* 'Nathalie Nypels'), Katzenminze (*Nepeta nervosa*) und Storchschnabel (*Geranium sanguineum* 'Glenluce') über einen Steinweg aus. Diese prallgefüllten Rabatten rahmen auf beiden Seiten den Gemüsegarten ein, und die üppige, bodendeckende Bepflanzung bildet einen passenden Kontrast zu der nackten Erde zwischen den nahe gelegenen Gemüsereihen.

machen kann. Funkien verbinden sich sehr gut mit niedrigen Koniferen wie Wacholder (*Juniperus horizontalis*, *J. squamata* 'Blue Carpet') und Blaufichte (*Picea glauca* 'Albertiana Conica'). Bei mir im Garten wird ein altes Exemplar einer Heiligenblume (*Santolina pinnata neapolitana*) mit einem Wacholder im Hintergrund von grauem Wollziest (*Stachys byzantina*, *S. lanata*) eingerahmt. Alle Pflanzen stehen inzwischen an die 25 Jahre in meinem Garten, ohne daß ich ihnen besondere Aufmerksamkeit geschenkt hätte.

Unterpflanzung von Rosenbeeten

Strauchrosen, die so genannt werden, weil sie nicht wie die Teehybriden drastisch beschnitten werden müssen, werden immer beliebter. Eine einzige Teehybride, oder sogar eine kleine Gruppe davon, wirkt in einer Sträucherrabatte deplaziert, da jede einzelne Blüte zu groß und zu füllig ist, um sich schön mit den Blüten eleganter Sträucher zu verbinden. Wie zu viktorianischen Zeiten sollte man für Teehybriden ein eigenes Beet vorsehen. Sowohl alte als auch moderne Strauchrosen passen wunderbar zu Rabattenpflanzen. Sie müssen nicht jeden Winter bis auf nackte Stümpfe oder Skelette zurückgeschnitten werden, und ihre oft gebogenen, eleganten Zweige bieten auch in der kalten Jahreszeit einen schönen Anblick, vor allem im Herbst, da sich dann viele von ihnen mit den reizvollen Hagebutten schmücken.

Ich vermute, daß es zwei verschiedene Denkrichtungen gibt, was die Nachbarn der Strauchrosen anbetrifft. Die Puristen vertreten die Ansicht, daß Rosen allein stehen müssen, während andere glauben, daß es viele Möglichkeiten – und Raum – gibt, sie zu unterpflanzen. Natürlich müssen Sie immer die Bodenverhältnisse in Ihrem Garten berücksichtigen, und was besonders wichtig ist, den geeigneten Rosentyp auswählen. Selbstverständlich können Sie keine Miniaturrosen oder moderne Strauchrosen unterpflanzen, die als Bodendekker gezogen werden; ich denke aber, daß Teehybriden, Floribunda und Polyantharosen – die 1–1,50 m hoch werden – besser mit einer Umrandung von Pflanzen aussehen, die nicht höher als 30 cm werden. Auch bei Beeten mit Strauchrosen wie den Hybriden der *Rosa moschata* 'Buff Beauty' und *R. m.* 'Penelope' sowie vielen modernen Strauchrosen, namentlich 'Cerise Bouquet' oder 'Frühlingsgold', die sogar höher werden, bevorzuge ich eine Unterpflanzung.

Einer der ersten Eindrücke im Garten von Barnsley, der mir lebhaft in Erinnerung geblieben ist, war das ungewöhnliche Arrangement von Stiefmütterchen in den Rosenbeeten meiner Schwiegermutter Linda. Diese waren dicht mit Poulsen-Rosen bepflanzt, die 1924 aus Dänemark eingeführt worden sind und große Büschel ungefüllter oder halbgefüllter Blüten in Rosa, leuchtendem Kirschrot und kräftigem Karmesinrot an langen, kräftigen Zweigen hervorbringen, die zusammen eine Höhe von 1,25 m erreichen. Die Stiefmütterchen waren klein und zart; sie ähnelten mehr *Viola* 'Arkwright Ruby', *V.* 'Belmont Blue' und *V.* 'Huntercombe Purple' und anderen mit mehrfarbigen, amüsanten Gesichtern wie *V.* 'Jackanapes' und *V.* 'Ullswater'. Lindas Stiefmütterchen hielten sich jahrelang und waren eine ständige Freude für meine junge Familie, die mit Wonne ver-

Links oben: Eine hübsche Kombination aus Rosatönen in einer Rosenrabatte von Powis Castle, die dicht mit *Diascia vigilis* und grauem Schwingelgras unterpflanzt ist.

Links unten: In Westwell Manor wurde ein Beet mit Strauchrosen komplett mit einer Bodendecke aus Storchschnabel (*Geranium macrorrhiza* 'Ingwersen's Variety') unterpflanzt. Dieser kräftig duftende Storchschnabel blüht noch vor den Rosen. Die Einfassung des Beetes mit beschnittenen Buchskugeln – eine Abwandlung der geradlinigen Buchshecken – wirkt besonders originell.

Gegenüber oben: In dem Garten des verstorbenen Humphrey Brooke ist eine üppige Mischung aus ineinanderwachsenden roten und rosafarbenen Rosen mit einem Teppich aus winterhartem Storchschnabel unterpflanzt.

Gegenüber unten: Die grauen Blätter der Lichtnelke (*Lychnis coronaria*) bilden einen ausgezeichneten Rahmen für diese Strauchrose, indem sich ihre kräftigfarbenen Blüten wunderbar mit dem blasseren Farbton der Rose 'Bourbon Queen' verbinden.

schiedene »Gesichter« als Tischschmuck pflückte. Einige säten sich von selbst aus, und von den anderen hat der Gärtner sicherlich immer wieder Stecklinge gemacht. So ging es dann immer weiter. Viel später, als ich den Garten übernommen hatte, verlegte ich die Rosenbeete an eine andere Stelle, und die Stiefmütterchen wurden überallhin verstreut; aber in den letzten 40 Jahren denke ich immer wieder darüber nach, wie ich das Aussehen eines Rosenbeetes vervollkommnen könnte.

Ich meine, daß ein Rosenbeet möglichst mit nur einer Pflanzenart unterpflanzt werden sollte. Ein teppichartiger Effekt ist hier unangebracht – die Rosen müssen immer die dominierende Rolle spielen. Zweitens sollte der Bodendecker ganz niedrig sein, da mit seiner Hilfe die unteren knorrigen Zweige der Rosen verborgen und der nackte Boden bedeckt werden sollte. Drittens empfehle ich Ihnen, den Bodendecker, obwohl er möglichst immergrün sein soll, ausreichend zurückzuschneiden oder seine Ränder anzuheben, damit Sie den Boden rings um die Rosen herum mit Blättern oder organischem Dünger mulchen können. Für diesen Zweck verwende ich gut verrotteten Pferdemist, er ist am besten für die Rosen und den Gärtner geeignet, da er liegenbleibt und nicht vom Wind verstreut wird. Viertens sollten Sie eine Pflanze auswählen, deren Blüten und Blätter reizvoll aussehen, auch dann noch, wenn die Rosen mit ihren kahlen, knorrigen Zweigen einen etwas traurigen Eindruck machen.

Auf Abbildungen von Rosengärten aus der Zeit König Edwards sind die Beete in der Regel mit säuberlich gestutzten Buchshecken eingefaßt, wobei der Buchs als Rahmen rings um jedes Beet und als tragendes Muster für das gesamte Bild fungiert. Die Buchshecken sind besonders effektvoll, wenn der Boden neben den Rosenbeeten gepflastert ist, da sie die harten Linien zu umschmeicheln vermögen. Darüber hinaus bietet ein immergrüner Rahmen eine gute Alternative zu bodendeckenden ausfüllenden Pflanzen im Rosenbeet. Andere konventionelle Einfassungen bestehen aus Lavendel oder

Heiligenblumen in allen Varietäten oder aber aus Gamander (*Teucrium chamaedrys*).

Silber- und graulaubige Pflanzen lassen sich gut mit Rosen kombinieren, und viele von ihnen sind für Beetränder geeignet, wo sie in Pflaster- oder Kieswege hinein (nicht über Rasen) wachsen können. Pflanzen, die sich teppichartig ausbreiten, aber nicht unkontrollierbar werden, sind Hornkraut (*Cerastium tomentosum*), Wollziest (*Stachys byzantina = S. lanata*) und Ehrenpreis (*Veronica cinerea*), das sich im Juli mit kurzen, blaßblauen Blütenähren schmückt. Katzenminze (*Nepeta x faassenii*) ist im Vergleich zu Hornkraut und Ehrenpreis eine weniger elegante Pflanze.

Ordentlich im Wuchs sind viele Nelken; falls Sie sie aber wegen ihres grauen Laubes verwenden wollen, würde ich kleinblütigere Varietäten vorziehen und sie nicht so sehr hinsichtlich ihrer Blüten, sondern vielmehr nach der Feinheit ihres Laubes und der Klarheit ihrer Wuchsform auswählen. Fassen Sie Ihre Beete damit ein, und setzen Sie noch ein paar Extrapflanzen zwischen die Vorderfront der Rabattenrosen, um die strenge Wirkung der geraden Linien aufzulockern.

In Gloucestershire habe ich ein Beet mit gelben Rosen gesehen, das mit Sumpfschnabel (*Limnanthes douglasii*) eingefaßt war. Auch um weiße Rosen herum würde er übrigens wunderbar aussehen. Ich weiß sicher, daß der Sumpfschnabel mehrjährig ist, seine grünen Blätter den ganzen Winter über behält und von April bis Mai blüht. Im August werden die oberen Pflanzenteile entfernt, und schon bald darauf bilden sich neue Triebe. Nebenher erfuhr ich auch bei diesem Gartenbesuch, daß eine durchgehende Beeteinfassung verhindern kann, daß die Vögel den auf den Beeten verwendeten Pferdemist wegkratzen und auf den gepflasterten Wegen verstreuen.

Eine schöne dichte Bodendecke auf den Rosenbeeten bilden die Veilchen (*Viola labradorica*) und Hornveilchen (*Viola cornuta*) – für höhere Rosen, da diese Veilchen klettern können, wenn man ihnen die Möglichkeit gibt – sowie die verschiedenen Taubnesseln *Lamium maculatum* 'Beacon Silver', *L. m.* 'Album' und *L. m.* 'Roseum'. Schneiden Sie jede Pflanze direkt nach der Blüte zurück und lassen Sie nur die neuen Triebe stehen. Auf diese Weise können Sie die Pflanzen gut unter Kontrolle halten und für einen ständigen Vorrat an jungen Blättern sorgen.

Andere Möglichkeiten bieten Arten, die im Frühling blühen: Wenn die Rosen Blätter ansetzen und zu blühen beginnen, sind diese Blumen schon wieder unter dem Boden verschwunden. Winterlinge (*Eranthis hyemalis*) brechen im Februar mit ihren gelben Blüten durch den Boden; kurz darauf erscheinen ihre Blätter, von denen bis zum Mai alle Spuren verschwunden sind. Das gleiche gilt für Krokusse. Winterlinge und Krokusse könnten zum Beispiel einen großartigen Teppich auf Ihren Rosenbeeten bilden. In diesem Fall würde ich Ihnen raten, den Dünger frühzeitig und nicht allzu dick aufzubringen, damit die Zwiebelpflanzen hindurchwachsen können. Wenn sie verblüht sind, reichern Sie den Boden im April noch mit einer zweiten Düngergabe an. Pflegeleicht wäre ein Teppich aus Vergißmeinnicht, die im April und Anfang Mai blühen. Nehmen Sie sie heraus, sobald sie verblüht sind, lassen Sie die Sämlinge aufgehen, und dünnen Sie sie im Herbst aus.

Noch eine goldene Regel: Achten Sie bei der Arbeit in Ihren Rosenrabatten darauf, daß Sie die Rosenwurzeln mit Ihrer Grabegabel nicht verletzen, da sonst unerwünschte Schößlinge aus den Wunden austreiben könnten.

Sträucherrabatten

Sollten Sie ein Wochenendgärtner sein und Ihre Arbeit auf ein realistisches Minimum reduzieren wollen, oder sollten Sie einen großen Garten haben, dessen einzelne Bereiche zum Teil ziemlich weit vom Haus entfernt liegen und in denen Sie nicht allzu lange arbeiten wollen, dann ist eine einfache Sträucherrabatte ohne Unterpflanzung die ideale Lösung. In diesem Fall muß man ganz anders an die Sache herangehen. Wenn sie einmal gepflanzt ist, sollte sie nur noch ein Minimum an Pflege benötigen. Zunächst müssen Sie aber darauf achten, daß der Boden frei von ausdauernden Unkräutern ist. Im Herbst muß das Beet, da der Boden feucht ist, gemulcht werden, damit die Sämlinge nicht aufgehen und kein Unkraut gejätet werden muß. Womit Sie den Boden mulchen wollen, ist Ihre Entscheidung. Sie können zwischen Torf, pulverisierter Rinde, Pilzkompost, Hopfenrückständen, Laub oder Stroh wählen. Wahrscheinlich entscheiden Sie sich für das Material, das Sie am leichtesten bekommen können. Jedes hat seine Vor- und Nachteile. Wofür Sie sich auch immer entscheiden, versuchen Sie so billig wie möglich ausreichende Mengen zu bekommen; ganze Ladungen abzunehmen, ist immer am günstigsten.

Achten Sie bei der Auswahl der Pflanzen für Ihre Sträucherrabatte auf ihre verschiedenen charakteristischen Merkmale. Einige Sträucher sind von Natur aus Bodendecker, die nur wenig Pflege benötigen. Pflanzen wie der horizontal wachsende Wacholder, das Geißblatt (*Lonicera pileata*) und *Cotoneaster microphyllus* bedecken den Boden mit ihren ausladenden immergrünen Zweigen, die nicht beschnitten werden müssen, um in Form zu bleiben. Wählen Sie einige davon aus, denken Sie aber daran, daß sie im großen und ganzen grün sind und daß Sie auch Farbe in das Bild bringen wollen, so mit Frühjahrsblühern wie Spiersträuchern (*Spiraea 'Arguta'*) und Forsythien oder mit Sommerblühern wie Kolkwitzien (*Kolkwitzia amabilis*) und Baumpäonien. Im Oktober nehmen Gehölze wie der Ahorn (*Acer japonicum*), der Schneeball (*Viburnum opulus*) und der Spindelstrauch (*Euonymus alatus*) prächtige Herbstfarben an. Falls Sie gerne Beeren für Blumengestecke haben möchten, bietet sich wiederum der Schneeball (*Viburnum opulus*) an.

Aus den unterschiedlichen Höhen, Formen, Texturen und Bewegungen ergibt sich ein abwechslungsreiches Muster. Während Sie bei einer Staudenrabatte – vorausgesetzt, Sie haben ein bestimmtes Farbschema im Kopf – eine Vignette nach der anderen entwerfen, um daraus ein ganzes Muster zu kreieren, müssen Sie bei einer Strauchrabatte immer die Gesamtwirkung vor Augen haben. Die wichtigsten Sträucher sollten zuerst plaziert werden; sie bilden entweder den Hintergrund einer Rabatte oder, falls die Rabatte frei steht, deren Rückgrat. Zum besseren Verständnis meiner Vorstellungen habe ich einen Plan gezeichnet.

Ein Rabattenrand im Frühling

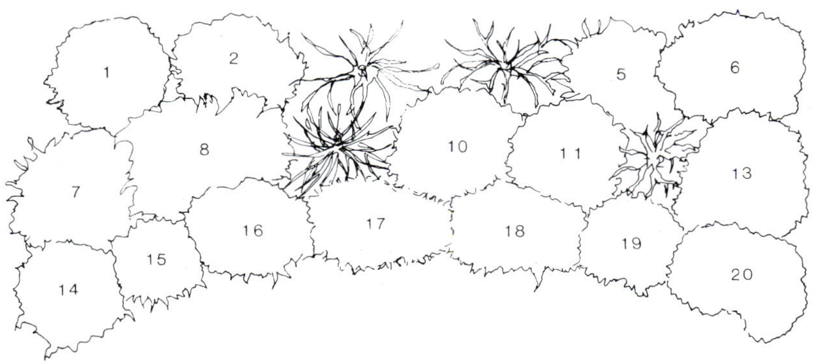

In dieser Rabatte mit den Ausmaßen von ungefähr 9 x 3,5 m habe ich versucht, genügend farbige Zweige und immergrüne Sträucher zu verwenden, die im Winter ein abwechslungsreiches Bild bieten und sich außerdem zum Schneiden eignen. Nach der kalten Jahreszeit folgen dann Frühlings- und Sommerblumen, und die Saison endet mit leuchtenden Herbsttönen. Es ist wichtig, daß Sie Ihre Rabatte gut mulchen, damit Sie nur wenig Unkraut jäten müssen, obgleich die niedrigwachsenden immergrünen Pflanzen schon eine gute Hilfe sind.

1 Sicheltanne (*Cryptomeria japonica* 'Elegans Compacta')
2 Liguster (*Ligustrum ludicum* 'Aureovariegatum')
3 Perückenstrauch (*Cotinus coggygria* 'Notcutts Variety')
4 Schmetterlingsstrauch (*Buddleja davidii* 'Dartmoor')
5 Glanzmispel (*Photinia x fraseri* 'Robusta')
6 Duftblüte (*Osmanthus x burkwoodii*)
7 *Hebe speciosa* (Hybride)
8 Spierstrauch (*Spiraea* 'Arguta')
9 Hartriegel (*Cornus alba* 'Sibirica')
10 Kreuzdorn (*Rhamnus alaternus* 'Argenteovariegata')
11 Orangenblume (*Choisya ternata*)
12 Sommerjasmin (*Philadelphus microphyllus*)
13 Liguster (*Ligustrum ovalifolium* 'Aureum')
14 Rebhuhnbeere (*Gaultheria procumbens*)
15 Zistrose (*Cistus* 'Silver Pink')
16 *Sarcococca humilis*
17 Heiligenblume (*Santolina chamaecyparissus*)
18 Wacholder (*Juniperus communis* 'Repanda')
19 Spindelstrauch (*Euonymus fortunei* 'Emerald' n' Gold')
20 *Rhododendron impeditum*

Waldland, wildwachsende Bereiche und Feuchtgebiete

Waldland, wildwachsende Bereiche und oft auch Wassergärten sind getrennte Bereiche, die abseits vom übrigen Garten gelegen sind. Sie haben einen ganz anderen Charakter, eine ruhigere Umgebung und Atmosphäre und wollen auch entsprechend anders behandelt werden. Statt sorgfältig ausgewählter Farbschemen und eines gepflegten Aussehens bieten die wilderen Bereiche ein Bild des sorglosen Überschwangs, in dem sich alle Farben fröhlich miteinander vermischen. Im Waldland neigen sich ineinander verwobene Zweige von Geißblatt und Kletterrosen über Teppiche aus frühlingsblühenden Zwiebelpflanzen, Veilchen, Storchschnabel, Farnen, Fingerhüten und schattenliebenden Lilien.

Durch Waldland und wildwachsende Gärten fließen möglicherweise Bäche oder Flüsse, die mit ihrer Dynamik und dem Wild, welches vom Wasser angelockt wird, zusätzliche Reize schaffen. Gärten am Haus werden manchmal rings um einen Bach oder Mühlbach herum angelegt, und die Ufer sind mit feuchtigkeitsliebenden Pflanzen bedeckt. Gärtner, die das Glück haben, daß ein natürliches Gewässer durch ihren Garten fließt, können dort Pflanzen ziehen, die feuchte Bedingungen lieben.

Heute sind wildwachsende Bereiche mit sorgsam ausgedachten Mischungen aus Gräsern und wilden Blumen zu einer Art Modeerscheinung geworden. Dank des Enthusiasmus und der Experimente von Privatleuten, können Sie jetzt Mischungen von Blumensamen kaufen, die besonders für Waldlandbereiche, Felder, Hecken oder feuchte Ufer an einem Teich oder Bach geeignet sind.

Natürlich gibt es nur wenig Neues auf gärtnerischem Gebiet; die meisten Dinge sind schon einmal vorher ausprobiert worden! Ich denke zum Beispiel an die Blumenwiese – einen natürlichen Garten, bevor der Rasenmäher erfunden wurde und Blumenbeete an Bedeutung gewannen –, wie sie so schön in Frank Crisps Buch »Medieval Gardens« dargestellt sind. Idealisierte Illustrationen von Blumenwiesen findet man auf Stickereien aus der Zeit um 1500, wie den Einhorn-Wandteppichen im Museum »The Cloisters« in New York. Wie gerne würde man inmitten dieser Wiesengärten unter schattenspendenden, locker gepflanzten Bäumen sitzen – unter Weißdorn und Haselnüssen, Maulbeer- und Walnußbäumen, Apfel- und Pfirsichbäumen und unter dem wilden Kirschbaum (*Prunus avium*) in der Mitte. Der Boden ist mit einem Teppich aus wilden Erdbeeren, Duftveilchen, Gänseblümchen, Immergrün, Goldlack und Ringelblumen, aus Stiefmütterchen, Primeln, Nelken und Vergißmeinnicht sowie aus Akeleien, Levkojen (*Matthiola perennis* und *M. bicornis*), Madonnenlilien (*Lilium candidum*) und wilden Orchideen bedeckt. Viele von ihnen duften, alle haben ihre symbolische Bedeutung. Obwohl man nur mit einer besonderen Technik das Gras unter Kontrolle halten könnte, um den Blumen genug Raum zum Atmen zu geben, ist eine solche Blumenwiese eine ausgesprochen praktische Lösung. Man muß weder umgraben noch Unkraut jäten, und alle Blumen findet man in den gängigen Samenkatalogen.

Eine Szene im Spätapril im Garten von East Lambrook Manor, wo im Halbschatten ein Graben von Norden nach Süden verläuft. Lungenkraut und Storchschnabelarten sorgen für Farbe und bedecken den Boden mit einem dichten Teppich, während Salomonsiegel und Wolfsmilch der Szene Höhe verleihen. Die gekappten Weiden fungieren als strukturgebende Elemente. Zu Beginn der Saison blühen dort über 200 Arten und Sorten von Schneeglöckchen, viele alte Primeln und Hunderte Nieswurzarten, einschließlich vieler namhafter Varietäten.

Zu Beginn der Stuartzeit entwickelte Francis Bacon schon Ideen über Wildblumen, die ganz in unsere Zeit passen würden. In seinem Essay »Of Gardens« schreibt er, daß jeder große Garten ein Stück Heide haben sollte, »das so getreu wie möglich den Charakter einer natürlichen Wildnis haben und in das man hier und dort ganz willkürlich Veilchen, Erdbeeren und Primeln setzen sollte«. Er empfiehlt auch »kleine Haufen in der Art von Maulwurfhügeln«, auf denen wilder Thymian, Nelken, Gamander, Immergrün, Gänseblumen, Schlüsselblumen, Erdbeeren und rote Bartnelken wachsen sollen. Zwischen all diesen Blumen wünscht er sich noch Hochstammrosen, Ilex, rote Johannisbeeren, Stachelbeeren, Rosmarin, Lorbeer und Wildrosen.

Miriam Rothschild hat uns in England als erste gelehrt, darauf zu achten, wie viele Wildblumen an Weg- und Straßenrändern und Hekken durch Mähen und Spritzen verschwinden. In ihrer Grafschaft Northamptonshire beginnend, hat sie die Gemeinderäte davon zu überzeugen versucht, erst nach dem Verblühen und Aussäen der Wildblumen die Ränder an Straßen, Feldern und Wegen abzumähen. Bei unseren Ausflügen über Land können wir schon sehen, wie allmählich der Bestand unserer Wildblumen an den Straßenrändern wieder zunimmt. In ihrem Garten hat Mrs. Rothschild als Experiment eine Wildblumenwiese angelegt; außerdem zieht sie auch Wildblumen in ihrem ummauerten Gemüsegarten, um immer einen Vorrat an Samen zu haben. In ihrem Buch *The Butterfly Gardener* (Lon-

Oben: Die charakteristischen Zweige des Schneeballs (*Viburnum plicatum* 'Mariesii'), die in horizontalen Schichten übereinander wachsen, durften sich hier frei entfalten. Sie bilden in den Konturen einen schönen Kontrast zu den Stämmen der dekorativen Bäume.

Ganz links: Frühlingsblühende Zwiebelpflanzen bilden einen Teppich aus weißen Traubenhyazinthen, kleinen, gelben Narzissen und weißen Gänseblümchen.

Links: Winterlinge (*Eranthis hyemalis*) können im Februar einen goldenen Teppich bilden. Hier schmiegen sie sich an den Baumstamm und die Wurzeln einer Roßkastanie. Wegen ihres frühzeitigen Blütenstaubs sind sie bei den Bienen gern gesehen.

don, 1983) zeigt sie uns, wie wir eigene Wildwiesengärten anlegen können und rät, besonderen Wert auf Pflanzen zu legen, die Schmetterlinge anlocken. Falls Sie keinen Platz für eine Wiese haben, bieten sich die Ränder der Gartenwege, dort wo Kies und Gras aufeinandertreffen, als Heimstatt für Blumen und Schmetterlinge an.

Ihren Ratschlägen und Ideen folgend, ist auch der Prince of Wales einer der Vorkämpfer auf diesem Gebiet. Inzwischen hat er seine eigene Technik und einen eigenen Stil entwickelt. Auf seinen Pferdekoppeln in Highgrove hat er Mischungen aus selbstgeernteten Wildblumensamen zusammen mit einer Mischung aus sorgfältig ausgewählten einheimischen Spezies ausgesät. Im Sommer blüht nun dort zu beiden Seiten des Fahrweges ein großartiges Spektrum an Mädchenaugen, Mohn und Kornblumen.

In Amerika, besonders in Texas, hat sich Lady Bird Johnson dafür eingesetzt, daß einheimische Wildblumen am Rande der großen Straßen angepflanzt wurden. Die Vielfalt, die nun dort blüht, ist atemberaubend. Wichtig ist es, daß Sie in einem wilden Garten Wege anlegen. Sie müssen nicht unbedingt zu einem Ziel führen, sondern sie verleihen dem Garten zusätzlich Strukturen und Höhenunterschiede und ermöglichen es Ihnen, daß Sie an jeder Biegung von einem neuen Blickfang überrascht werden. Verwenden Sie Sträucher aufgrund ihrer verschiedenen Formen: Schneeball (*Viburnum plicatum* 'Lanarth') und den schönen Hartriegel (*Cornus controversa* 'Variegata'), der seine horizontalen Zweige schichtartig ausbreitet. Die Birne *Pyrus calleryana* 'Chanticleer', die Schwarzbirke (*Betula nigra*) und der *Prunus x hillieri* 'Spire' bilden Pyramiden. Falls Sie immergrüne Gehölze wünschen, sollten Sie Wacholder (*Juniperus scopulorum* 'Skyrocket') oder Eiben (*Taxus baccata* 'Fastigiata') wegen ihres säulenartigen Wuchses auswählen. Um eine mehr graue Wirkung zu erzielen, sollten Sie sich für Scheinzypressen (*Chamaecyparis lawsoniana* 'Pembury Blue') entscheiden oder *C. l.* 'Lane' wählen, wenn Sie einen goldenen Farbton wünschen.

Denken Sie auch daran, daß es bei einem solchen »natürlichen« Gartenstil selbstverständlich auch unordentliche Momente im Garten geben soll. Die gewünschte Wirkung wird verdorben, wenn er zu ordentlich aussieht. Der Reiz eines derartigen Gartens hängt von der Fähigkeit seines Schöpfers ab, keine großartigen Akzente zu setzen, sondern vielmehr Impressionen zu wecken, das heißt, immer neue Szenen sich vor unseren Augen entwickeln zu lassen. Reißer und Blender sind hier nicht erwünscht. Sie müssen es sich verbieten, immer noch einen Strauch mehr hinzuzufügen; er könnte nämlich leicht ablenken, statt die gewünschte Wirkung hilfreich zu unterstützen.

Waldlandpflanzen

Waldlandblumen haben einen besonderen Reiz. Sie haben etwas Bescheidenes und Demütiges; oft lassen sie, wie die Blausterne (*Hyacinthoides* 'non-scripta') ihre Köpfe hängen. Sie sind niemals grell und verbergen sich oft zwischen Farnen und heruntergefallenen Blättern. Dann gibt es noch die Blüten der Bäume selbst: Haselkätzchen und die oft übersehenen winzigen roten Blüten der Parrotia, die so unscheinbar sind, daß man genau hinschauen muß. Aber auch auffallendere Ahorn- und Lindenblüten sowie die schwarzen Blüten der Eichen sind vertreten.

Unter Waldlandblumen verstehe ich eigentlich die teppichbildenden Blumen – wilde und kultivierte, Stauden, Zwiebelpflanzen und Sträucher. Eine der ersten Blumen, die zu Beginn des Frühlings noch vor dem Ausschlagen der Bäume erscheinen, sind die Winterlinge (*Eranthis hyemalis*). Bei Frost und Schnee strecken sie ihre goldenen Gesichter an ihren mit grünen Krausen geschmückten Hälsen durch den eisigen Boden und breiten leuchtende Blütenteppiche aus, die die ersten Bienen bei ihrer Pollensuche anlocken. Daneben sollte in großzügigen Gruppen die Stinkende Nieswurz (*Helleborus foetidus*) blühen, wo ihre hängenden, limettengrünen Glocken und ihre gezackten, gefingerten Blätter das Sonnenlicht auffangen können. Es sind vielleicht wenig spektakuläre Pflanzen, aber im Januar, wenn sich sonst kaum etwas zeigt, entpuppen sie sich als etwas Besonderes.

Sie mögen sich vielleicht zu einem Schneeglöckchen-Snob entwikkeln, die Gesichter dieser entzückenden Pflanzen einzeln umdrehen und wie von ungefähr die Namen aller Spezies – *elwesii*, *atkinsii*, *fosteri* – aufzählen. Es gibt aber noch eine andere Möglichkeit, Schneeglöckchen auf extravagante Weise zu genießen: Pflanzen Sie in großen weißen Flächen rings um Baumstämme und die steifen Zweige des kalkliebenden Lorbeerseidelbastes (*Daphne laureola*) Mengen von ungefüllten, gefüllten, niedrigen und hohen Schneeglöckchen. Sie bilden einen Kreis aus wächsernen grünen Glocken, die von dunkelgrünen Blattquirlen geschützt werden. Wenn sie auch schon im Februar und März blühen, so ist es für die Bienen noch nicht zu früh, die sich von ihnen anlocken lassen und überall im Garten für neue Sämlinge sorgen.

Wenn der März voranschreitet, »noch vor den ersten Schwalben des Frühjahrs«, erscheinen bereits die Narzissen, die in großen Gruppen von nur einer Art und einer Farbe zwischen die Baumstämme gepflanzt werden sollten. Sie blühen sogar noch vor den blassen Primeln, die uns zum Pflücken reizen, um ihren süßen Honigduft genießen zu können. Alle, die offene Augen haben, und alle Kinder, die gerne mit im Garten helfen, werden sich nun an den verschiedenen Primeln erfreuen können, die allmählich aufgehen. Die unterschiedlichsten Arten – mit Stecknadelaugen oder gefransten Augenrändern – eignen sich gut als Anschauungsmaterial für die erste Botanikstunde; an ihnen läßt sich zeigen, wie Blüten befruchtet und manchmal über Kreuz bestäubt werden und so die Hybriden entstehen.

Hasenglöckchen (*Hyacinthoides non-scripta*, syn. *Endymion non-scriptus* oder *Scilla non-scripta*) lieben einen lichten Schatten und sollten rings um die großartigen weißen Baumstämme der Silberbirke oder der geisterhaften, wie weißgetünchten Stämme der Brombeere (*Rubus cockburnianus*) gepflanzt werden. Weiß, Blau und Grün bilden eine ideale Harmonie, und die überhängenden Brombeerzweige spiegeln den Wuchs der Hasenglöckchen wider, die sich unter der Last ihrer röhrenförmigen Blüten elegant zu Boden neigen.

Als nächstes folgen die Orchideen: Zuerst erscheint im Waldland das frühblühende, purpurfarbene Knabenkraut (*Orchis mascula*) mit

Oben: Dem Rokokogarten in Painswick (Gloucestershire) hat man, den zeitgenössischen Gemälden von Thomas Robins folgend, seine ehemalige Schönheit des achtzehnten Jahrhunderts wiedergeschenkt. Schneeglöckchen durften dort über Jahre heimisch werden und bilden jedes Frühjahr aufs neue großartige weiße Teppiche.

Rechts: Ein atemberaubender Teppich aus Narzissen (*N. bulbocodium*), die im März ihre Blüten öffnen. Wie viele andere Blumen wenden auch sie ihre Köpfe dem Licht zu, so daß sie unter laubabwerfenden Bäumen oder auf grasbewachsenen Ufern, wo im Frühjahr eine Menge Feuchtigkeit vorhanden ist, einen glücklichen Eindruck machen.

Gegenüber oben und unten: Gemähte Graswege führen durch den Waldgarten in Abbotswood in Gloucestershire, wo weiße und blaue Anemonen (*Anemone blanda* und blaue *Scilla messeniaca*) einen Blütenteppich unter dem Laubdach laubabwerfender Bäume bilden. Dieser ideale Waldlandgarten ist groß genug, um leuchtende Effekte als Kontrast zu den strengbepflanzten Bereichen in Abbotswood zu erzielen. Sie wurden ursprünglich von Gertrude Jekyll und Sir Edwin Lutyens entworfen.

kräftig magentaroten Flecken auf seinen Blüten und Blättern. Es läßt sich nur schwer umpflanzen, da es als Nahrung auf das Vorhandensein eines Mykorrhiza-Pilzes im Boden angewiesen ist. Sollten Sie das Knabenkraut also verpflanzt haben, müssen Sie es entsprechend ernähren, und pflücken Sie es nicht ab, da es sich sonst nicht mehr vermehren kann. Die grünblütige *Listera ovata* beginnt sich im April zu regen. Zunächst sieht man zwei Blätter, »gerippt und abgeschrägt«, wie Gerard in seinem *Herball* von 1597 schreibt, und von Ende Juni bis in den Juli reifen die gelbgrünen Blüten auf 50 cm langen, schlanken Stielen heran. Sie brauchen keine besondere Nahrung; man kann sie auch pflücken oder abmähen.

Eine meiner Frühlingsfreuden ist die Mischung aus Purpur und Chartreuse – eine perfekte Kombination im Strauß, im Garten oder im Waldland. Der besondere dunkelmauvefarbene Silberling – seine Blätter sind oft dunkelpurpurfarben gefleckt – und die Waldwolfsmilch (*Euphorbia amygdaloides*) ergeben zusammen ein aufregendes Bild, an das man sich noch lange erinnert. Wenn Sie die Pflanzen von nahem betrachten, werden Sie entdecken, wie wunderbar sie aussehen – zwei ganz gewöhnliche Blumen, die aber zusammen einen herrlichen Anblick bieten. Je weiter die Wochen voranschreiten, um so mehr nimmt auch der Schatten in Ihrem Waldgarten zu. Ihre Bepflan-

Oben: Türkenbundlilien gedeihen am besten in lichtem, aber nicht tiefem Schatten.

Links oben: Weißer Fingerhut und blauer Scheinmohn (*Meconopsis betonicifolia*) haben sich von selbst ausgesät und bilden eine harmonische Gemeinschaft.

Links unten: Hundszahn läßt sich leicht in Waldlandbereichen ziehen. Sie öffnen ihre Blüten im April, bevor die Blätter der laubabwerfenden Bäume Schatten werfen können. *E.* 'Rose Beauty', eine Hybride von *E. revolutum* und *E.* 'White Beauty', schmücken sich hier mit einem üppigen Blütenflor; nach der Blüte bilden ihre schön gefleckten Blätter eine reizvolle Bodendecke.

Gegenüber oben: Das Licht fängt sich auf den hängenden weißen Blüten des Salomonssiegels in Jenkyn Place in Hampshire.

Gegenüber unten: Die Waldlilie *Trillium grandiflorum* – hier ist ihre rosa Form *T. g.* 'Roseum' abgebildet – blüht im Frühjahr. Sie fühlt sich in kühlem, schattigem Waldland ausgesprochen wohl. Sie ist absolut winterhart, und ihre dicken Rhizome können geteilt werden, sobald sich ein kräftiger Horst gebildet hat.

zung müssen sie der gegebenen Situation anpassen, indem Sie Akelei, Storchschnabel (*Geranium sylvaticum*), Fingerhut, Farne und vor allem Lilien verwenden. Weiße Blumen leuchten im lichten Schatten, und die hohen Blütenähren der Fingerhüte sehen wunderbar aus, wenn sie sich über Funkienblätter und Farne erheben. Um die Gruppe weiß zu erhalten, müssen Sie störende rosa- und purpurfarbene Blütenstiele abschneiden, bevor die Bienen ihre Arbeit aufnehmen und ihre Farbpläne durcheinanderbringen. Am Rande ihres Waldgebietes, wo die Sonne einen Teil des Tages hinscheinen kann, gedeiht die winterharte, starkwachsende Sumpfschafgarbe (*Achillea ptarmica* 'The Pearl') recht gut.

Ich liebe Weiß mit Grau und Weiß mit Grün, aber ungeschickt unter starke Farbtöne gemischt, kann es auch fürchterlich aussehen. Der Kontrast ist einfach zu groß. Sparsam und einfühlsam verwendet, vermögen weiße Blumen eine dunkle Ecke aufzuhellen – sie wirken wie Sterne an einem dunklen Nachthimmel. Hundszahn (*Erythronium* 'White Beauty'), der sich unter überhängenden Zweigen besonders wohl fühlt, und Salomonssiegel (*Polygonatum x hybridum*) eignen sich beide für Waldbereiche oder eine schattige Rabatte. Sie müssen darauf achten, daß die Laubdächer der Bäume nicht zu dicht werden, und eventuell ein paar Zweige abschneiden, damit mehr Licht durchdringen kann. Dann gibt es noch Pflanzen mit besonderen Bedürfnissen: Schattenliebende Trilliumarten müssen einen sauren Boden haben, der mit reichlich Laubmulch angereichert sein muß, damit sie überleben können und gut gedeihen. Wenn Sie sie einmal haben wild wachsen sehen, wünschen Sie sich auch sehnsüchtig ein paar davon in Ihrem Waldgarten; genauso wird es Ihnen auch mit Blutwurz (*Sanguinaria canadensis*) ergehen. Falls Sie das Glück haben, ein Exemplar der gefüllten Form geschenkt zu bekommen – wie ich vor mehreren Jahren –, sollten Sie diese Kostbarkeit lieber in einer nach Westen ausgerichteten Rabatte zwischen anderen Schätzen unterbringen. Eine gefüllte Blutwurz ist einfach zu wertvoll, um mit ihr im Waldgarten ein Risiko einzugehen.

Anfang Mai hatte ich einmal das Glück, mit Bill Frederick durch seinen Waldgarten in Delaware laufen zu dürfen. Bill ist nämlich einer der großen Pflanzenkenner und -liebhaber unserer Zeit. In nur einer halben Stunde in seiner Gesellschaft habe ich mehr gelernt, als ich jemals aus der Lektüre von Büchern oder Katalogen hätte erfahren können. An diesem Tag habe ich folgendes in mein Tagebuch geschrieben: »Mein stärkster Eindruck war Bills Geschick, Farben zu kombinieren.« – so wie ich liebt er die gelblich-grünen Chartreusefarben des Frühlings und verbindet deshalb gerne Waldland-Wolfsmilch mit den Purpur- und Rotweintönen der Berberitzen- und Ahornblätter. In seinem Waldland blühten große Gruppen von *Scilla sibirica* und *Trachystemon orientalis* in schöner Harmonie, wobei die großen, haarigen Blätter der letzteren die verblühten Blausterne ablösen und sich über den ganzen Boden ausbreiten. Liebliche Virginia-Primeln (*Mertensia pulmonarioides*, syn. *M. virginica*), die 50–70 cm hoch werden, blühten neben sich entfaltenden Blättern der *Rodgersia podophylla*. Die Mertensienblätter färben sich gelb und verschwinden, sobald sich die Rodgersie ausbreitet. Beide Pflanzen sind gute

Nachbarn, denn sie lieben einen feuchten, nährstoffreichen und torfartigen Boden im Halbschatten. Frühblühende Lenzrosen (*Helleborus orientalis*) säumten die Wege, und *Crocus tommasianus* kamen zusammen mit *Claytonia virginica* in großen Gruppen zum Vorschein.

Dort wuchsen auch Elfenblumen und Dicentra, die sich beide durch ihr schönes Laub auszeichnen. Sie blühen und gedeihen im Waldgarten, machen sich aber auch gut als Nachbarn in einer Rabatte, die nicht den ganzen Tag über von der Sonne beschienen wird. Dort gab es auch große Flecken mit Veilchen, und drei verschiedene Storchschnabelarten hatten ihre Blüten entfaltet: *Geranium phaeum*, eine schattenliebende Pflanze mit dunkelpurpurfarbenen Blüten; *G. macrorrhizum*, ein wunderbarer Bodendecker für Sonne oder Schatten mit lila-rosafarbenen Blüten und fast immergrünen, aromatischen Blättern, die ein derbes Aussehen bekommen, sobald es im Winter kalt wird. Und schließlich *G. procurrens*, das gut in der Sonne und im Schatten gedeiht und das man sich ohne Bedenken selbst überlassen kann. Seiner Natur nach pflegt es sich kriechend auszubreiten, gibt man ihm aber die Möglichkeit, dann klettert es gerne in niedrige Büsche und breitet sich über ihnen aus. *G. sylvaticum albiflorum*, eine andere Waldpflanze, hat gerade die richtige

Rechts: Schachbrettblumen (*Fritillaria meleagris*), Wiesenschaumkraut, Butterblumen und Taubnesseln (*Lamium galeobdolon*).

Unten: Eine großartige Gruppe weißer Fingerhüte, die sich aus einem Horst graulaubiger Funkien (*Hosta sieboldiana*) erhebt.

Gegenüber: *Azalea pontica, Hosta fortunei*, Becherfarne, Rhabarber (*Rheum tanguticum*), wilder Knoblauch, Beinwell (*Symphytum grandiflorum*) und Pestwurz (*Petasites fragrans*).

Menge an reinweißen Blüten, die sich an 90 cm langen Stielen über Blatthügel aus feingeteilten Blättern erheben.

An diesem Tag brachen auch die Spitzen der Funkien durch den Boden, und Bill erklärte mir, daß die Funkie *Hosta ventricosa* sowohl zäh als auch resistent gegen Schnecken sei – hervorragende Eigenschaften in einem Waldgarten, wo man alles gerne sich selbst überläßt. In diesem Moment habe ich darüber nachgedacht, wie sehr sich William Robinson in diesem Waldgarten zu Hause gefühlt hätte, wo der Maiapfel (*Podophyllum peltatum*), der an einem feuchten Plätzchen wuchs, gerade seine christrosenartigen Blüten öffnete. Die Weiße Waldlilie (*Trillium grandiflorum*) bildete ihre Knospen, und auch die zart rosafarbenen Blüten der Platterbse (*Lathyrus vernus*) schienen sich an dem nährstoffreichen Waldlandboden zu erfreuen. Später übernahmen dann wilder Fingerhut (*Digitalis purpurea*) und hoher weißer, in der Nacht duftender Ziertabak (*Nicotiana sylvestris*) gemeinsam mit großen Flecken Herbstzeitlosen die Starrolle.

Es gibt noch andere Momente im Waldgarten, die ich in Erinnerung behalten habe. Zwei eindrucksvolle Bilder sind mir noch aus Gärten im Gedächtnis, die ich vor vielen Jahren besucht habe, bevor das Gärtnern ein bestimmendes Thema meines Lebens wurde und ich bereit war, derartige Eindrücke aufzunehmen.

Das erste Mal war es im August, als ich rings um einen kleinen See wanderte, der, von Bäumen eingerahmt, in einem Garten in Oxfordshire lag. Als wir um die erste Ecke bogen, erblickten wir ein wundervolles Exemplar einer Kleinblütigen Roßkastanie (*Aesculus parviflora*), die als alleinstehender Strauch vor einem Hintergrund aus hohen Bäumen gezogen war, von denen man die unteren Zweige entfernt hatte. Auf der anderen Seite des Sees war das ganze Ufer mit weißen Weidenröschen bedeckt. Beide Pflanzen standen in voller Blüte – die Kastanien mit langen, weißen Blütenähren und roten Staubbeuteln sowie die Weidenröschen (*Epilobium angustifolium*) mit 1,20 m langen, weißen Blütenähren und frischen, grünen Blättern. Was mich so besonders beeindruckte, waren die Massen von Weidenröschen, die sich in dem Wasser widerspiegelten. Das dicht bepflanzte Ufer schien förmlich mit der Wasserfläche zu verschmelzen.

Den zweiten großen Eindruck hatte ich Mitte April in einem anderen Garten in Bampton (Oxfordshire). Dieser Waldgarten hatte für mich etwas Märchenhaftes. An diesem Tag, so meine ich, habe ich gelernt, daß das Detail zwar eine ganz wichtige Rolle spielt, ich aber meinen Blick weitergehen lassen und auch auf die Gesamtwirkung achten muß. Narzissen und Anemonen in nur einer Varietät standen in großen Gruppen vor Wolfsmilch (*Euphorbia amygdaloides robbiae*) und Vergißmeinnicht. Dort wuchsen auch Hundszahn und Schachbrettblumen. Die Hauptblütenfarben erschienen in ganzen Schwaden, aber die raffinierteren Schachbrettblumen (*Fritillaria meleagris*) mit ihren zarten, nickenden Köpfen – weißen und purpurnen – standen noch da, von üppigem Grün eingerahmt. Die Wirkung ihrer grasähnlichen Blätter wird noch verstärkt, wenn man sie mit ähnlich filigranem Laub umgibt anstatt mit schwer texturierten, großen Blättern, die von dem zarten Aussehen der Schachbrettblumen ablenken würden.

Oben: Feuchtigkeitsliebende Pflanzen fügen sich in dem Flußgarten in Brook Cottage harmonisch aneinander. Dieser Garten bildet einen Teil des größeren Anwesens von Mr. und Mrs. David Hodges in Oxfordshire. *Iris, Primula florindae*, Geißbart (*Aruncus dioicus*) und *Lysichiton* bilden eine grüne Szene, die durch weiße, gelbe und violette Blüten aufgelockert wird.

Gegenüber: Mirabel Osler hat feuchtigkeitsliebende Pflanzen zusammen mit Rosen verwendet, damit der Garten an ihrem alten Lower Brook House in Shropshire den ganzen Sommer über reizvoll aussieht. Die Rosen, die rotblühende 'Tuscany Superb' und die kletternde rosafarbene 'Albertine', vermischen sich mit Frauenmantel (*Alchemilla mollis*), Wolfsmilch, Nieswurzarten und Binsenlilien (*Sisyrinchium*).

Feuchtigkeitsliebende Pflanzen

Da ich niemals einen Garten mit einem Fluß oder Bach, einem sumpfigen Boden oder einem Gebiet besessen habe, wo Pflanzen, die einen feuchten, aber gut durchlässigen Boden lieben, gedeihen können, hatte ich auch niemals die Möglichkeit, Pflanzen mit Speziesbezeichnungen wie '*aquatica*' oder '*palustris*' für Feucht- oder Sumpfgebiete zu verwenden. Böte sich mir plötzlich doch die Gelegenheit, würde sich mir eine ganz neue Welt auftun. Das Spektrum der geeigneten Pflanzen umfaßt eine Vielfalt an kontrastierenden Blattformen, Farbeffekten und Kombinationen, die mindestens genauso groß ist wie die für gemischte Rabatten.

Ich würde mir als erstes Notizen machen und Listen anlegen, um Ideen zu entwickeln und die verschiedenen Möglichkeiten abzuwägen. Sie wollen vielleicht einwenden, daß Sie diese Listen auch in Büchern finden können. Eine eigene Liste ist aber immer etwas Besonderes; sie spiegelt Ihre persönlichen Vorlieben wider.

Jede Pflanze sollte nach Höhe, Farbe, Blütezeit und, was noch wichtiger ist, nach ihrer allgemeinen Wuchsform spezifiziert werden, das heißt, ob ihre Blätter groß, gefiedert, immergrün, spitz oder rundlich sind. Wie bei jedem anderen Garten müssen Sie auch hier darüber nachdenken, ob sie volle Sonne, lichten oder tiefen Schatten wünscht; und auch der von ihr bevorzugte Bodentyp muß berücksichtigt werden.

Wenn Sie an diesem Punkt angelangt sind, müssen Sie auch entscheiden, welche Rolle dieser Gartenteil einmal spielen soll. Wollen Sie oft darin arbeiten, oder wollen Sie nur darin herumspazieren und sowohl die Wildnis als auch die Pflanzen genießen?

Leute, die keine Erfahrung mit Wald- oder Flußgärten haben, nehmen wahrscheinlich an, daß man solche Bereiche, hat man sie einmal gepflanzt, sich selbst überlassen kann. Auf eine bestimmte Weise behandelt, mag das wohl zutreffen. Sollten Sie aber ein richtiger Gärtner sein, so werden Sie andere Vorstellungen haben. In diesem Zusammenhang fallen mir Frances Pumphreys Bemerkungen in *The New Englishwoman's Garden* ein: »Diese Verbindung von Wasser- und Wildgarten ist zweifellos mein liebstes Stückchen Garten, obgleich es schrecklich war, ihn anzulegen, und obgleich es Mühe macht, ihn zu erhalten. Es ist harte Arbeit; denken Sie nur nicht, daß ein wilder Garten sich um sich selbst kümmert. Drehen Sie ihm nur den Rücken, und Sie werden sehen, was geschieht.

Bei Standorten in der Nähe von Teichen und Flüssen oder auf sumpfigem Boden ist es entscheidend, wieviel Feuchtigkeit die Pflanzen vertragen können. In Katalogen können Sie oft lesen, daß eine Pflanze einen feuchten, aber gut durchlässigen Boden benötigt – eine etwas rätselhafte Beschreibung, die besagen will, daß die Feuchtigkeit durch den Boden sickern, sich aber nicht darin stauen sollte. Die Wurzeln einiger Pflanzen können buchstäblich ertrinken, wenn sie in einem von Wasser durchsogenen Boden oder in Wasser stehen; sie können nicht atmen, wohingegen andere die zusätzliche Feuchtigkeit benötigen, um zu überleben und zu gedeihen.

Im folgenden empfehle ich Ihnen ein paar Pflanzen, die ein harmonisches Bild aus Farben und Formen ergeben könnten. Astilben, die

Links: Im Stancombe Park in Gloucestershire haben Mr. und Mrs. Basil rings um ihr Haus formal strenge, farbenprächtige Rabatten angelegt und den Waldweg, der zu einem Sumpfgarten und einem See mit einem Tempel aus dem 19. Jahrhundert führt, restauriert. Dieser Teil des Gartens gibt die passende Gelegenheit, Farne, *Primula florindae* und graulaubige Artischocken zu ziehen.

Links unten: Die leuchtenden Primeln *Primula japonica* 'Miller's Crimson', eine Selektion der *Primula japonica*, im Garten der Royal Horticultural Society in Wisley gehören zu den aufregendsten und dekorativsten feuchtigkeitsliebenden Pflanzen für einen kühlen Standort.

Gegenüber: Ein Blick auf den Teich in Brook Cottage. Mrs. Hodges hat die Uferböschungen mit einer Fülle von Pflanzen bedeckt. Der Frauenmantel (*Alchemilla mollis*) hat seinen Höhepunkt erreicht, während die Wolfsmilch (*Euphorbia griffithii* 'Fireglow') jetzt wunderbare grüne Hügel bildet, nachdem ihre feuerroten Blüten vergangen sind. *Primula florindae* nehmen den Farbton der Blüten des Frauenmantels wieder auf. Die verschiedenen Formen der *Iris laevigata* öffnen soeben ihre flachen Blütenköpfe, und ihre Blätter bilden einen schönen Kontrast zu dem dekorativen Laub der Funkien (*Hosta sieboldiana* 'Elegans'). Die feuchtigkeitsliebende Segge *Carex elata* 'Aurea' hat einen kräftigen Horst gebildet; ebenso die Gauklerblumen (*Mimulus* 'Wisley Red'). In der Rabatte hinter dem Teich wachsen immergrüne Gehölze und eine kupferfarbene Buchenhecke. Der Teich wurde vor 25 Jahren angelegt, und überfließendes Wasser hält den unterhalb des Hügels gelegenen Primelgarten feucht.

von Juli bis August blühen, lassen sich wunderbar in größeren Gruppen am Rand des Wassers ziehen. Mit weißen über blaß- bis hin zu dunkelrosafarbenen Astilben könnten Sie einen Regenbogeneffekt erzielen – *Astilbe* 'Deutschland' (weiß, 50 cm), *A.* 'Irrlicht' (weiß mit dunklem Laub, 50 cm), *A.* 'Pink Curtsey' (leuchtendrosa, 60 cm), *A.* 'Fanal' (dunkelrot, 40 cm), *A.* 'Purpurlanze' (rosarotpurpur, 120 cm nach hinten) und schließlich *A.* 'Snowdrift' (weiß, 60 cm) wären für diesen Zweck gut geeignet.

Neben die Astilben pflanzen Sie vielleicht eine großblättrige Pflanze wie Schildblatt (*Darmera peltata*, jetzt *Peltiphyllum peltatum*), an dem sich im April flache Blütenstände aus sternartigen rosa Blüten öffnen. Im Juni erreichen ihre schirmartigen Blätter eine Höhe von 90 cm – 100 cm. Eine Bepflanzung aus spitz zulaufenden Blüten- und Blattformen – rote *Lobelia cardinalis*, *Iris laevigata*, *I. ensata* (*I. kaempferi*), Knöterich (*Polygonum bistorta*) und Felberich (*Lysimachia clethroides*) – in Verbindung mit rundblättrigen Pflanzen – *Ligularia dentata* 'Othello' oder 'Desdemona' – würde einen schönen Kontrast ergeben. Die Sumpfdotterblume (*Caltha palustris*) in ihrer ungefüllten und gefüllten Form spiegelt im April und Mai am Rand eines Flusses oder Teichs ihre leuchtenden, goldgelben Blüten im Wasser; auch ihre Samenstände sind reizvoll anzuschauen.

Ihres Duftes wegen pflanzen Sie vielleicht Mädesüß (*Filipendulina ulmaria* 'Aurea') mit ihren cremig weißen Blüten. Wenn Sie die Blütenköpfe zur rechten Zeit abschneiden, treiben im Herbst noch einmal goldene Blätter aus. Setzen Sie Mädesüß aufgrund der Farbe möglichst nicht neben Ihre Astilben; sie passen besser zu Taglilien, *Iris sibirica*, gelbem Felberich (*Lysimachia punctata*), Funkien mit goldgetuschten Blättern und *Primula florindae*, die gelbe Primel, die einen alkalischen Boden duldet.

Die Pflanze, die mich Gärtner mit einem Fließgewässer und alkalischem Boden am meisten beneiden läßt, ist die großartige *Primula japonica*. Ich erinnere mich noch daran, daß ich bei einer Reise durch schottische Gärten diese Etagenprimeln besonders bewundert habe. Ihre Blüten variieren stark in der Farbe – von den Sorten 'Miller's Crimson' bis hin zu 'Postford White' und von den rosa-, lachs- und orangefarbenen Sorten der Bressingham-Rasse bis hin zu den duftenden, zarten Primeln *P. sikkimensis* und *P. bulleyana* mit ihren dekorativen orangefarbenen Blütenständen.

Mehrere Pflanzen, die in normalen Beeten mit krautigen Pflanzen wachsen, gedeihen in einem feuchten Boden, der im Sommer nicht austrocknet, weitaus besser. *Angelica archangelica* bildet Blütenähren, die 2–2,50 m hoch werden. Wiesenraute (*Thalictrum aquilegifolium* und *T. flavum glaucum*, *T. speciosissimum*) und Wasserdost (*Eupatorium purpureum*) lieben feuchte Standorte, obwohl sie sich auch in ihrer normalen Rabatte durchaus wohl fühlen. Das gleiche gilt für *Artemisia lactiflora* und Glockenblumen (*Campanula lactiflora*). Großblättriger Rhabarber (*Rheum palmatum* 'Atrosangiuneum') und Alant (*Inula magnifica*) gedeihen in meiner Rabatte, würden aber doppelt so groß, wenn sie einen feuchten Untergrund hätten.

Ein Bachufer im Sommer

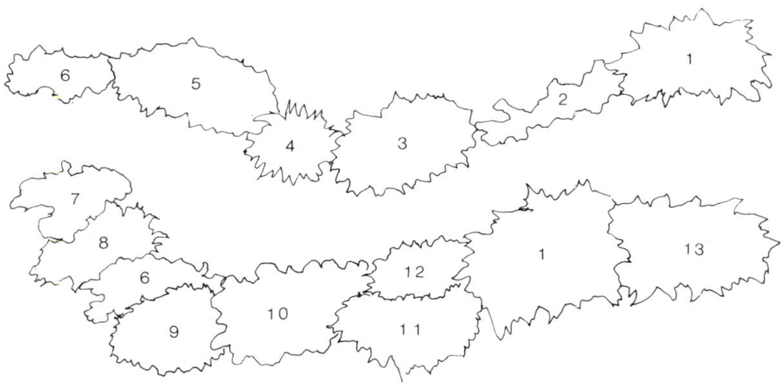

1 Rhabarber (*Rheum palmatum' Rubrum'*)
2 *Primula japonica*
3 *Astilbe* 'Fanal'
4 Knotenblume (*Leucojum aestivum*)
5 *Ligularia przewalskii*
6 Sumpfdotterblume (*Caltha palustris*)
7 *Lysichiton americanus*
8 *Astilbe chinensis pumila*
9 Schwalbenwurzenzian (*Gentiana asclepiadea*)
10 *Ligularia dentata* 'Desdemona'
11 Felberich (*Lysimachia clethroides*)
12 *Lobelia cardinalis*
13 Funkie (*Hosta sieboldiana* 'Elegans')

Ein Bachufer kann äußerst abwechslungsreich bepflanzt werden, indem man Pflanzen verwendet, die sich erst in dem nassen Boden voll entfalten und den reichsten Blütenflor hervorbringen. Vielleicht möchten Sie eine optimale Wirkung erzielen und im Juni große Gruppen Juniprimeln oder im Juli ganze Schwaden Astilben anpflanzen; ich habe statt dessen bei diesem Entwurf kleinere Pflanzengruppen am Rande des Wassers ausgewählt. Außerdem würde ich dekorative Sträucher unter die Laubdächer der Bäume pflanzen, die meiner Vorstellung nach den Bach einrahmen sollten.

Es gibt noch viele andere Pflanzen dieses Typs, die in Ihre Liste passen. *Gunnera manicata* braucht viel Raum und viel Wasser. Pflanzen Sie das schöne Silberfahnengras (*Miscanthus saccharifolius*) neben die Gunnera, da beide in der Höhe übereinstimmen. All die leicht erhältlichen *Miscanthus*-Arten sehen am Wasser hübsch aus, in dem sich ihre federartigen Blüten spiegeln können. Narzissen gedeihen in einem Boden, der feucht, aber nicht zu naß ist. Die Sommer-Knotenblume (*Leucojum aestivum*) steht gerne in der Nähe eines Wassers, und die Züchtung 'Gravetye Beauty', die eine Höhe von 75 bis 90 cm erreicht, darf niemals austrocknen, wenn sie große Horste bilden soll. Die Schachbrettblume (*Fritillaria meleagris*) wächst wild auf nassen Wiesen, und, obgleich sie auf trockenem Grasland überlebt, gehen ihre Samen an einem feuchten Standort leichter auf.

Ich habe noch niemals die beiden Sumpfwurzarten *Epipactis palustris* und *E. gigantea* mit ihren dunkelbraunen und grünen Blüten mit orangefarbenen Markierungen und purpurfarbenem Herz selbst kultiviert. Sie sollten mit selteneren Pflanzen wie *Gentiana asclepiadea* (40 cm), dem Schwalbenwurzenzian, verbunden werden, der im Spätsommer blüht, und von dem Spaltgriffel (*Schizostylis coccinea*) abgelöst wird, der erst im Herbst seine Blüten öffnet.

Oben links: Die Kallamilien (*Zantedeschia aethiopica*) sind viel winterhärter, als allgemein angenommen wird. Sie gedeihen gut, wenn ihre Wurzeln mit dem Wasser eines Teiches oder Sees bedeckt sind, und auch in einem Feuchtgebiet, wo sie vor starken Frösten geschützt werden.

oben rechts: *Iris sibirica* läßt sich am besten in feuchtem Boden in voller Sonne ziehen, blühen aber an einem trockenen Standort. *I. s.* 'Cambridge' ist eine verhältnismäßig neue Sorte. Ihre zurückgebogenen Blütenblätter sind in der Mitte gelb oder weiß geädert – ein dekoratives Merkmal. Sie blühen im Frühsommer und schmücken sich nach der Blüte mit mahagonibraunen Samenständen, die sich hübsch mit Silberling und immergrünen Blättern zu winterlichen Trockensträußen verarbeiten lassen.

Die wunderschöne weiße Kallalilie (*Zantedeschia aethiopica*), die wild in Sumpfgebieten wächst, ist winterhärter, als wir glauben, vor allem, wenn sie mit ihren Knollen unter der Wasserspiegelhöhe angepflanzt wird, so daß sie vor strengem Frost geschützt bleibt. Sie sieht im Sommer großartig aus, wenn sie, wie in dem berühmten Garten von Pusey House in Oxfordshire, in Massen am Rande eines Sees gezogen wird. Ich erinnere mich auch, daß ich einmal eine Gruppe Kallalilien in einem streng angelegten, kleinen, kreisförmigen Teich im Garten des inzwischen verstorbenen Lord Buchan habe wachsen sehen. Dort wurden sie, so erzählte er mir damals, einen halben Meter tief gepflanzt, genaugenommen unterhalb der gefährlichen Gefrierzone.

Wahrscheinlich gehört die großartige Uferpflanze *Lysichiton americanus* zu den spektakulärsten Pflanzen überhaupt, die im Schlamm gedeihen können. Die leuchtendgelben Arumblüten erscheinen Anfang März und blühen über mehrere Wochen; denken Sie aber daran, daß die Blätter riesig groß werden und eine Länge von bis zu 1,20 m erreichen. Daher sollten Sie keine Pflanzenschätze in die nächste Nähe setzen. Die asiatische Varietät *L. camtschatcensis* hat reinweiße Blüten und ist in allen Teilen etwas kleiner. Beide Lysichiton-Arten bevorzugen einen torfigen Boden.

Es gibt auch Sträucher, die sich an Teich- und Bachrändern wohlfühlen. Zu den spektakulärsten im Winter gehören der Hartriegel *Cornus alba* mit seinen siegellackroten bis goldenen Ästen und *C. stolonifera* 'Flaviramea', der sich durch sein auffallend goldenes Astwerk auszeichnet. Auch Weiden gedeihen gut an sumpfigen Plätzen; die meisten von ihnen bringen mehr Kätzchen hervor, wenn sie regelmäßig gekappt werden.

Wie auch bei dem restlichen Teil Ihres Gartens hängt der Umfang der Bepflanzung von der Größe Ihres Sees, Teichs oder Bachs ab. Ein See oder großer Teich, der aus einer gewissen Entfernung gesehen wird, verlangt nach einer großartigen Bepflanzung mit einem Hintergrund aus interessanten Bäumen. Ein Bach schlängelt sich, und seine Schlängelbewegung müssen Sie nachvollziehen und die Pflanzen entsprechend wie Individuen behandeln. Hier sollten Sie ausgewähltere Pflanzen verwenden, die es wert sind, aus nächster Nähe betrachtet zu werden. Immer sollten Sie Ihre Bepflanzung der gegebenen Situation anpassen.

Gegenüber: Der schwere Tonboden, der diesen Teich einrahmt, ist zum Umgraben zu klebrig, so daß man hier bodendeckende Pflanzen sich hat ausbreiten lassen. Im Vordergrund entfalten sich die Blätter der *Rodgersia podophylla* in einem schönen Braunton, färben sich dann aber nach und nach grün. Daneben wächst der empfindliche Perlfarn (*Onoclea sensibilis*).

Oben: Farne, Wilder Knoblauch und Dotterblumen wachsen am Rande des Teichs in Vann. Der Becherfarn (*Matteuccia struthiopteris*) vermehrt sich durch Ausläufer im Wasser und trägt den ganzen Winter über ausgezeichnete braune 'Samenstände'. Hier erheben sich seine Wedel aus einem mächtigen Lauchhorst.

Oben rechts: Im Winter sorgen die roten Zweige des Hartriegels (*Cornus alba* 'Sibirica') für einen schönen Anblick. Sie wachsen oberhalb des Teichs auf einer 1,40 m hohen, lehmigen Böschung. Diese ist mit einem schweren, alten Eichenbalken befestigt, der dicht mit Pilzen durchsetzt ist.

Rechts: *Lysichiton americanus* steht gerne am Wasser. Die gelben Blüten, die leider einen unangenehmen Duft ausströmen, erscheinen zu Beginn des Frühlings und bilden großartige Farbbänder, wenn sie erst richtig Wurzeln geschlagen haben. Seine spatenförmigen Blätter, die sich erst später entwickeln, können bis zu 1,40 m lang und 30 cm breit werden; sie haben die gute Eigenschaft, alles Unkraut zu unterdrücken.

Kübel und Gefäße

Für eine schöne Pflanzengruppierung in Gefäßen benötigt man die gleichen Voraussetzungen wie für die gelungene Gestaltung einer gemischten Rabatte. Sie müssen Ihre Pflanzen genau kennen, das heißt Sie müssen wissen, wie groß sie werden, welche Farbe die Blüten haben und welcher Art ihre Bedürfnisse sind. Welche Gefäße Sie auch immer auswählen, sie sollten in jedem Fall in Ihre Umgebung passen. Sie können eine Terrasse schmücken, indem Sie durch zusätzliche Farben und Formen gestalterische Akzente setzen. Große Terrassen benötigen Gefäße im Versaillestil mit stattlichen Pflanzen – zum Beispiel einen Hochstammlorbeer oder einen Portugiesischen Kirschlorbeer (*Prunus lusitanica*), die beide viele Jahre halten. Eine allzu ausgeklügelte Bepflanzung würde übertrieben wirken und den gewünschten Effekt zunichte machen. Im Gegensatz dazu muß ein sonniger Platz, an dem man sich häufig niederläßt, mit vielen verschiedenen üppig gefüllten Töpfen und Kübeln geschmückt werden, die vor allem am Abend einen angenehmen Duft verströmen und die Bienen anlocken. Um es ganz perfekt zu machen, sollten Sie zweimal im Jahr neu bepflanzt werden, damit sie im Winter, im Frühjahr und anschließend im Sommer und Herbst einen schönen Anblick bieten.

In Powis Castle setzen große Tontöpfe auf Mauerkronen und Balustraden, die die Treppenstufen flankieren, dekorative Akzente. Außerdem stehen hier noch Gefäße in verschiedenen Nischen, in eine hohe Stützmauer eingelassen, die mit ihrem Hintergrund aus Ziegelwerk einen Rahmen für jedes Blumenbild abgeben. Gertrude Jekyll hat die Töpfe und Kübel in ihrem Garten meisterlich bepflanzt. Sie stellte mit Funkien bepflanzte Töpfe hinter Töpfe mit *Francoa racemosa* und plazierte Gefäße mit Hortensien und Geranien an strategisch wichtigen Plätzen, zum Beispiel auf Stufen, die von einem Gartenteil zum anderen führen.

In meinem Garten gibt es zwei Plätze, an denen ich gerne Pflanzgefäße aufstelle. Eine Möglichkeit bietet die nach Westen ausgerichtete Veranda, die fast immer einem Wind ausgesetzt ist, der im Winter recht unangenehm werden kann. Hier plazieren wir italienische Tontöpfe mit kugelig geschnittenen Buchsbäumen, um die architektonische Wirkung der Säulen und Stufen der Veranda zu unterstreichen. Krokusse rings um die Buchse versorgen Anfang Februar die Bienen mit Blütenstaub, und ein paar Exemplare Immergrün neben panaschiertem Efeu, die über den Rand der Töpfe hängen und sich in die Pflanzen winden, vermögen den strengen Charakter der Bepflanzung etwas aufzulockern. In den vorangegangenen, verhältnismäßig milden Wintern sind bei uns keine Töpfe zerbrochen, aber nichtsdestoweniger verzichten wir auf Töpfe mit schmalen Hälsen, da sie keine Möglichkeit zur Ausdehnung bieten. Gut gebrannte Tontöpfe mit breiten Öffnungen sollten eigentlich nicht platzen.

Bei Gefäßen, die an großen, freien Plätzen im Garten stehen, sollten Sie sich auf Pflanzen konzentrieren, die Sie nicht in Ihren Rabatten ziehen oder ziehen können. Pflanzen in Töpfe zu setzen, hat den großen Vorteil, daß man sie mit dem ihren individuellen Bedürfnissen entsprechenden sauren oder alkalischen Boden versorgen kann, und wenn man sorgfältig plant, muß man die Töpfe auch nicht allzu oft herumtragen. Ich empfehle Ihnen aber, genügend Platz zwischen den für die Dauer gesetzten Pflanzen zu lassen, damit Sie Lilien, Ziertabak, Löwenmäulchen und Kapuzinerkresse dazwischensetzen können.

Für unsere Töpfe auf der Veranda haben wir die letzten zwei Jahre Pflanzenkombinationen in Gelb-, Weiß- und Grautönen ausgewählt. Das Mittelstück – die weiße Wiesen-Wucherblume (*Leucanthemum vulgare,* jetzt *Chrysanthemum leucanthemum*) – haben wir mit Zweizahn (*Bidens ferulifolia*) eingerahmt; als Füllpflanzen haben wir Stecklinge von Strohblumen (*Helichrysum petiolare* 'Limelight') verwendet, die sich schnell zu stattlichen Exemplaren entwickeln. Seien Sie großzügig mit der Pflanzenmenge, und denken Sie immer daran, daß sich viele Pflanzen in einem Gefäß gegenseitig die Nährstoffe wegnehmen und deshalb regelmäßig gedüngt werden müssen.

Unsere Pflanzkübel auf der Terrasse sind halbe Fässer mit einem Durchmesser von 60 cm. Es macht mir Spaß sie zu füllen, und ich versuche, sie schon Mitte Oktober für den Winter und das Frühjahr zu bepflanzen, damit die Zwiebelgewächse in Ruhe Wurzeln ausbilden können und einen guten Start haben. Wir pflanzen sie in eine hauseigene Mischung aus Kompost, Torf und Perlit (3:2:1), legen ein paar Tonscherben auf den Boden des Gefäßes und schichten 5 bis 7,5 cm Komposterde darüber. Damit die Fässer sofort nach dem Pflanzen einen schönen Anblick bieten und den Winter über nicht an Reiz verlieren, setzen wir einen Ilexhochstamm oder eine Buchspyramide hinein, die wir fest in die Erde drücken und zum Schutz gegen stürmische Winterwinde abstützen. Anschließend stecken wir die Zwiebelpflanzen in die Komposterde, wobei sie schichtweise hineingelegt werden: zuerst ungefähr ein Dutzend Tulpenzwiebeln der gleichen

Wie groß Ihr Garten auch sein mag, Kübel und Gefäße können im Winter und im Sommer eine wichtige Rolle spielen. Hier, in The Old Rectory in Burghfield, hat Mrs. Merton *Verbena* 'Kemerton', *V.* 'Silver Anne', *Pelargonium* 'Mme Crousse' und *P.* 'Lady Plymouth' verwendet, um schöne Laubwirkungen zu erzielen. *Fuchsia* 'Preston Guild' und *F.* 'Igloo Maid', *Argyranthemum* 'Rollason's Red' und graue Strohblumen bilden zusammen einen passenden Rahmen. Wenn die Pflanzen dicht zusammenstehen, stützen sie sich gegenseitig; nach dem Einpflanzen sollte man ihnen aber zunächst mit Bambusstäben Halt geben.

Ein Besuch in Powis Castle (North Wales) im Spätsommer ist immer lohnend. Hier sind drei verschiedene Töpfe abgebildet, die auf unterschiedliche Weise bepflanzt wurden.

Oben links und rechts: Alte Tontöpfe, die wie geflochten aussehen, auf der Balustrade mit freiem Ausblick auf eine großartige Terrassenanlage und die Waliser Berge im Hintergrund. Die Fuchsien 'Mrs. Popple' und 'Eva Boerg' dominieren, aber eine Mischung aus blassen Rosa- und kräftigen Rottönen zieht sofort unsere Blicke auf sich und verschmilzt mit den verwaschenen Farbtönen der alternden Töpfe.

Rechts: In der Mitte der Nische stehen in einem Tontopf ein Honigstrauch (*Melianthus major*), eine *Fuchsia* 'Thalia' und scharlachrote Kapuzinerkressen (*Tropaeolum majus* 'Hermine Grashoff'), eine alte und seltene Sorte, die durch Stecklinge vermehrt wird. Vor dem Hintergrund einer verwitterten 300 Jahre alten hohen Backsteinmauer machen sie einen mediterranen Eindruck. Jedes Jahr wird die Pflanzenkombination geändert.

Varietät, darüber etwas Erde und anschließend ein paar Narzissenzwiebeln. Darüber wird wieder Komposterde geschichtet und eine Auswahl bodendeckender Laubpflanzen wie Günsel, Immergrün, Schleifenblumen oder Sedumarten – alles Pflanzen mit kleinen Blättern – gepflanzt. Wir fügen noch *Iris reticulata* und Krokusarten hinzu und drücken sie zwischen die Bodendecker, bevor wir die letzte Schicht Komposterde auffüllen. Diese Bepflanzung soll von Mitte Oktober bis Mitte Mai halten – das heißt sieben Monate lang; sie muß also gut geplant sein.

Treppen, die zum Haus führen, sind bestens geeignet für ein farbenprächtiges Schauspiel. Wenn Sie leuchtende Farben mögen, können Sie den ganzen Sommer über mit einer Sammlung aus Begonien-Hybriden ein herrliches Schauspiel inszenieren. Fuchsien gehören zu den dankbarsten Kübelpflanzen, da sie ununterbrochen blühen und sich durch einen eleganten Wuchs auszeichnen. Im letzten Jahr haben wir auch die Vorzüge von *Verbena* 'Silver Anne' entdeckt. Sie blüht den ganzen Sommer über – genau genommen bis in den Winter hinein, bis ihr der Frost den Garaus macht – und breitet ihre Arme in alle Richtungen aus. Unsere Pflanzen haben die beiden letzten Winter gut überstanden. Aufgrund ihrer eigenen Charaktere und ihrer eigenwilligen Farben benötigt keine von ihnen Pflanzennachbarn.

Ich wollte immer gerne Aurikeln in meinem Garten haben. Da ich aber über kein erhöhtes Beet mit gut durchlässigem Boden verfüge, in dem die Aurikeln gut gedeihen, haben wir ihnen ein ständiges Zuhause in Holzfässern gegeben, die wir wieder mit Ilexhochstämmen als zentralem Blickfang bepflanzt haben. Sie fühlen sich darin wohl und schauen uns in Augenhöhe an, so daß wir ihre schönen Farben und Texturen bestaunen können. Ein anderer, neuer und überraschender Erfolg war der Schmetterlingsstrauch (*Buddleja davidii* 'Dartmoor'), den ich vor zwei Jahren in einen Kübel gepflanzt habe, weil ich keinen anderen Platz für ihn finden konnte. Mit seiner schönen Wuchsform bietet er einen großartigen Anblick und bildet einen kräftigen Akzent in Hausnähe, insbesondere im August, wenn die roten Admirale und Tagpfauenaugen auf seinen Blüten sitzen. Andere Pflanzen, die sich allein am schönsten in Kübeln ausnehmen, sind die Trompetenblume (*Brugmansia suaveolens*, *Datura s.*), Oleander, Zitrusbäume und natürlich die wunderbaren Schmucklilien (*Agapanthus*) mit ihren großen, blauen Blütenköpfen, die bei den »Obergärtnern« zu Anfang dieses Jahrhunderts so beliebt waren.

Vor kurzem hatte ich ein aufregendes Erlebnis bei der Seattle Flower Show an der Nordwestküste von Amerika, wo mich ein Stand mit Pflanzen für Containergärten – von Karen Kienholz Steeb aufgebaut –, gefangennahm. Ihr fachmännisches Geschick lag in der Art und Weise, wie sie die Gefäße den vier Jahreszeiten entsprechend bepflanzt hatte. Da sie meine eigenen Gefühle ausspricht, will ich ihre Worte zitieren: »Ein Containergarten ist ein Ausdruck, eine Darstellung von Stil und Wärme. Er ist ein Bouquet in einer haltbaren Vase im Freien. Er kann aus frühlingsblühenden Zwiebelpflanzen, einjährigen Sommerblumen, Herbststiefmütterchen und immergrünen Sträuchern komponiert sein.« Mich lockten diese großen, geschickt angeordneten, bis zum Rand gefüllten Gefäße, jedes ein Würfel von 80 cm Seitenlänge, bestückt mit jeweils drei verschiedenen Pflanzen. Erst als ich die Kübel anfaßte bemerkte ich, daß sie aus Polyurethan waren – sie sahen wahrhaftig wie majestätische Tontöpfe aus. Sie gaben ein Gefühl vom Ablauf der Monate, wie ein Panorama des Jahres durch ein großes Fenster gesehen. Ich würde gerne eine Zusammenstellung dieser Art ausprobieren, bei der eine Jahreszeit der anderen die Hand reicht. Die Zwischenräume könnten mit Zwiebelpflanzen und einfachen Einjährigen ausgefüllt werden. Im folgenden würde ich Ihnen gerne ein paar Ideen vermitteln, die direkt von Karen stammen, denn es sind hervorragende Ideen für emsige Gärtner, die wenig freie Zeit haben und sich das ganze Jahr über reizvolle Pflanzenkombinationen wünschen.

Eine einfache, aber zugleich kunstvolle Winterkombination bestand aus der Segge *Carex buchananii*, einem auffallenden, fuchsroten Gras mit schmalen, überhängenden Blättern, die sich an den Spitzen ringeln und das ganze Jahr über einen schönen Anblick bieten; es war von Primeln und silberblättrigem Thymian eingerahmt. Diese Segge ließe sich auch schön mit dem Spindelstrauch (*Euonymus fortunei* 'Emerald'n' Gold') und Heiligenblumen (*Santolina chamaecyparissus*) kombinieren Eine andere Winterszene umfaßte zwei niedrigwachsende Koniferen, den Wacholder *Juniperus horizontalis* und die Scheinzypresse *Chamaecyparis obtusa* 'Nana gracilis' zusammen mit *Nandina domestica*, die aufgrund ihrer vertikalen Linien dazu paßte, sowie Heiligenblumen, die mit ihrem grauen Laub und ihren rundlichen Formen einen schönen Kontrast bildeten. Eine Mahonie (*Mahonia aquifolium*) verlieh der Komposition mit ihrem gefärbten Winterlaub und ihren Beeren einen zusätzlichen Reiz. Eine dritte Winterkombination bestand aus einem Kirschlorbeer (*Prunus laurocerasus*) mit glänzenden grünen Blättern, einem goldfarbenen Spindelstrauch, einer Nandine, einer Glanzmispel (*Photinia*) und der Segge *Carex buchananii*.

Was die Frühlingskombination anbetrifft, so waren die süßduftende *Sarcococca* und der Schildfarn *Polystichum setiferum divisilobum* mit Primeln und der schönen *Nandina domestica* 'Meyers Red' kombiniert. Bei einer anderen Frühlingsbepflanzung bildete der Spindelstrauch *Euonymus fortunei radicans* den Hintergrund für rosafarbene Tulpen, winterblühende Stiefmütterchen und Veilchen. Wählen Sie die Tulpen nach Ihrem Geschmack aus; ich selbst würde mich für die lilienblütige 'Mariette' oder 'White Triumphator', für 'Angélique' (eine frühblühende gefüllte Tulpe von 35 cm Höhe) oder 'Peach Blossom' (nur 30 cm hoch, aber von kräftigem Wuchs) entscheiden. Es gibt auch eine breite Auswahl an winterblühenden Stiefmütterchen. Die Veilchen erreichen ihren Höhepunkt im Mai, wohingegen der Spindelstrauch das ganze Jahr über schön aussieht. Wenn Sie noch ein paar Holländische Krokusse dazufügen und die Tulpen durch Pelargonien und graue Strohblumen (*Helichrysum petiolare* 'Limelight') ersetzen wollen, würde der Pflanzkübel für viele Monate ein abwechslungsreiches Bild bieten.

Unter den Sommerkompositionen waren spätblühende rosafarbene Tulpen 'Toronto' großzügig zwischen einen graugrünen Spindelstrauch, ein blaß mauvefarbenes Heliotrop und rosafarbene Gänse-

blümchen (*Bellis perennis*) gepflanzt. Eine andere Sommerbepflanzung enthielt Dreimasterblumen (*Tradescantia*) und Geranien zusammen mit Wiesen-Wucherblumen (*Leucanthemum vulgare*, jetzt *Chrysanthemum leucanthemum*), und der Rand des Gefäßes war mit einjährigen Browallien (*Browallia speciosa* 'Blue Troll') – eine alpine Glockenblume hätte die gleiche Wirkung – geschmückt. Ein anderer Kübel enthielt als dominierendes Element Neuseeländer Flachs (*Phormium tenax* 'Purpureum'), der großzügig mit blauen Browallien eingerahmt war.

Ihre Überlegungen müssen aber nicht unbedingt auf rein dekorative Pflanzen ausgerichtet sein. Was mich anbetrifft, so würde ich auch gerne ein paar Gemüsearten dazusetzen. Kirschtomaten zum Beispiel bilden kleine Büsche mit dekorativen, schmackhaften Früchten, aber auch ein Kübel mit Auberginen böte ein stattliches Bild. Ich würde mich auf Gemüsesorten mit attraktivem Laub konzentrieren; der einzige Nachteil wäre nur, daß sie zum Ernten reizen. Bepflanzen Sie vielleicht einmal einen Topf mit dem französischen Salat 'Mermeille des Quatres Saisons', dessen riesige Blätter rubinrote Spitzen haben. Er macht sich hübsch als Mittelstück zwischen anderen Salaten mit grünem Herz, gelben Zucchini oder den ergötzlichen Kürbissen 'Patty Pan' oder 'Sunburst Yellow'. Wenn Sie die Salate schneiden, nehmen die Zucchini ihren Platz ein.

Dann gibt es Schnittsalate, die nicht so sehr Köpfe als vielmehr lockere Rosetten bilden. Bei diesen Salaten können Sie auch einzelne Blätter ernten. 'Lollo Rosso' ist eine italienische Varietät mit lockeren, dicht gekräuselten Blättern in dunklem Karmesinrot und einem eisiggrünen Herzen. Ich ziehe grünen und roten Eichblattsalat als Einfassung in meinem Gemüsegarten; er macht sich auch hübsch in einem großen Topf rings um einen in die Mitte gesetzten rotstieligen Mangold. Weißstieliger Mangold könnte mit Feldsalat oder mit Radicchio kombiniert werden. Sie können auch einmal versuchen, Blumen und Gemüse miteinander zu kombinieren. Schwarze oder tiefdunkel purpurfarbene Tulpen könnten zwischen blaßgrünen Blättern des Frühsalates 'Tom Thumb' wunderbar aussehen, und auch

eine Hochstammrose oder ein Schneeball (*Viburnum opulus* 'Compactum'), mit Schnittsalat unterpflanzt, böte einen prächtigen Anblick. Stiefmütterchen, Studentenblumen und Kapuzinerkresse lassen sich gut mit Gemüse kombinieren, und ein gelungenes Resultat könnte weitere nach sich ziehen.

Falls Sie keinen Garten haben und trotzdem Pflanzen ziehen wollen, brauchen Sie nur einen winzigen gepflasterten Bereich vor der Eingangstür Ihres Stadthauses oder einen »Katzenauslauf« hinter dem Haus; sollte das nicht vorhanden sein, reicht ein Fensterbrett aus, auf dem man Blumen ziehen und sich an ihnen erfreuen kann. Trotz der eingeschränkten Verhältnisse haben Sie immer noch die Möglichkeit zu »gärtnern«, wenn auch nur auf engerem Raum und in insgesamt kleineren Dimensionen. Sie müssen nur Phantasie, Geschicklichkeit und ein gutes Auge fürs Detail haben.

Denken wir einmal an die bescheidenste aller Möglichkeiten – einen Blumenkasten vor dem Fenster oder vielleicht nur ein paar Töpfe auf dem Küchenfensterbrett. Hier gibt es ein paar Regeln zu

Verschiedenartige Gefäße in unterschiedlichen Größen finden jeweils passende Verwendung. Mit Glück kann man sogar noch alte Tontöpfe auftreiben, die in kalten Wintern nicht platzen.

Gegenüber: Wenn Ihr Garten auch noch so klein ist, gutgefüllte Töpfe können Sie niemals zuviel haben. Stufen, die zum Haus führen, sind ein idealer Platz für dieses sommerliche Schauspiel mit *Pelargonium* 'Roi des Balcons Rose' (syn. *P.* 'Ville de Paris'), *Diascia vigilis, Fuchsia* 'Checkerboard', *Pelargonium x fragrans* sowie duftblättrigem Salbei (*Salvia rutilans*).

Oben links: Eine ausgesprochen originelle Idee, *Heuchera* 'Palace Purple' in einem schönen, dunkelpurpurbraunen Alibaba-Topf zu verwenden. Es wäre ein hübscher Gedanke, diesen Topf im Winter ins Haus zu stellen.

Oben rechts: Holzfässer halten viele Jahre lang, vor allem wenn sie ein bißchen erhöht stehen und das Wasser abfließen kann. In einem 45 cm großen halben Faß rahmt eine *Diascia stachyoides* (syn. *D. flanaganii*) einen hochstämmigen panaschierten Kreuzdorn ein, windet ihre Ranken durch sein Geäst und leiht diesem immergrünen Strauch ihren zarten Blütenflor.

Querschnitt eines Pflanzkübels mit Zwiebelpflanzen

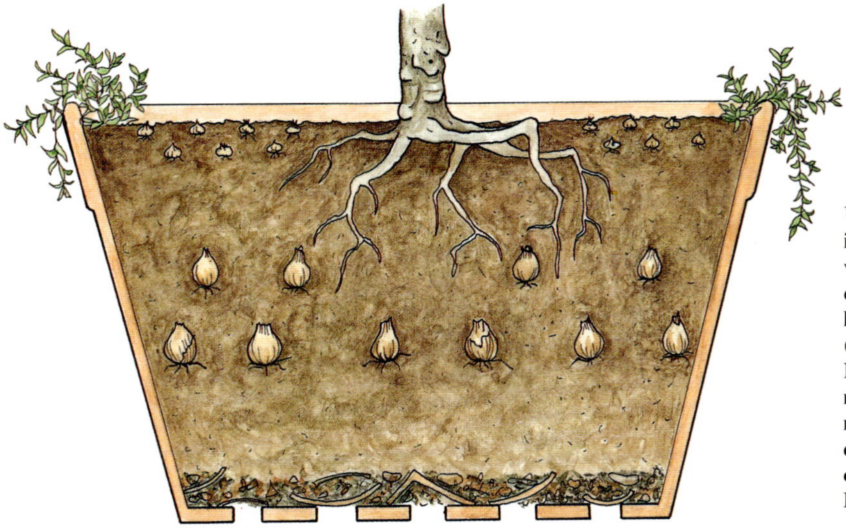

Unsere Kübel im Spätherbst bereits für das Frühjahr zu füllen, ist immer ein aufregende Sache. Wir haben jetzt Routine, die immer von der unausweichlichen Tatsache beherrscht wird, daß zwei- bis dreimal soviel mehr Zwiebeln hineinpassen, als man sich vorgestellt hatte. Zuerst blühen die Wildkrokusse, dann die Narzissen (*Narcissus tazetta* 'Paper White'), dann die im April blühenden Narzissen und schließlich die eleganten, lilienblütigen weißen oder rosafarbenen Tulpen. Damit der Kübel auch im Winter einen reizvollen Anblick bietet, sollte eine ausdauernde Pflanze darin dominieren. Um dem Kübel etwas Grün und Farbe zu verleihen, empfiehlt es sich, Immergrün oder Veilchen dazuzusetzen. Der Querschnitt zeigt, wie tief Sie die Zwiebeln setzen sollten.

beachten: Blumenkästen müssen gut befestigt werden; außerdem müssen sie ausreichend große Drainagelöcher im Boden haben – ungefähr ein Loch alle 25–30 cm bei einem länglichen Blumenkasten –, die entweder mit Topfscherben (Stücken zerbrochener Blumentontöpfe) oder kleinen flachen Steinen bedeckt werden sollten, damit die Erde nicht die Löcher verstopfen kann. Bedecken Sie den Topfboden mit einer Schicht von sauberem Kies oder Kieselsteinen und fügen Sie dann die Komposterde dazu.

Blumenkästen aus Holz mögen uns heute in unserer Plastikwelt altmodisch erscheinen. Sie können Plastikkästen kaufen, die extrem leicht sind. Sie sehen zwar nicht besonders schön aus, können aber in die Holzkästen gesetzt werden und haben zudem den Vorteil, daß man sie leicht herausnehmen und auf einem Arbeitstisch neu bepflanzen kann. Es gibt heute auch Blumenkästen aus Polyurethan, die Stein, Metall, Holz oder Ton imitieren. Sie passen in unsere Zeit, und da sie ebenfalls sehr leicht sind, lassen sie sich gut handhaben. Damit die Kästen Halt bekommen, setzt man sie am besten in einen einfachen offenen Rahmen aus schmalen Metallstreifen (ungefähr 2 – 3 cm breit), den man dann am Fensterbrett befestigt.

Kräuter sind besonders gut für Fensterkästen geeignet. Die nützlichsten Kräuter für die Küche sind Petersilie, Schnittlauch, Thymian und Majoran, kleine Salbeipflanzen mit grauen oder purpurfarbenen Blättern und als zusätzliches Höhenelement eine Fenchelpflanze (*Foeniculum vulgare*). Pflücken Sie immer wieder die gefiederten Fenchelblätter, damit neue nachwachsen und einen hübschen Anblick bieten, wenn Sie durch den Salbei wachsen. Alle diese Kräuter sind winterhart. Sollten Sie eine Pflanze des Kriechenden Rosmarins (*R. x lavandulaceus*), auch als *R. corsicus* 'Prostratus' bekannt, auftreiben, würde ich ihn an den Rand des Kräuterkastens setzen, wo er hübsch herunterhängen kann. Wenn Sie das Bild noch mit ein paar farbenprächtigen Zwiebelpflanzen oder Einjährigen beleben wollen, setzen Sie ein paar Krokusse rings um den Fenchel, rahmen den Salbei mit Schneestolz und Blausternen ein und setzen ein paar winterblühende Stiefmütterchen neben den Schnittlauch. Sobald der Schnittlauch zum Vorschein kommt, sollten Sie die Stiefmütterchen etwas im Zaum halten.

Die meisten Pflanzen, auch die Kräuter, benötigen soviel Licht wie möglich. Damit ein schattiges Fensterbrett mehr Licht bekommt, würde ich Spiegel an den Seitenwänden des Fensterbretts anbringen, damit alles vorhandene Licht und sämtliche einfallenden Sonnenstrahlen reflektiert werden können. Silberfolie wäre für diesen Zweck auch geeignet, sieht aber weniger schön aus. Sie könnten auch die Anzahl ihrer Topfpflanzen verdoppeln, indem Sie Metallhalterungen an der Hauswand befestigen, an die Sie stabile Drahtkörbe hängen.

Ideen erscheinen immer einfach, bis man mit der Ausführung beginnt. Dann tauchen plötzlich Probleme auf! Ein Schiebefenster können Sie hochschieben und so problemlos Ihre Pflanzen auf dem Fensterbrett erreichen; wenn Sie aber Fenster haben, die sich nach außen öffnen, fangen die Probleme schon an. Die einzige Möglichkeit besteht darin, die Pflanzen ins Haus zu stellen und sie einzeln in Töpfen zu ziehen, die möglichst aus Ton sein sollten. Achten Sie auch

darauf, daß in diesen Töpfen das Wasser gut ablaufen kann, indem Sie die Drainagelöcher mit Topfscherben bedecken. Das ist vor allem bei Kräutern von größter Wichtigkeit, die in der freien Natur in gut durchlässigem Boden an sonnigen Plätzen wachsen, wo ihr Aroma sich am kräftigsten entwickelt. Wenn Sie Kräuter pflanzen, sollten Sie möglichst viele haben, damit Sie einigen Exemplaren erlauben können, Blütenköpfe zu entwickeln, und andere kompakt halten, damit sie ein Maximum an aromatischen Blättern für die Küche produzieren. Schnittlauch und Thymian können in niedrigen Töpfen (10 cm hoch) und Salbei und Rosmarin in höheren Töpfen (16 cm hoch) gezogen werden. Basilikum, Koriander und Sommerbohnenkraut werden als Einjährige gezogen. Vom Borretsch, der zweijährig ist, sollte man möglichst eine gutentwickelte Pflanze kaufen.

Als nächstes noch ein paar Bemerkungen über Balkongärten. Mich erinnern sie immer wieder an Bühnenbilder, wo jede Pflanze eine wichtige Rolle spielt – entweder als Statist im Hintergrund oder als beweglicher Akteur. Hier müssen Umgebung und Gefäße sorgfältig arrangiert und sowohl nach Schönheit als auch nach Nützlichkeit ausgesucht werden. Wenn Sie befürchten, der Balkon könnte das Gewicht der Pflanzgefäße nicht aushalten, dann sollten Sie einen Architekten oder sonstigen Fachmann fragen, bevor Sie Ihre Pläne verwirklichen. Sie sollten auch zusehen, daß sich Ihre Balkontüren nach innen öffnen und Sie damit auf dem Balkon möglichst viel Raum gewinnen.

Mit quadratischen und rechteckigen Gefäßen läßt sich ein begrenzter Raum am besten ausnutzen. Sie können Ihre schönsten runden

Oben links: Seien Sie großzügig mit frühlingsblühenden Zwiebelpflanzen. Zuerst erscheinen *Iris reticulata* und Krokusse, anschließend Narzissen und Tulpen.

Oben Mitte: Die schönen italienischen Tontöpfe haben viele harte Fröste ohne Schäden überstanden. Sie sind jetzt für den Sommer mit Strohblumen (*Helichrysum petiolare*), *Pelargonium* 'Lady Plymouth', weißem *Argyranthemum frutescens* und gelbem *Bidens ferulifolium* bepflanzt.

Oben rechts: Ein hochstämmiger Zitronenstrauch steht in voller Blüte; er wird von Töpfen mit Freesien und *Gladiolus callianthus* eingerahmt, die später ihre Blüten öffnen. Die Prunkwinde *Ipomoea* 'Heavenly Blue' sorgt für morgendlichen Glanz.

Rechts: Diese gelungene Bepflanzung besteht aus panaschierter Myrte, *Helichrysum petiolare* 'Limelight', weißen Verbenen, weißen Pelargonien und Margeriten.

Oben links: Kübel sollte man niemals isoliert stellen – ihr Hintergrund und ihr Standort sind ebenso wichtig wie der Inhalt. In Knightshayes hat die Bepflanzung mit blauen *Felicia amoena* und grauen Strohblumen die Funktion, die kräftigen runden und quadratischen Formen der beschnittenen Eibe im Hintergrund widerzuspiegeln und abzumildern, während ihre Farben mit der Urne harmonieren.

Oben rechts: Wie in Powis Castle auch, sind die Besucher von den originellen Ideen von Mrs. Merton sehr beeindruckt. An der Spitze erkennt man den Rainfarn (*Tanacetum ptarmiciflorum*) und *Verbena* 'Hidcote Purple'; darunter kommen *Pelargonium* 'White Boar' und *P.* 'Lord Bute', *Fuchsia* 'Tom West' und Kreuzkraut (*Senecio bicolor cineraria*) mit einem Kranz aus grauen Strohblumen und einem Saum von *Pelargonium* 'Barbe Bleu'.

Gegenüber: Eine Sommerbepflanzung aus Fuchsien und *Helichrysum petiolare* 'Limelight' hellt den Fuß der immergrünen Hecke auf. Diese üppige Bepflanzung an einer eher unerwarteten Stelle zeigt, wie Pflanzgefäße auf einfache Weise für zusätzlichen Reiz sorgen können.

Töpfe wie einen hübschen Rock rings um die geraden Seiten dieser Gefäße herum anordnen. Eine lange Wanne aus Polyurethan an der Vorderseite des Balkons ist eine gute Lösung für alle Gewichtsprobleme. Wenn Sie sich wegen des Gewichts keine Sorgen machen müssen, könnten Sie Hängekörbe, die sich problemlos wässern und von vergilbten Blüten säubern lassen, am unteren Ende des Balkongitters anbringen.

Ein Balkongarten sollte *multum in parvo* darstellen, wobei jedes Detail ein Juwel der Perfektion ist und jede Pflanze ihren angestammten Platz wert ist – ich meine damit, daß sie niemals ablenken, ihr Charakter nicht zu dominierend, ihre Farbe nicht zu leuchtend sein sollte, und daß auch ihre Blätter im Verhältnis zu denen der Nachbarn nicht zu groß sein dürfen. Der Balkon muß den ganzen Sommer über etwas Farbe haben; von Ihren Lieblingssommerblumen können Sie jedes Jahr ein paar Pflanzen kaufen und immer wieder variieren.

Ein Balkon läßt sich auch in einen wunderbaren Duftgarten verwandeln. Denken Sie daran, wie herrlich es ist, wenn man an Sommertagen die Türen öffnet und der Duft der Blumen ins Zimmer dringt. Für eine dauerhafte Bepflanzung sollten Sie Lavendel, Heiligenblumen, nach Curry duftende Strohblumen (*Helichrysum italicum*) und Seidelbast (*Daphne odora*) auswählen. Damit Ihr Balkongarten im Sommer zusätzlich an Reiz gewinnt, pflanzen Sie auch noch ein paar frostempfindliche Sträucher. Sie müssen sie vielleicht jedes Jahr neu kaufen, es sei denn, ein guter Freund hätte genügend Platz in seinem Glashaus, um die Pflanzen für Sie überwintern zu können. Zu meinen Lieblingsduftsträuchern gehört der Zitronenstrauch (*Aloysia triphylla* = *Lippia citriodora*). Er läßt sich recht gut durch den Winter bringen, wenn er bis März oder Anfang April gut zugedeckt bleibt und niemals gewässert wird. Dann beginnt er wieder neu auszutreiben. Duftpelargonien sind unerläßlich; meine Lieblinge sind *Pelargonium* 'Mabel Grey' und *P. tomentosum*. Da sie sich zu großen Pflanzen entwickeln, sollten Sie lieber die kleineren und genauso stark duftenden Pelargonien *P. x fragrans* und *P. radula* auswählen, falls Sie ein oder zwei Pflanzen auf winzigem Raum unterbringen wollen. Ein in Form geschnittenes Myrtenpaar (*Myrtus communis tarentina*) wäre eine elegante Ergänzung.

Ich würde auch empfehlen, einen Balkon oder, in größerem Maßstab, einen gepflasterten Garten mit immergrünen Laubsträuchern zu bepflanzen, die das ganze Jahr über einen reizvollen Anblick bieten. Hier und da pflanzen Sie Blumen dazwischen, die mit ihren Farben das Bild beleben, und einige Sträucher schmücken sich ohnehin von selbst mit Blüten. Denken Sie auch daran, daß hohe Pflanzen einem kleinen Raum eine zusätzliche Dimension verleihen. Bambusse zum Beispiel, die mit ihrem aufrechten Wuchs einen vertikalen Akzent setzen, können in Kübeln phantastisch aussehen. Ich liebe besonders den Chambambus (*Sinarundinaria nitida*, jetzt *Arundinaria n.*) wegen seiner purpurfarbenen, rohrartigen Halme. Obgleich er im offenen Boden eine Höhe von 3 m erreicht, bleibt er niedriger, wenn er sich nicht frei entfalten kann. *A. viridistriata* (heute korrekt als *Pleioblasrus auricoma* bezeichnet) benötigt weniger Platz und hat breitgestreifte, gelbe Blätter. Einem gepflasterten Teichgarten könnte er Struktur verleihen und sich im Wasser spiegeln.

Neuseeländer Flachs kann auf die gleiche Art verwendet werden; seine festen vertikalen Blätter können als Träger und als Kontrast für rundliche Büsche dienen. Die rot-purpurfarbenen gelappten handförmigen Blätter eines kleinen Japanischen Ahorns (*Acer palmatum* 'Atropurpureum') könnten das Rot der Blattränder des *Phormium cookianum* 'Tricolor' aufnehmen. Auf der anderen Seite des Flachses kann ich mir gut einen Spierstrauch (*Spiraea japonica* 'Goldflame') vorstellen, dessen cremefarbenes Laub sich in seinen weißen Streifen widerspiegeln dürfte.

Um das ganze Jahr über ein abwechslungsreiches Bild genießen zu können, wählen Sie am besten eine mehrmals blühende Rose und eine herbstblühende Clematis aus, die Sie für das Frühjahr mit Zwiebelpflanzen und Stiefmütterchen und für den Sommer mit *Galtonia candicans* unterpflanzen. Funkien sehen in Gefäßen besonders schön

aus; ich würde sie mit Tulpen oder Narzissen unterpflanzen, um für einen interessanten Anblick zu sorgen, noch bevor die Funkien ihre Blätter entfalten.

Wo Sie auch immer ihre Töpfe oder Pflanzgefäße hinstellen wollen, ich rate Ihnen, sich zuallererst durch Lektüre von Fachliteratur zu informieren. Verwenden Sie zuverlässige Pflanzenkataloge, denen Sie die notwendigen Ratschläge entnehmen, und nehmen Sie sie beim Einkauf mit. Legen Sie sich eine Liste an und geraten Sie nicht in Versuchung, in allerletzter Minute zu Ersatzpflanzen zu greifen, es sei denn, sie würden vollkommen in Ihr Konzept passen. Wenn Sie immer daran denken, wie wichtig Farben, Formen und Texturen auch auf kleinem Raum sind, kann auch ein kleiner Garten genauso befriedigend sein und genausoviel Freude bereiten wie jeder andere größeren Maßstabs.

Anmerkung zur deutschsprachigen Ausgabe:
Dieses Buch ist von einer Engländerin für britische Gartenbesitzer geschrieben worden; bekanntlich sind die Britischen Inseln klimatisch etwas bevorzugt im Vergleich zu Mitteleuropa. Britische Winter sind durch die Einwirkung des Golfstromes wesentlich milder, und im Sommer ist das Wetter deutlich ausgeglichener und feuchter als bei uns. Hinzu kommt, daß Großbritannien auf eine lange Tradition von Pflanzensammlern, -liebhabern und -züchtern zurückblicken kann, so daß sich dort eine schier unüberschaubare Vielfalt an sonst unbekannten Arten, Sorten und Hybriden angesammelt hat.

Aus diesen Gründen sind einige der Pflanzenarten und -sorten, die in diesem Buch genannt werden, entweder nicht im üblichen Handelssortiment der hiesigen Gärtnereien enthalten, oder nur bedingt geeignet für mitteleuropäische Klimaverhältnisse. Diese Tatsache schmälert den Wert dieses Buches für uns keineswegs; die Palette der uns zur Verfügung stehenden Arten und Sorten ist immer noch so gewaltig, daß wir keine Mühe haben werden, ebenbürtige Ersatzpflanzen im hiesigen Handelssortiment zu finden. Im versierten Stauden- oder Baumschulfachhandel wird man Sie sicherlich gut beraten können. Darüber hinaus werden zur Zeit verstärkt bisher unbekannte Arten und Sorten von hiesigen Gärtnereien eingeführt, so daß die Handelssortimente immer reichhaltiger werden. Dies ist sicherlich zu begrüßen; zweifellos wird das vorliegende Buch seinen Beitrag hierzu leisten!

Im folgenden seien einige Arten und Sorten aufgezählt, die bei uns nicht ausreichend winterhart sind. Diese Liste ist nicht als absolut anzusehen; es wird immer klimatische Nischen geben, in denen eine bestimmte Art oder Sorte wider Erwarten gedeiht oder eben erfriert. So sind einige der folgenden Arten durchaus verwendbar an geschützten Stellen im mitteleuropäischen Weinbauklima; zuverlässig sind sie jedoch nicht.

Register

* *Unter mitteleuropäischen Klimaverhältnissen nicht oder nur bedingt winterhart.*
** bei uns entweder als einjährige Sommerblumen zu kultivieren oder bei frostfreier Überwinterung als mehrjährige Kübelpflanze.

Abutilon 21, 84
– x *hybridum* 'Ashford Red'** 85
– x *h.* 'Canary Bird' 85, 95
– x *h.* 'Kentish Belle'** 85
– x *milleri* 'Variegatum'* 95
– x *suntense* 'Veronica Tennant'* 75, 85
A. vitifolum 'Veronica Tennant' 84, 85, 86
Acanthus 37, 67
A. mollis 113
A. spinosus 68, 72, 126, 128
Acer japonicum 134
A.j. 'Aureum' 33
A. palmatum 42
A.p. 'Atropurpureum' 33, 38, 163
A.p. 'Senaki' 102
A.p. 'Dissectum' 101
A.p. 'Heptalobum' 41
A. platanoides 'Crimson King' 33
A. pseudoplatanus 'Worleei' 36
A. shirasawanum 'Aureum' 33
Achillea
A. filipendulina 'Gold Plate' 62, 66
A. millefolium 'Cerise Queen' 61
A. ptarmica 'Boule de Neige' 99
A.p. 'The Pearl' 142
A. 'Moonshine' 62, 67, 111
*Acidanthera murielae*** (= Gladiolus callianthus) 5
Ackerwinde s. Convolvulus
Aconithum carmichaelii 'Arendsii' 105
A.c. 'Kelmscott' 106
A. lycotonum 108
A. 'Ivorine' 100
*Actinidia deliciosa** (A. chinensis) 78
A. kolomikta 41
Adianthum pedatum 82
Aeonium 'Zwartkop'** 29
Aesculus parviflora 144
Affenblume s. *Mimulus*
Agapanthus 'Headbourne Hybrids'* 33, 71, 100, 114, 157
Agyranthemum 'Jamaica Primrose' 71
Ahorn s. *Acer*
Ajuga
A. metallica 53
A. reptans 32, 116, 117, 125
A.r. 'Atropurpurea' 32, 33, 117
A.r. 'Burgundy Glow' 53, 116
A.r. 'Multicolor' 117
A.r. 'Variegata' 117
Akelei s. *Aquilegia*
Alchemilla
A. mollis 20, 25, 33, 37, 113, 123, 146, 148
Allium 57
A. aflatunense 20, 33, 56, 57, 58, 89, 93
A. carinatum pulchellum 93
A. cernum 93, 112
A. christophii 20, 57, 86
A. fistulosum 'Viviparum' 100
A. karataviense 57
A. moly 35
A. siculum (=Nectaros cordum) 93, 107
A. sphaerocephalum 57
*Aloysia triphylla** 163
Alpenveilchen s. *Cyclamen*
*Alstroemeria*** 107
Ammi majus 14
Anchusa italica 'Loddon Royalist' 19
Anemone 20, 47, 48, 52, 62, 65, 68, 72, 102, 128, 140
Angelica archangelica 25, 89, 148
Anthemis
A. marschalliana 116
A. punctata cupaniana 29, 38, 69, 101
A. sancti-johannis 62, 68
A. tinctoria 'E.C. Buxton' 23, 67
Antholyza 37
Apfelbaum s. Malus
Aquilegia
A. vulgaris 33
A. 'McKana' hybris 106
Arabis
A. ferdinandi-coburgii 'Variegata' 116
*Arbutus** 11
*Argyranthemum frutescens*** 91, 161
*A. maderense** 19
A. 'Jamaica Primrose'* 23, 33, 95
A. 'Rollason's Red'* 154
Armeria maritima 86
Artemisia 16, 25, 29, 30, 32, 37, 38, 57, 62, 65, 67, 68, 72, 99, 100, 105, 106, 109, 111, 112, 113, 115, 148
Artischocke s. *Cynara*
Aruncus dioicus 91, 146
A. sylvester 11, 115
Arundinaria 163
Asperula odorata (=*Galium odoratum*) 123
Asphodelina lutea 37, 43, 91
Asplenium nidus* 82
A. scolopendrium (=*Phyllitis*) 82
Aster
A. amellus 67, 72, 107
A. divaricatus (*A. corymbosus*) 101, 129
A. x frikartii 65
A. linosyris 'Gold Dust' 71
A. novae-angliae 'Andenken an Alma Pötschke' 68, 111
A. n.-a. 'Harrington's Pink' 72, 107
A. n.-a. 'September Ruby' 128
A. thompsonii 'Nanus' 69
Astilbe 148
A. chinensis pumila 150
A. 'Deutschland' 148
A. 'Fanal' 148, 150
A. 'Irrlicht' 148
A. 'Pink Curtsey' 148
A. 'Purpurlanze' 148
A. 'Snowdrift' 148
Astrantia 29, 91
A. major 34
Athyrium filix - femina 129
Azalea
A. pontica 144
*Azara serrata** 86

Backenklee s. *Dorycnium*
*Ballota pseudodictamnus** 37
*Baptisia australis** 69
Bärenklau s. *Heracleum*
Barnhaven hybrid primulas (=*Courichan polyanthus*) 54
Bartblume s. *Caryopteris*
Bartfaden s. *Penstemon*
Begonia hybrid 157
Beifuß s. *Artemisia*
Beinwell s. *Symphytum*
Bellis perennis 158
Berberidopsis corallina 83
Berberis
B. dictyophylla 110
B. x ottawensis 95
B. x o. purpurea 105
B. thunbergii 'Atropurpurea' 38, 50, 105
B.t. 'Atropurpurea Nana' 105
B.t. 'Rose Glow' 37, 105
B.t. 'Somerset' 95
Bergenia 49, 105, 129
B. 'Abendglut' 41
B. Ballwley Hybrids 49
Berufkraut s. *Erigeron*
Betula nigra 139
*Bidens ferulifolium*** 154, 160
Betula nigra 139
Blutwurz s. Sanguinaria
Brachysome 'Purple Splendour'** 76
Brachyglottis 'Sunshine' * (=Senecio 'Sunshine') 117
Brandkraut s. *Phlomis*
Browallia speciosa 'Blue Troll'** 158

Brugmansia suaveolens ** 157
Brunnera 80
Buchsbaum s. *Buxus*
Buddleja 80
B. davidii 'Dartmoor' 135, 157
Buschwindröschen s. *Anemone*
Buxus 21, 36, 37, 100, 120, 132
B.s. 'Suffruticosa' 37, 92

C*ampanula* 59, 91, 95
C. carpatica 117
C. glomerata 'Superba' 99
C. lactiflora 34, 72, 148
C.l. 'Loddon Anne' 69, 107
C.l. 'Pouffe' 69, 128
C. lactifolia 69
C. latiloba 69
C. persicifolia 19, 22, 29, 33, 67, 68, 69, 72, 91
C.p. 'Hampstead White' 115
C. portenschlagiana (*C. muralis*) 86, 123
C. poscharskyana 115, 123
*Campsis radicans** 86
Canna 62
Cardamine pratense 101
Carex buchananii 157
C. elata 'Aurea' 148
C. oshimensis 'Evergold' 33
C. stricta 'Bowles Golden' 79
*Carpenteria californica** 86
Caryopteris x clandonensis 109, 110
C. x c. 'Heavenly Blue' 109
C. x c. 'Kew Blue' 109
Ceanothus x delileanus 'Gloire de Versailles'* 84
*C. dentatus** 75, 86
C. 'Cascade'* 75, 86, 111
C. 'Pudget Blue'* 86
Celastrus scandens 80
Centranthus ruber 58
Centaurea hypoleuca 'John Coutt's' 114
Cerastium tomentosum 29, 99, 133
Ceratostigma willmottianum 109, 110
Chaenomeles speciosa 80, 81
C.s. 'Nivalis' 80
C.s. 'Umbilicata' 80
Chamaecyparis lawsoniana 'Fletcheri' 115
C.l. 'Green Pillar' 93
C.l. 'Howarth's Gold' 93
C.l. 'Lane' 36, 89, 139
C.l. 'Pembury Blue' 93, 139
C. obtusa 'Nana Gracilis' 157
Chimonanthus praecox 102
Chionodoxa 32, 50, 103
*Choisya**
*C. ternata** 90, 99, 135
Chrysantemum 21
C. leucanthemum 154
C. maximum (=*Leucanthemum x superbum*) 21
C. uliginosum (=*Leucanthemella serotina*) 72
C. 'Jamaica Primrose' 71
Cimicifuga 68
C. racemosa 68, 71
C.r. 'Atropurpurea' 32
Cineraria maritima 99
Cistus
*C. x corbariensis** 101
C. 'Silver Pink'* 22, 29, 38, 86, 101, 107, 135
Claytonia virginica 143
Clematis 13, 14, 26, 32, 33, 34, 38, 41, 47, 65, 75, 76, 77, 78, 79, 80, 82, 83, 84, 98, 102, 105, 106, 108, 106, 126, 129,
*Cleome hassleriana** (C. spinosa) 118
C.h. 'Pink Queen' 29
*Cobaea scandens** 79
Colchicum 144
*Convolvulus cneorum** 29, 125
C. minor 110
Cordyline australis 'Atropurpurea'* 37
*C.a. purpurea** 29
Coreander 161
Coreopsis 32, 108
Cornus alba 97, 99, 102, 115, 135, 139, 152, 153,
Coronilla 37
Corylus maxima 'Purpurea' 70
Cosmos 22, 38, 111
*C. atrosanguineus** 38
Cotinus 29, 38, 42, 70, 95, 29, 42, 106, 135
Cotoneaster 80, 83, 120, 134
Crocosima 13, 29, 37, 42, 62, 107, 118
Crocus 21, 51, 53, 61, 68, 101, 143
Cryptomeria 90, 96, 97, 135
Cyclamen 45, 122
Cynara cardunculus 29, 41, 99
*Cytius battandieri** 75, 86

D*ahlia 26, 29, 62, 66,*
D. 'Bishop of Llandaff'** 29, 62, 66
D. 'Coltness Gem'**
Daphne 97, 98, 101, 125, 139, 163
Darmera peltata 148
*Datura suveolens*** (= Brugmansia suavaeolens) 157
Delphinium 11, 38, 59, 97, 129
Deutzia 84, 90, 99, 107, 113
Dianthus 11, 22, 26, 115, 125
Diascia 29, 108, 132
*D. rigescens** 22
*D. stachyoides** 159
*D. vigilis** 29, 159
Dicentra 37, 101, 110, 114, 143
Dictamnus 120
Dierama 112, 114
Digitalis 26, 38, 44, 77, 142, 144
Diptam s. *Dictamnus*
Doronicum 67, 68, 102
Dorycnium hirsutum (= *Lotus hisutus*) 115
Dost s. *Origanum*
Dotterblume s. *Caltha*
Dreiblatt s. *Trillium*
Duftblüte s. *Osmanthus*

Eberesche s. *Sorvus*
*Eccremocarpus scaber*** 75, 79
*Echeveria glauca*** 99
Echinops 65, 69
Edeldistel s. *Ernygium*
Efeu s. *Hedera*
Ehrenpreis s. *Veronica*
Eibe s. *Taxus*
Eibisch s. *Hibiscus*
Eisenhut s. *Aconitum*
Eleagnus x ebbingei 'Limelight' 36
E. pungens 98
E.p. 'Maculata' 23, 36, 90
Elfenblume s. *Epimedium*
Enzian s. *Gentiana*
Epilobium angustifolium leucanthum 144
E. glabellum 117
Epimedium 33, 37, 110
Epipactus 151
Eranthis hyemalis 55, 102, 134, 138, 139
Erdbeerbaum s. Arbutus
Erdbeere s. Fragaria
Eremurus 67, 89
Erica 91, 113, 117, 125
Erigeron 29, 91, 112, 113
Erodium 95, 118
Eryngium 21, 20, 38, 59, 68, 69,
Erysium 29, 54, 60, 100, 103, 112, 114, 117
Erythronium 103, 123, 142
*Escallonia** 83
Eschscholzia 48
Eselsdistel s. *Onopordum*
Euonymus 25, 35, 54, 97, 98, 115, 118, 134, 135, 157
Eupatorium rugosum (*E. ageratoides*) 62
E. maculatum atropurpureum 68
E. purpureum 148
Euphorbia 21, 25, 32, 37, 41, 67, 68, 69, 75, 82, 91, 92, 100, 102, 105, 107, 108, 110, 111, 112, 115, 123, 125, 137, 140, 144, 146, 148
F*ackellilie s. Kniphofia*
Färberhülse s. *Baptisia*
Felberich s. *Lysimachia*
*Felicia amoena*** 162
Festuca 101
Fetthenne s. *Sedum*
Feuerdorn s. *Pyrcantha*
Fichte s. *Picea*
Filipendula ulmaria 'Aurea' 148
Fingerhut s. *Digitalis*
Fingerkraut s. *Potentilla*
Flattergras s. *Milium*
Flieder s. *Syringa*
Flockenblume s. *Centaurea*
Foeniculum vulgare 160
Forsythia 18, 45, 60, 80, 134
Fragaria x ananassa 'Variegata' 33
*Francoa ramosa** 154
Frauenmantel s. *Alchemilla*
*Freesia*** 161
*Fremontodendron*** 86
Fritillaria 12, 19, 50, 51, 53, 144, 151
Fuchsia 57, 109, 154, 156, 159
F. magellanica 57
F. 'Checkerboard'** 159
F. 'Eva Boerg'** 156
F. 'Igloo Maid'** 154
F. 'Mrs. Popple'** 156
F. 'Preston Guild'** 154
F. 'Thalia'** 156
F. 'Tom West'** 162
Funkie s. *Hosta*

G*aillardia* 'Mandarin' 19, 115, 129
Galax urceolata (G. aphylla) 124
Galega 69, 114, 115
Galium odoratum 123
*Galtonia candicans*** 45, 60, 163
Gamander s. *Teucrium*
Gänsekresse s. *Arabis*
Garbe s. *Achillea*
Garrya 81
*G. elliptica** 81, 83, 107, 108
Gauklerblume s. *Mimulus*
Gaultheria procumbens 135
Geißbart s. *Aruncus*
Geißblatt s. *Lonicera*
Geißklee s. *Cytisus*
Geißraute s. *Galega*
*Genista aetnensis** 107, 125
G. tinctoria 107
Gentiana asclepiadea 150, 151
Geranium 29, 41, 32, 35, 60, 68, 69, 91, 95, 100, 105, 16, 118, 125, 129, 113, 115, 117, 130, 132, 137, 142, 143
Germer s. *Veratrum*
Ginster s. *Genista*
*Gladiolus** 61
*G. callianthus*** 161

Glatthafer s. *Arrhenaterum*
Gleditsia 34, 36, 37, 89, 108, 113
Glockenblume s. *Campanula*
Glockenheide s. *Erica*
Goldlack s. *Cheiranthus*
Goldmohn s. *Eschscholzia*
Goldregen s. *Laburnum*
Günsel s. *Ajuga*
*Gunnera manicata** 151
Gypsophila paniculata 'Bristol Fairy' 101

Haargerste s. *Elymus*
Hacquetia epipactis 124
Hammerstrauch s. *Cestrum*
Hartriegel s. *Cornus*
Haselnuß s. *Corylus*
Hebe
H. x franciscana 'Blue Gem'** 101
H. x pinguifolia 'Fagei'** 29, 111
*H. rakaiensis*** 29, 79, 98, 99, 112, 113, 114
*H. speciosa hybrid*** 135
H. topiaria 29, 11[illegible], 118
H. 'Great Orme'** 111
H. 'Midsummer Beauty'** 101
H. 'Mrs. Winder'** 98, 107, 113
Heckenkirsche s. *Lonicera*
Hedera 42, 79, 82, 122
H. helix 'Adam'* 122
Heiligenkraut s. *Santolina*
Helenium 29, 37, 70, 71
Helianthemum 22, 126
H. 'Cherry Red'* 112
H. 'Henfield Brilliant'* 115
Helianthus 'Loddon Gold' 72
Helichrysum 20, 38
*H. fontanesii** 65
H. italicum (*H. angustifolium*)* 29, 78, 108, 163
*H. petiolare*** 30, 161
H.p. 'Limelight'** 154, 157, 161, 152
*Helictotrichon sempervirens** 101
Heliopsis helianthoides scabra 'Golden Plume' 66
Heliotropium 118
H. 'Lord Roberts'** 30, 31
H. 'Princess Marina'** 19
Helleborus 41, 50, 54, 78, 80, 82, 83, 92, 100, 101, 107, 108, 113, 130, 137, 139, 143, 146
Hemerocallis 37, 70, 60, 113, 129
Hesperis matronalis 103
Heuchera 'Palace Purple' 60, 101, 129, 159
Holcus mollis 'Albovariegatus' 25
Holunder s. *Sambucus*
Honigstrauch s. *Melianthus*
Hosta 8, 11, 25, 37, 41, 60, 78, 81, 95, 110, 113, 116, 126, 130, 144, 148, 150
Hopfen s. *Humulus*
Hornmohn s. *Glaucium*
Hortensie s. *Hydrangea*
Houttuynia cordata 'Chameleon' 41
Humulus lupulus aureus 25, 33, 35, 126
Hundskamille s. *Anthemis*
Hundszahn s. *Erythronium*
Hyazinthoides non-scripta 125, 139
Hydrangea 12, 20, 21, 37, 72, 75, 80, 82, 128
Hypericum 33, 126

I*beris* 'Snowflake' 101
Ilex 21, 33, 50, 52, 60, 90, 98, 102
Inula magnifica 148
Immergrün s. *Vinca*
Ipheion uniflorum 'Wisley Blue' 128
Ipomoea 75, 79
I. 'Heavenly Blue'** 161
Iris 7, 8, 11, 20, 21, 33, 38, 41, 47, 60, 61, 91, 92, 99, 101, 103, 105, 111, 113, 117, 120, 126, 146, 148, 151, 157, 160
*Itea ilicifolia*** 14, 86

J*asminum* 76, 82
Johanniskraut s. *Hypericum*
Judasbaum s. *Cercis*
Jungfernrebe s. *Parthenocissus*
Juniperus 92, 93, 105, 131, 135, 139, 157

Kamelie s. *Camelia*
Katzenminze s. *Nepeta*
Kaukasusvergißmeinnicht s. *Brunnera*
Kerria 83
Kirsche s. *Prunus*
Klebsame s. *Pittosporum*
Kniphofia 38, 65, 71, 111
Knöterich s. *Polygonum*
Kolkwitzia 107, 134
Königskerze s. *Verbascum*
Kosmee s. *Cosmos*
Kreuzdorn s. *Rhamnus*
Kreuzkraut s. *Senecio*
Kronwicke s. *Coronilla*
Küchenschelle s. *Pulsatilla*
Kugeldistel s. *Echinops*

L*aburnum* 56, 92
*Lagerstroemia indica*** 84
Lamium 25, 26, 41, 54, 120, 122, 126, 134, 144
*Lapageria rosea** 83
Lathyrus latifolius 110, 126, 144
Lauch s. *Allium*
Lavandula 29, 33, 35, 71, 112
Lavatera 99
L. 'Mont Blanc'** 101
*L. kashmiriana** 65
L. olbia 'Barnsley'* 91, 105, 106, 113
L.o. 'Rosea'* 106
Leberbalsam s. *Ageratum*
Lebensbaum s. *Thuja*
Lederhülsenbaum s. *Gleditsia*
Leucanthemella serotina 72
Leucanthemeum x superbum 21, 62
L. vulgare 154, 158
Leucojum aestivum 56, 92, 150, 151
*Leycesteria formosa** 83
*Libertia** 95
Lichtnelke s. *Lychnis*
Ligularia dentata 'Desdemona' 148, 150
L.d. 'Othello' 148
Ligustrum 98, 135
Lilium 23, 59, 60, 61, 128, 129, 137, 142,
Limnanthes douglasii 38, 134
Linaria purpurea 30
Lippia citriodora (= *Aloysia triphylla*)* 161
*Liriope** 101
*Listera ovata** 140
Lithospermum diffusium 'Heavenly Blue'* 125
*Lobelia*** 26, 37, 62, 65, 70, 148, 150
Lonicera 8, 19, 78, 82, 85, 95, 134
Lotus hirsutus 29
Lunaria annua 13, 56, 58, 92, 97, 98, 110
Lungenkraut s. *Pulmonaria*
Lychnis 30, 32, 67, 72, 91, 132
Lysichiton 7, 146, 150, 152, 153,
Lysimachia clethroides 72, 148, 150
L. ephemerum 57, 62, 95
L. nummularia 'Aurea' 35
L. punctata 148
Lythrum 22

Mädesüß s. *Filipendula*
Magnolia 45, 48, 86, 98, 103
Mahonia aquifolium 157
M. x media 'Charity' 101
Malus 45
Malva 65, 107, 113
Matteuccia struthiopteris 102, 116, 153
Mattiola perennis 137
Meconopsis betonicifolia 26, 141
M. cambrica 32, 38, 57
Melianthus major 156
Melissa 25, 34
Mentha x gentilis 'Aurea' 123
Mertensia 125, 142
Milium effusum 101
M.e.aureum 25, 41, 116
Mimulus 'Wisley Red' 148
Miscanthus 72, 151
Mohn s. *Papaver*
Molinia caerulea 'Variegata' 25, 33, 101
Monarda 62, 65, 68, 99, 112, 113, 115
Mondviole s. *Lunaria*
Montbretie s. *Crocosima*
Muscari armeniacum 54
Myosotis 11, 34, 111
Myrrhis odorata 99
Myrtus communis tarentina 163

Nabelnuß s. *Omphalodes*
Nachtviole s. *Hesperis*
Nandina 157
*N. domestica** 157
N.d. 'Meyers Red'* 157
Narcissus 12, 45, 47, 48, 68, 91, 111, 123, 125, 126, 140, 160
*Nectaroscordum siculum** 107, 113
Nelke s. *Dianthus*
Nepeta 20, 29, 41, 101, 130, 133
Nerine 12
*N. bowdenii*** 60
Neuseeländer Flachs s. *Phormium*
Nicotiana 20, 71, 29
*N. affinis*** 101
N.a. 'Lime Green' 69
*N. langsdorfii*** 33, 41, 71
*N. sylvestris*** 144
Nieswurz s. *Helleborus*
Nigella 108
N. damascena

O*enothera biennis* 33, 97, 111
Ölweide s. *Elaeagnus*
*Olearia phloggopappa** (O. gunniana) 86
Omphalodes 124, 125
Onoclea sensibilis 153
Ophiopogon 122
*O. planiscapus nigrescens** 116, 122
Orangenblume s. *Choisya*
Orchis 139
Origanum vulgare aureum 37, 122
Osmanthus 90, 99, 101, 135
Osmunda 8, 102, 153
Osteospermum 38
*O. eklonis*** 41
O. 'Pink Whirls'** 41

P*achyphragma macrophyllum** 127
Pachysandra 127
Paeonia 97, 103, 105, 129

Pantoffelblume s. *Calceolaria*
*Parahebe lyalii** 113
Parrotia 139
Parthenocyssus 42, 79, 82
*Passiflora caerulea*** 79
Pelargonium
*P. x fragans*** 159, 163
*P. radula*** 163
*P. tomentosum*** 163
P. 'Barbe Bleu'* 162
P. 'Lady Plymouth'* 154, 161
P. 'Lord Bute'* 162
P. 'Mabel Gray'* 163
P. 'Paul Crambel'* 18
P. 'Roi des Balcons Rose'* 159
P. 'White Boar'* 162
Petiphyllum peltatum (=*Darmera peltata*) 148
*Penstemon** 11, 20, 29, 62, 65, 68, 71, 91, 99, 105, 111, 112, 114, 115, 125
*Periploca graeca** 79
Perlpfötchen s. *Anaphalis*
*Perovskia atriplicifolia** 62, 108, 113
Persicaria (=*Polygonum*)
Perückenstrauch s. *Cotinus*
Petasita fragrans 144
*Petunia*** 62, 65
Pfingstrose s. *Paeonia*
Philadelphus 33, 34, 36, 60, 99, 102, 103, 135
Phlomis 23, 37, 99, 100, 108
Phlox 65, 101, 111, 112, 113, 115, 117,
Phormium 11
P. cookianum 'Tricolor'** 163
*P. tenax*** 93
*P.t. purpureum** 96, 158
P. 'Dazzler'** 85
Photinia 157
*P. davidiana** 42
P. x fraseri 'Robusta'* 135
Phuopsis stylosa 20, 22
Phygelius 95
P. aequalis 'Yellow Trumpet'** 80, 82
*P. capensis coccineus*** 85
Phyllitis scolopendrium 82
Physostegia 'Rose Bouquet' 99, 113
Picea 30, 110, 131
*Pileostegia viburnoides** 82
*Piptanthus nepalensis** 111
Pittosporum tenuifolium 'Purpureum'** 33
Platterbse s. *Lathyrus*
*Pleioblastus auricoma** 33, 72, 163
Podophyllum peltatum 144
Polemonium 20, 32, 68, 69
Polygonatum x hybridum 142
Polygonum 20, 58, 80, 89, 93, 106, 117, 148
Polystichum 20, 102, 116, 129, 157
Potentilla 25, 34, 100, 108, 115
Prachtglocke s. *Enkianthus*
Primula 41, 53, 54, 83, 92, 127, 146, 148, 150
Prunella 117
Prunkwinde s. *Ipomoea*
Prunus 38, 45, 48, 98, 107, 122, 123, 127, 137, , 139, 154, 157
Pulmonaria 110
Pulsatilla vulgaris 103
Puschkinia 47, 48, 120, 129
Pyracantha 75, 82, 83
Pyrus calleryana 'Chanticleer' 139
P. salicifolia 'Pendula' 30

Raute *s. Ruta*
Rebe s. *Vitis*
Rhamnus 98, 135
Rheum 29, 50, 144, 148, 150
Rhododendron 60, 101, 125, 135
Ribes sanguineum 'Brocklebankii' 103
Ricinus 70
*R. communis*** 29
Ringelblume s. *Calendula*
Rittersporn s. *Delphinium*
Robinia pseudoacacia 'Frisia' 36, 37, 108
Rodgersia 21, 142, 143, 152
Rosa 14, 19, 22, 23, 26, 30, 65, 72, 76, 75, 77, 78, 79, 82, 83, 84, 95, 103, 106, 107, 118, 126, 130, 131, 132, 146
Rosmarinus 113
*R. x lavendulaceus** (R. corsicus 'Prostratus') 60
*R. officinalis*** 113
Rubus cockburnianus 139
R. phoenicolasius 42
Rudbeckia 29, 62, 72
Ruta graveolens 12, 78

Säckelblume s. *Ceanothus*
Salbei s. *Salvia*
Salix 41, 97
Salvia 26
*S. fulgens*** 19
S. involucrata 'Bethelii'*
S. nemorosa 20, 65, 76
S.n. 'Ostfriesland' 26, 37, 112
S. officinalis 'Icterina'** 25, 37
S.o. 'Kew Gold'** 25
S.o. 'Purpurascens'** 33
S.o. 'Tricolor' 33
*S. patens** 19
S. pratenis haematodes 62
*S. rutilans** 159
S. sclarea turkestanica 62, 72
S. x superba 91
S. x s. 'Superba' 115
*S. uliginosa** 107, 113
Salomonssiegel s. *Polygonatum*
Sambucus racemosa 'Plumosa Aurea' 33
Santolina 23
*S. chamaecyparissus** (S. incana) 20, 21, 29, 37, 57, 60, 92, 111, 135, 157
*S. pinnata neapolitana** 11, 111, 131
*S. rosmarinifolius** (S. virens) 111
Sarcococca 101, 135, 157
Sauerdorn s. *Berberis*
Saxifraga 79, 91, 101, 113, 116, 135
Scheinhasel s. *Corylopsis*
Scheinzypresse s. *Chamaecyparis*
*Schizostylis coccinea*** 14, 151
Schlangenbart s. *Ophiopogon*
Schleifenblume s. *Iberis*
Schleierkraut s. *Gypsophyla*
Schmetterlingsstrauch s. *Buddleja*
Schmucklilie s. *Agapanthus*
Schneeball s. *Viburnum*
Schneeglöckchen s. *Galanthus*
Schneestolz s. *Chionodoxa*
Schöterich s. *Erysium*
Schwertlilie s. *Iris*
Scilla 47, 48, 91, 103, 120, 139, 140, 142
Sedum 26, 62, 68, 105, 112, 118
Seerose s. *Nymphaea*
Segge s. *Carex*
Seidelbast s. *Daphne*
*Senecio bicolor cineraria*** 99, 162
*S. monroi** 105
S. vira vira (*S. leucostachys*) 29, 37, 62
S. 'Sunshine' 29, 35, 43, 50, 79, 96, 99
S. 'White Diamond'* 62
Sicheltanne s. *Cryptomeria*
Sidalcea malviflora 'Rose Queen' 20, 29
Silberling s. *Lunaria*
Sinarundinaria nitida 163
Sisyrinchium 101, 146
Skimmia 114
Smilacina racemosa 92
Solanum crispum 'Glasnevin'* 85
Sonnenbraut s. *Helenium*
Sonnenröschen s. *Helianthemum*
Sorbus 16, 41
Spaltgriffel s. *Schizostylis*
Spartium junceum 90
*Sphaeralcea munroana** 30
Spierstrauch s. *Spiraea*
Spindelstrauch *Euonymus*
Spiraea 12, 29, 32, 33, 38, 60, 89, 90, 91, 102, 108, 112, 113, 114, 134, 135, 163
Stachys 8, 14, 122
S. byzantina (*S. lanata*) 20, 21, 22, 29, 32, 37, 41, 43, 91, 92, 99, 108, 122, 131, 133
Statice latifolia 96
Stechpalme s. *Ilex*
Steinbrech s. *Saxifraga*
Steinkraut s. *Alyssum*
Sterndolde s. *Astrantia*
Sternjasmin s. *Trachelospermum*
Stipa gigantea 72
Stockmalve s. *Althaea*
Storchschnabel s. *Geranium*
Strohblume s. *Helichrysum*
Studentenblume s. *Tagetes*
Symphoricarpos 32, 48, 91, 108
Sylibum marianum 49
Symphytum grandiflorum 127, 144
S. x uplandicum 'Variegatum' 41
Syringa microphylla 'Superba'

Tabak s. *Nicotiana*
Taglilie s. *Hemerocallis*
Tanacetum 30, 72, 162
Taubnessel s. *Lamium*
Taxus baccata 'Fastigiata' 93, 139
Tellima 80, 127
Teucrium 29, 112, 114, 133
Thalictrum 68, 113, 115, 148
Thuja plicata 122
Tiarella cordifolia 101
Tilia 48, 139
Tolmiea menziesii 'Taff's Gold'** 124
Trachelospermum 85
*T. asiaticum*** 85
*T. jasminioides*** 85
T.j. 'Variegatum'** 85
Trachystemon orientalis 25, 142
Tradescantia 103, 158
Traubenhyazinthe s. *Muscari*
Trichterschwertel s. *Dierama*
Tritome s. *Kniphofia*
Trillium 142, 144
Tropaeolum majus 'Hermine Grasshoff' 156
*T. peregrinum*** 75, 79, 83
*T. speciosum** 14
Tulipa 11, 19, 38, 41, 48, 49, 50, 53, 54, 91, 99, 100, 105, 157, 160, 161

U*ncinia clavata** 116

V*erbascum* 21
Verbena 118, 154, 161
*V. bonariensis*** 26, 65, 76
V. peruviana 'Alba'** 103
*V. rigida*** 30
*V. tenera*** 85
V. 'Hidcote Purple'** 162
V. 'Kemerton'* 154
V. 'Silver Anne'** 20, 29, 30, 126, 154, 157
V. 'Sissinghurst'** 125

Vergißmeinnicht s. *Myosotis*
Veronica 29, 41, 69, 79, 99, 133
Viburnum 11, 52, 55, 60, 89, 98, 102, 103, 114, 134, 138, 152, 159
Vinca 123, 126, 160
Viola 20, 32, 33, 34, 35, 108, 109, 111, 131, 134,
Vitis vinifera 'Purpurea'* 75, 78, 118
V.v. 'Brant'* 78

Wacholder s. *Juniperus*
Waldlilie s. *Trillium*
Waldrebe s. *Clematis*
Waldsteinia ternata 92, 124
Wasserdost s. *Eupatorium*
Weide s. *Salix*
Weiderich s. *Lythrum*
Weigelia 33, 36, 90, 103
Weißdorn s. *Crataegus*
Wiesenhafer s. *Helictotrichon*
Wiesenraute s. *Thalictrum*
Winterblüte s. *Chimonanthus*
Winterling s. *Eranthis*
Wisteria 33, 79, 85
Wolfsmilch s. *Euphorbia*
Wucherblume s. *Chrysanthemum*
Wunderbaum s. *Ricinus*

Y*ucca* 93, 96, 97
*Yucca filamentosa*** 96
*Y. flaccida*** 96
Y.f. 'Ivory'** 97

Z*anthedeschia aethiopica*** 151, 152
Zierkirsche s. *Prunus*
Zierrhabarber s. *Rheum*
Ziest s. *Stachys*
Zistrose s. *Cistus*
Zucchini 158
Zwergmispel s. *Cotoneaster*

Anerkennung und Danksagung
Ich möchte all den Gartenbesitzern danken, die mir freundlicherweise erlaubten, in ihrem Garten Fotografien für dieses Buch anzufertigen. Mein besonderer Dank gilt Anne Dexter, Peter Healing, Penny Hobbhouse und John Malins, Kathleen und David Hodges, Caryl und John Hubbard, Andrew Norton und Margaret Ogilvie, die mir bei der Identifizierung verschiedener Pflanzen half.
R. V.

Herzlichen Dank auch all den Gartenbesitzern, die mich in ihrem Garten willkommen hießen. Viele wundervolle Gärten tauchen hier nur in Form winziger Ausschnitte auf, mit Aufnahmen nur weniger Blätter oder einer einzelnen Blüte. Mein Dank gilt deshalb auch: Barbara Ackroyd, Basil und Gerda Barlow, Gwen Beaumont, Meg und Jeff Blumson, Humphrey Brooke, Martin und Mary Caroe, Mrs. Clutterbuck, Robert Cooper, Anne Dexter, Caroline Eckersley, Joe Elliott, Connie Franks, Lucy Gent, Thomas und Anthea Gibson, Brian Halliwell und The Royal Botanic Garden Kew, Mr. und Mrs. Peter Healing, David Hicks, Kathleen und David Hodges, John und Caryl Hubbard, Briony Lawson, John Malins und Penelope Hobhouse, John und Eve Meares, Ralph und Esther Merton, The National Trust (Buscot Park, Hidcote Manor, Knightshayes Court, Mottisfont Abbey, Powis Castle, Tintinhull House, Sizergh Castle), The National Trust for Scotland (Crathes Castle, Malleny), Andrew Norton, Margaret Ogilvie, Mirabel Oslewr, Mr. und Mrs. Paice, Sir Peter und Lady Parker, Norrie und Sandra Pope, Steve und Iris Pugh, Joyce Robinson, John Sales, Lady Saye und Sele, Mrs. Shuker und Mrs. Pollitt, Mr. und Mrs. Smalley, Dr. James Smart, Mrs. M. C. Stanley, Gladys Tonge, John Treasure und Rosemary Verey – sie als letzte im Alphabet, aber als erste in jeder anderen Hinsicht. Ihr Garten in Barnslay House hat nicht nur viele meiner Bilder inspiriert, er beeinflußte auch viele der anderen Gärten, die in diesem Buch erwähnt werden – nicht zuletzt auch meinen eigenen.
A. L.

Bildnachweis
Alle Fotos stammen von Fances Lincoln Limited 1990, mit Ausnahme der nachfolgend aufgeführten: Seite 9 links, 13, 14 unten, 15, 17, 21 oben rechts und unten rechts, 23 oben rechts, 26, 35 oben links, 36 oben links und unten links, 42, 43 rechts, 46, 48, 49 unten, 50, 52 oben, 54, 59 unten, 60 rechts, 61, 63, 70 73, 74, 77, 78 links, 79, 81, 84 oben links und mitte, 85, 86, 88, 94, 97, 99, 101, 102, 109, 110, 111, 114, 115, 117 links, 118, 122 oben, 123 oben, 125, 126, 127 rechts, 130, 131, 132 unten, 133, 136, 138 unten links und unten rechts, 140, 142 oben rechts und unten, 143 unten, 145, 147, 148 unten, 149, 151 links, 153 oben rechts, 156 unten rechts, 159 rechts, 161 links, rechts und unten, 162 rechts, 163